旧日论语

杨正波 著

四川大学出版社
SICHUAN UNIVERSITY PRESS

图书在版编目（CIP）数据

旧日论语 / 杨正波著 . — 2 版 . — 成都：四川大学出版社，2024.5
ISBN 978-7-5690-6570-1

Ⅰ．①旧… Ⅱ．①杨… Ⅲ．①随笔－作品集－中国－当代 Ⅳ．① I267.1

中国国家版本馆CIP数据核字（2024）第 043736 号

书　　名：	旧日论语
	Jiuri Lunyu
著　　者：	杨正波
选题策划：	欧风偎　王　冰　王　军
责任编辑：	张伊伊
责任校对：	罗永平
装帧设计：	墨创文化
责任印制：	王　炜
出版发行：	四川大学出版社有限责任公司
地　　址：	成都市一环路南一段 24 号（610065）
电　　话：	（028）85408311（发行部）、85400276（总编室）
电子邮箱：	scupress@vip.163.com
网　　址：	https://press.scu.edu.cn
印前制作：	四川胜翔数码印务设计有限公司
印刷装订：	四川煤田地质制图印务有限责任公司
成品尺寸：	145mm×210mm
印　　张：	11.5
字　　数：	310 千字
版　　次：	2021 年 12 月 第 1 版
	2024 年 6 月 第 2 版
印　　次：	2024 年 6 月 第 1 次印刷
定　　价：	68.00 元

本社图书如有印装质量问题，请联系发行部调换

版权所有 ◆ 侵权必究

扫码获取数字资源

四川大学出版社
微信公众号

序

平生不喜书，偏偏把书读，只有一个原因：求得心灵的一点充实。当心灵的自主意识觉醒，空虚和颓废的意识也立即觉醒。唯有沉思，沉思而不得时的读书，方可在层层迷雾中蓦见一点昏光，指引逃避空虚的幽途。

前人的名山事业，铸就今日的渺茫烟海，不善劈波斩浪的游子，最后无非得几点流星般的感慨，多几分似花非花的惆怅，偶尔在朋友圈冒几句神来之语。初时了了，终不过尔尔。读到差不多时，需要扣问自己的心灵：到底需要什么？

我确定了需要读《论语》之后，就不再动摇目标。中断常常有，所幸总能接续起来，继续这不知可以走多远的道路。唯一可以为您所取法的，便是这坚持——确定目标后永不动摇。

坚持终有回报！即使未到顶峰，也终究可以欣赏原本不敢想象的风景。

儒家治学，最重一个"敬"字，要求学人心意虔诚，锲而不舍。我正是以虔敬之心，强求一个理想主义的目标。揭示一个真实、本初的《论语》，这就是我理想主义的全部追求。即使不能引领你了解真实的《论语》，也可以敲醒你探索的心灵。

当初的经典作家喜欢注译，追求字词训诂上的准确，使普通人也能逐字逐句读懂《论语》的字面意义。这是一件很有意义的工作，是普通人的福音。但是《论语》如同一堆零件，是本零散的言论杂集，上下文逻辑联系松散，甚至毫无联系。我们即使读懂了每句话，也仍然不能确知整部《论语》究竟讲了些什么。没有大量的分析综合，我们只能迷恋于繁花似锦的格言，探不得幽微。

专业的学者哲人，看什么书都有火眼金睛，独立的意识和智慧的火花总在闪烁。无论对哪种学说，他都识得真面目。可是普通读者，一个正渴望充实自己提高自己的初学者，难免被高山仰止的心态迷糊双眼，还以为一直真理在握。

这本书是写给普通人看的，是写给想了解真正的《论语》的普通人看的。它不会停留在简单的注译上，也不会动辄以今说古，更不会随意演绎和生造历史。我希望它消除谬误，呈现最本真、最原初的《论语》的意境。人们正在虚静地等待真理，而又不知道真理到底是什么样子，我们千万不要给他们谬误。起码，我想要努力给出真理，引导读者努力追求真理。

目 录

第一章　孔子这个人 …………………………………（001）

　第一节　孔子简历 …………………………………（001）

　第二节　理想主义的斗士 …………………………（006）

第二章　学而时习之 …………………………………（011）

　第一节　六言六蔽 …………………………………（011）

　第二节　守死善道 …………………………………（013）

　第三节　诗礼言行 …………………………………（016）

　第四节　正心养性 …………………………………（020）

　第五节　君子不器 …………………………………（022）

　第六节　学而时习之 ………………………………（026）

　第七节　七条精神 …………………………………（030）

　第八节　攻乎异端，斯害也已 ……………………（035）

第三章　诲人不倦 ……………………………………（041）

　第一节　一生的事业 ………………………………（041）

第二节　有教无类 …………………………………… (044)

第三节　有所教，有所不教 ……………………………… (047)

第四节　因材施教 …………………………………… (050)

第五节　循循善诱 …………………………………… (053)

第六节　子游与子夏 ………………………………… (055)

第四章　孝 ……………………………………………… (058)

第一节　孝悌，为仁之本 …………………………… (058)

第二节　竭诚尽力 …………………………………… (062)

第三节　三年 ………………………………………… (065)

第四节　错了，怎么办？ …………………………… (069)

第五节　吾知免夫 …………………………………… (073)

第五章　仁 ……………………………………………… (076)

第一节　爱 …………………………………………… (076)

第二节　仁者风范（一） …………………………… (080)

第三节　仁者风范（二） …………………………… (083)

第四节　里仁为美 …………………………………… (087)

第五节　忠恕 ………………………………………… (089)

第六节　克己复礼 …………………………………… (094)

第七节　造次颠沛必于是 …………………………… (097)

第八节　欲仁而仁至 ………………………………… (100)

第九节　仁的最高境界 ……………………………… (102)

第十节　知者乐水，仁者乐山 ……………………… (106)

第十一节　前代典范 ………………………………… (109)

第六章 礼 ······ (112)

第一节 不知礼,无以立 ······ (112)

第二节 堕落 ······ (117)

第三节 和为贵 ······ (122)

第四节 人而不仁,如礼何? ······ (126)

第五节 孔子的表现(一) ······ (130)

第六节 孔子的表现(二) ······ (135)

第七节 小大由之 ······ (139)

第八节 敬鬼神而远之 ······ (142)

第九节 正名 ······ (146)

第十节 赘语 ······ (151)

第七章 文质彬彬 ······ (154)

第一节 文质彬彬 ······ (154)

第二节 吾从先进 ······ (158)

第三节 君子道者三 ······ (162)

第四节 知 ······ (166)

第五节 见义勇为 ······ (169)

第六节 忠信 ······ (173)

第七节 贞而不谅 ······ (177)

第八节 内省不疚 ······ (180)

第八章 内敛的风格 ······ (183)

第一节 谦逊 ······ (183)

第二节 谨慎 ······ (186)

第三节 庄敬 ······ (190)

第四节　内敛 …………………………………… (194)

　第五节　实与名 ………………………………… (196)

　第六节　义与利 ………………………………… (201)

　第七节　富贵如浮云 …………………………… (205)

　第八节　与其奢也宁俭 ………………………… (209)

第九章　处世之道 …………………………………… (213)

　第一节　中庸 …………………………………… (213)

　第二节　进退之道 ……………………………… (215)

　第三节　德与世道 ……………………………… (217)

　第四节　友其士之仁者 ………………………… (220)

　第五节　观察之术 ……………………………… (223)

　第六节　冲淡的态度 …………………………… (228)

　第七节　交往之术 ……………………………… (230)

　第八节　君子亦有恶 …………………………… (234)

第十章　最高境界 …………………………………… (237)

　第一节　修炼的工具 …………………………… (237)

　第二节　德行和态度 …………………………… (239)

　第三节　何如斯为士 …………………………… (244)

　第四节　何以为成人 …………………………… (246)

　第五节　春服舞雩 ……………………………… (248)

　第六节　从心所欲不逾矩 ……………………… (252)

第十一章　政治 ……………………………………… (258)

　第一节　忠君爱民 ……………………………… (258)

　第二节　官场进退 ……………………………… (261)

第三节　君臣关系 …………………………………… (265)

第四节　君民关系 …………………………………… (267)

第五节　为政以德 …………………………………… (271)

第六节　治国以礼 …………………………………… (275)

第七节　劳民不扰民 ………………………………… (279)

第八节　远佞人，举贤才 …………………………… (284)

第九节　尽善尽美 …………………………………… (288)

第十二章　世界的旁观者 ……………………………… (293)

第一节　透视古今 …………………………………… (293)

第二节　仁德迷失 …………………………………… (297)

第三节　道德歧路 …………………………………… (300)

第四节　良师论高徒（一） ………………………… (303)

第五节　良师论高徒（二） ………………………… (308)

第六节　良师论高徒（三） ………………………… (313)

第七节　良师论高徒（四） ………………………… (317)

第十三章　天命 …………………………………………… (322)

第一节　天道人情 …………………………………… (322)

第二节　敬畏天命 …………………………………… (326)

第三节　天命不言 …………………………………… (328)

第四节　天命不违 …………………………………… (331)

第五节　天命最高 …………………………………… (334)

第十四章　述而不作 …………………………………… (338)

第一节　述而不作 …………………………………… (338)

第二节　守旧的典型 ………………………………… (341)

第十五章 几个遗留问题 ……………………………… (345)
　第一节 从修身到平天下 ……………………………… (345)
　第二节 《论语》的特点 ……………………………… (347)
　第三节 真实的流逝 …………………………………… (350)
　第四节 理智与情感 …………………………………… (354)

第一章 孔子这个人

第一节 孔子简历

《论语》是孔子思想言论的忠实记载,从某种程度上说,解读《论语》就是在解读孔子,所以,我们有必要在开讲《论语》前简单说说孔子。

孔子的时代,混乱不堪,礼崩乐坏、犯上作乱是当时的常态。周天子偏处洛阳一隅,小声说话,小口吃饭,江山只能看,天下诸侯呼啸来去,都懒得和他打招呼。中原各个大国经过各领风骚的争霸时代,此时却被家事弄得万箭穿心,难振雄风。先说中原第一超级大国晋,政权被六卿垄断,纷争不断,到孔子时剩下韩、赵、魏、智伯四家,国君已经被架空。再说第二大国齐,大夫陈田氏一家不待见齐简公,就把他干掉,从此霸占朝廷,左右国君;国名还是那个国名,主人却不是那个主人。南方的楚国,本也是一大豪强,是逐鹿中原的狠角色,可是这个时候却被吴国背后一刀,差点断气,完全不能康复。秦国偏处西隅,被晋压制,遮得风雨不透，而且这个时候的秦，远没有资格争霸天下。最后说孔子的祖国鲁，国君照样是摆设，大权长期掌握在三大巨头手中。这三大巨头是季孙氏、孟孙氏和叔孙氏，他们都出自鲁桓公，故历史上号称"三桓"。这三个在鲁国翻云覆雨的豪强，自家也很不好过，他们也被下属的家臣搞得焦头烂额：季氏的家臣阳虎，甚至拘捕了季氏，发动叛乱……大国内部一团糟，自然顾不上天下大事，而其他小国力量弱小，更不可能站出来主持大局。所以当时的天下，当时的国家，已经没有秩序，都在崩溃与重生当中胡乱冲撞，秩序仅在人们心中。

孔子先祖本为殷商后代、宋国贵族。到其曾祖父孔防叔时期，由于宫廷斗争，举家外逃到鲁国，此后家道衰落，降为士族。其父叔梁纥，曾为鲁国的郰邑大夫，但在孔子生下来不久就死了。据说郰邑大夫去世之后，孔家生活就很清寒。

孔子的长相，是很奇特的。据《史记·孔子世家》记载：孔子"生而首上圩顶"。即说生下来时，头中间低而四边高。等他长成青壮年，"长九尺有六寸，人皆谓之'长人'而异之"。而他的行为，也很与众不同。《史记·孔子世家》载："孔子为儿嬉戏，常陈俎豆，设礼容。"小时候玩过家家的游戏，就常常摆设俎和豆等用作礼器的容器，一本正经地讲求礼仪排场。这种种特异的征象，就像帝王初生时头上的祥云，预示着孔子未来的超凡脱俗。

孔子还不到十七岁，他的母亲也死了。孔子不能确知父亲的墓在哪儿。因为当时"坟墓不封、不树，不堆土、不种树，不可辨认"（钱穆《孔子传》第二章），再加上孔家已经没落，故孔子不知父墓所在地乃正常情况。孔子于是在城外五父之衢这个地方浅葬其母，但是礼仪上绝不敷衍塞责。后来总算搞清楚父亲墓的确切地点，于是才将母亲迁葬过去。钱穆《孔子传》第三章转引《礼记·檀弓》："孔子既祥五日，弹琴而不成声，十日而成笙歌。"然后解释："父母之丧满一年为小祥，满两年为大祥，皆有祭。此当指母卒大祥之祭。时孔子尚在少年，然已礼乐斯须不去身。此见孔子十五志学后精神。"

由于家境贫寒，孔子长大后做了鲁国权臣季氏的属官，当过仓库会计，又干过主管牛羊放牧的乘田等职，故孔子自谓少时"多能鄙事"，即会很多卑贱的技艺。但是过了三十岁，便退出官场，开办私塾，授课讲学。可见孔子此时已有传道授业的情结。

孔子三十五岁时，为逃避鲁国内乱前往齐国。在齐闻韶乐（舜时的音乐），向齐太师学韶音，"三月不知肉味"。齐景公也向孔子问政（孔子乃有"君君、臣臣、父父、子子"之语），可见此时孔子已经闻名于诸侯。然而齐景公终不能重用孔子，孔子大概在齐国待了一年后，又回到鲁，继续他的教育事业，直到五十岁又出仕，其间，子路、曾晳、冉伯牛、冉求、冉雍、宰我、颜回、高柴、公西华等都已在孔子门下。

鲁定公年间，权臣季氏仍旧掌控朝政。不过季氏的家臣阳虎也是高级玩家：季氏只手遮天，阳虎就只手遮季氏；季氏控制国家，阳虎就控制季氏。鲁君仿佛成了季氏的傀儡，而季氏仿佛成了阳虎的傀儡。公山弗扰（或叫公山不狃）为季氏私邑费地的县长，也有反心，和阳虎一里一外相勾结。由于孔子素来反对大夫专权，对三桓控制朝廷很不满，因此阳虎想拉拢孔子，扩大势力。公山也召孔子，因其反心暂未败露，孔子就有心要去。虽然后来并没成行，但也足见忍受多年寂寞，孔子还是有心想做点什么。定公九年，孔子五十一岁，阳虎政变未遂逃亡，但也着实把三桓吓出一身冷汗。这个时候，鲁国君臣上下，才都想到孔子，定公乃召孔子为中都宰。一年后升为小司空，旋又升为大司寇。升迁如此之快，足见对孔子的重用。

孔子身居要职，干了两件大事。

定公十年，齐鲁两国在夹谷召开会议，孔子凭借自己的智慧粉碎齐国的阴谋，还要回了被齐侵占的三个邑。齐国比鲁国强大得多，孔子的这次胜利，无异于虎口拔牙。

定公十二年，三巨头都因为下属家臣势力坐大而伤脑筋。孔子于是提出"堕三都"（收回家臣把持的三个邑）的一揽子计划，既可削弱家臣，又可壮大公室，获得国君和权臣的一并支持。这一计划开始实施得很成功，收回了两个家臣的邑。但是到要收孟孙氏的家臣所管的一个地方时，孟孙氏却不肯了，这导致堕三都计划的最终失败。

这段时间，季氏和鲁君都很相信孔子，孔子的很多弟子也得到任用。《史记·孔子世家》载："与闻国政三月，粥羔豚者弗饰贾，男女行者别于涂，涂不拾遗，四方之客至乎邑者不求有司，皆予之以归。"是说孔子执政三个月，市场上卖猪肉羊肉的不乱喊价了，路上的男女也各行其道了，路上别人遗失的东西也不会有人去捡，四方旅客来了不必向官员求情送礼，宾至如归。此恐是过分的夸饰，不足采信。但是堕三都的行动最终没有完成，使孔子反遭嫌疑，再加上有人（公伯寮）进谗言，孔子失去了信用。并且三巨头之首的季桓子专权不理朝政，沉醉于美人歌舞，孔子于是在定公十三年辞行，此后周游列国。

孔子周游期间，在卫、陈有过出仕的经历，在宋被人驱逐，在匡被人围攻，在陈、蔡一带又被围困，吃光了粮食挨饿。季桓子死后，其子季康子把持朝政，本欲召回孔子任用，又怕不得善终，重蹈他父亲季桓子当年不能善用孔子的覆辙，于是就召用冉求。这勾起孔子回国的幽思。大约鲁哀公十一年，季康子迎孔子。这样，在阔别故乡十四年后，孔子又回来了。

初回鲁国，孔子亦受到相当尊敬，季康子即以国家大政相询，鲁哀公也多次问政于孔子。无奈虽有尊贤之心，却敌不过利害之私，终不能用孔子，不过子贡、冉有、子路（后有仲弓，即冉雍）等人却在季氏门下做官。当然鲁还是以大夫之礼待孔子，而孔子亦以大夫自居。

这个时候，跟着孔子求学的人更多了，如子游、子夏、有子、曾子、子张、樊迟等都已在孔门。而孔子的主要精力，也都在教育上，配合教育工作，雅正鲁国的音乐和诗歌（当时诗歌和音乐不分，互为配合），编著《春秋》（相传），作《十翼》（相传）等，对传统文献的整理做了不少工作。

孔子六十九岁时，儿子伯鱼死。七十一岁时，弟子颜渊死。七十二岁时，弟子子路死。颜渊和子路是孔子最喜爱的两个弟子，他们的死，加上爱子的死，对于孔子，是无法承受之痛。鲁哀公十六年，孔子七十三岁，卒。哀公为之作悼念文章。诸弟子为之守丧三年乃去。独子贡结庐于冢，守了六年。弟子和鲁人到孔子冢旁结庐安家的有百余户。后来年年鲁人都奉祠孔子冢。诸儒也在孔子冢讲习礼法，行乡饮大射。

第二节　理想主义的斗士

孔子生活的时代，是混乱而残酷的，西周那幸福美满、安宁祥和的橘色光晕已经惨变为血红。社会越黑暗，人心越孤高；社会对人性的阻碍越大，人向内发展就越深。孔子的理想主义情怀正是出于对现实社会的叛逆。

说孔子是个理想主义的斗士，并没有吹捧或阿谀的色彩。孔子对于自己的人生，对于天下大世界，都有终极的理想主义追求。对于自己，用他本人的话说，是"从心所欲不逾矩"（《为政》），完全打破世俗条条框框的约束，而又不会违背任何不该违背的规矩，达到心灵完全自由地优游的境界；对于社会、对于天下，那就是光复周礼，建立一个秩序井然的礼治社会。可以说，他一生的修炼、奔波、呼吁、努力，都是为了这个目标而奋斗。

孔子一生追索，探求正道，孜孜不倦，学而不厌，努力达成人生境界的完满。他对自己作了这么一个概括："吾十有五而志于学，三十而立，四十而不惑，五十而知天命，六十而耳顺，七十而从心所欲不逾矩。"（《为政》）不管这是他期望达到的目标，还是已经达到，可以看见，每一阶段的成就，都在为下一个阶段铺路，为终极目标的实现做准备。他的人生方向，大概从十五岁开始，就已经明确，此后未曾动摇。

孔子还在孩提时代就已经热衷俎豆礼仪之事，长大以后，以"知礼"而闻名。他的个人行为，时刻不违礼，战战兢兢如临深履薄。他的言论，皆在倡导礼仪人生、建立礼仪制度。对于"礼"

的坚持，是孔子至死不渝的奋斗目标。我们明白了这一点，就很容易明白《乡党》中关于孔子行为的描述，为什么孔子会显得那样谨慎刻板，就很容易明白为什么他要广招门徒，开私塾授课。这一切，不仅是因为他修养所至自然而为，还在于言传身教，为世楷模，以倡导风气。

他对理想主义的坚持，是一种追求完美的坚持：稍有不如，也就不能称为理想主义了。孔子论证音乐，《八佾》中有记载："子谓韶，'尽美矣，又尽善也'。谓武，'尽美矣，未尽善也'。"《韶》这种音乐的尽善尽美的境界，对应的正是孔子尽善尽美的人生追求。

正是这种终极完美目标的指引，道路尽头理想主义光辉的魅力，使孔子可以产生巨大的毅力和动力，坚持不懈，百折不挠。孔子的人生历程，就是一个知其不可而为之的历程。知道自己的主张和现实社会的欲望格格不入，但是决不降低标准来迎合社会；历经各种挫折，在祖国郁郁不得志，周游天下徒劳而返，也没有让他对自己坚持的东西有丝毫怀疑；甚至忍饥挨饿，面临生命危险，他也能够泰然自若，继续迈着淡定的步伐。若没有理想主义的终极目标做动力，孔子可能早已被现实社会击倒，匍匐于浩荡的社会洪流。

孔子并不自诩为理想主义者，他只是相信这就是自己的使命：自己天生的任务，就是要去完成这个看起来不可能完成的任务。只有这样，才是合乎天命要求的。

为了能够大展拳脚，孔子很想做官，《子罕》篇孔子和子贡的对话就表达了他老人家这样的心情："子贡曰：'有美玉于斯，韫椟而藏诸？求善贾而沽诸？'子曰：'沽之哉！沽之哉！我待贾者也。"子贡问："这里有美玉，是装在匣子里藏起来呢？还是找一个识货的商人卖掉呢？"孔子说："卖呀！卖呀！我就在等待识货的商人。"以美玉比拟自身，以待贾表明入世的决心。连用两个"沽之哉"，没有一点思考和犹豫，可见其态度之坚定，从仕愿望之急迫。

但是，我们要注意到，子贡用的动词是"求"，到了孔子嘴里，动词变成了"待"。这一词之变，反映了两种不同的态度：一个"求"字，显示出刻意表现、努力推销的态度，以求被认可，这正是商人的态度；一个"待"字，反映了冷静等待，坐观时局，甚至是顺其自然的态度。子贡是大商人，对于推销商品，当然是出手最快获利最大。而孔子是文人，高级知识分子，不会在营销上分心，机会等到了我自当努力，等不到那就算了，一切顺其自然。

为什么会这样呢？正是因为孔子心里并非真的想做官，他只是想通过做官的手段，来达到推行道义的目的。手段可以帮助实现目的，但是手段却永远不能成为目的。孔子很清楚做官这件事本身其实是无可无不可的，只有通过仕途最后达到的那个目标，才是非要不可的东西。也只有认得清自己使命的人，才会在俸禄地位那迷人的诱惑前保持冷静和清醒——缺了心中那么一种定力，人就会沉沦，做官就会变成目的，就会迷恋于官位大小本身带来的幸福和眩晕。

可以想象，没有那个永远克制自己的理想主义情怀，孔子在他大司寇的位置上还可以干得更久、更风光；也许最后还会和季氏一伙同流合污，妇人醇酒，夜夜笙歌，做一个逍遥而腐败的高官。追求，需要毅力；放弃，更需要毅力。正是孔子放弃官位，天涯飘萍，才最能彰显他伟大的人格。

正是由于对待做官和道义的不同态度，孔子可以轻易放弃利禄荣耀而决不放弃理想信念。所以，孔子希望做官，但是不强求做官，做官不能实现道义，那就不做。希望做官，所以公山弗扰、佛肸这样的小人召他去主持地方政务，他差点动了心思，有"吾岂匏瓜也哉？焉能系而不食？"（《阳货》）之论，还做着恢复周代荣光的迷梦。不强求做官，所以大司寇这样的朝廷要职他也可以从容抛弃。

孔子那理想主义的终极目标，到死也没有达成。他自我认定的"从心所欲不逾矩"，到底是否真的在七十岁时实现了，实在很成疑问。颜渊之死使他精神上遭受重创，他悲痛地呼号"天丧予！天丧予！"（《先进》）可见老人家实在不能超脱世俗，达到自由国度。到死的时候，他的烦心事儿也还不少，去得很惆怅。他的礼仪天下，更是连影都没有的事儿，即使是他长期居住传道的鲁国，也没有买他的账。应该说，孔子最终完败于残酷的现实中。

这也往往是理想主义者的最终命运。任何一种期待和抱负，当其要求完美，要求终极状态，就几乎不可能完成。孔子的理想主义追求，求的是一种完美的终极状态，对现实而言太过高远太过纯净。从始至终确是他一个人在战斗，他的失败只是玻璃坠地的一声脆响，平常得没有任何回声。

然而理想主义终究有回报——凡夫俗子永远不能想象。孔子的精神传遍千秋万代，成为中国人民的精神烙印；他的形体腐朽，但他的精神永生,我们每个人,都或多或少从孔子那不灭的灵魂中获得力量。试问,在中国大地,还有谁有如此崇高的地位和影响力,还有谁能够绵绵不绝地持续这种影响力?

孔子之所以伟大,我以为并非在于他的学说,而在于他的理想主义、对完美的追求。他是中国历史的一座丰碑,遥遥地注视着冥冥众生;而我们,都在匍匐前进。孔子的理想主义,终成绝响。

第二章 学而时习之

第一节 六言六蔽

一切皆从学习中来!

天下没有生而知之者,尽管孔子曾说生而知之者是最上等的人(《季氏》),但是却自谓不能如此神通(《述而》),后学及各派也没有如此神通的传说。生而知之,只是理论上的假设。大凡学问,是生不带来,死不带去的,一切都要亲身取舍。孔子和他的弟子们也没有听说过人可以顿悟,自然不相信寂寞的枯坐就可以引得真理附体,更不相信单靠面壁十年便可以内圣外王。自我的完善,人格的升华,一切本事的养成,都只有华山一条路——学习。即便顿悟和面壁之功,那也是饱学之余开出的花,舍此空谈学问,最终只是镜花水月。

所以《论语》开篇就说学习,《学而》中孔子说:"学而时习之,不亦说乎?有朋自远方来,不亦乐乎?"学,而且能够时时实习,不是很快乐吗?有同道中人从老远的地方来访(一起探讨学问),不也很快乐吗?将这一条放在全书之首,也正说明在孔子学说中,或者说在编书人眼中学习的基础地位。在中国,思想界凡有所造诣者,皆名曰"学"者,也正可见他的思想、他的造诣是学来的,"学"是学者的特性,是学者的身份标签。一部《论语》,也正是贴着"学"这个标签而在历史的长河中持续其深邃的神韵。

没有学,全部《论语》立即不成立,全部思想史也立即消亡。

关于为学的意义,《论语》还真谈得不少。不过,《论语》谈学习,为的是修身。一切关于技术或机巧的学习,都在受排斥之列,求功名富贵的动机也被拒之门外。

最长篇大论的说教出现在《阳货》中,孔子说:

> 好仁不好学,其蔽也愚;好知不好学,其蔽也荡;好信不好学,其蔽也贼;好直不好学,其蔽也绞;好勇不好学,其蔽也乱;好刚不好学,其蔽也狂。

孔子将为学的意义概括为"六言六蔽",六言即仁、知、信、直、勇、刚,皆为美德,然而这六种美德不通过学习来加以引导规范,最终会演变出六种弊端。此处借杨伯峻的译文一用,也让读者看得明白:"爱仁德,却不爱学问,那种弊病就是容易被人愚弄;爱耍聪明,却不爱学问,那种弊病就是放荡而无基础;爱诚实,却不爱学问,那种弊病就是容易被人利用,反而害了自己;爱直率,却不爱学问,那种弊病就是说话尖刻,刺痛人心;爱勇敢,却不爱学问,那种弊病就是捣乱闯祸;爱刚强,却不爱学问,那种弊病就是胆大妄为。"总归一句话:没有学习来调教,一切的德行皆难以求得中正,容易走向偏激,从而演变成恶行。善行要真正恰好是善行，既不做得过余，又不做得不够，既不被人利用，又不苛求于人，就必须要学习。人通过学习，广见闻长心智，增强判断力，在恰该出手时出手，一切美德才成为美德，一切善行才成为善行。

我们今天提倡关爱别人，帮助别人，这本是美德，但如果我们看不清对方的意图，判断不了形势，我们的美德就可能助纣为虐、为虎作伥：问题出在我们的判断力，我们愚昧到分不清这个世界迷离混乱的色彩，自己也被裹在迷离混乱的激流中，正所谓"好仁不好学，其蔽也愚"！

即使天资聪慧，"小时了了"，如果不学习，就无法进步，堕入"大未必佳"的困局。正如《先进》篇孔子说，善人"不践迹，亦不入于室"。"践迹"即踩前人的足迹：就算你本质优异，天赋隽秀，不学前贤，也不能入圣人之室，不能达于深奥之境。那些潜力无限的所谓神童，后来沦于平庸的例子，实在多如牛毛。

所以，既为君子，就务必学习。学习，是君子的本分，正如劳动是百工的本分。君子无须打铁卖布，但须务于修身治国。百工不必过问天下，但须专力营生造作。孔子的弟子子夏在《子张》篇中说："百工居肆以成其事，君子学以致其道。"百工要做好自己的手艺活儿，就要天天在作坊里市场上淬炼；君子要求得正道，也就只有努力学习，日日接受古训先贤的熏陶，接受大道的警策——君子唯有学，才能完成修身治国平天下的使命。

第二节 守死善道

单表一个"道"字，可以框进所有学习内容。

子曰:"君子谋道不谋食。"(《卫灵公》)正所谓"君子劳心,小人劳力","谋食"的不是君子而是小人,知"道"才是君子学习的中心。《论语》全书,常常提到天下或者国家"有道""无道","道"成为君子审时度势的标准。君子不学"道",便不能知"道",便不能正确行事。如此这般,焉能不知"道"?焉能不求"道"?知"道"可不是常见境界。

既然谋道是君子的正事,那么应以什么样的态度来"谋"呢?《泰伯》中孔子说:"笃信好学,守死善道。""善"即"使……善"的意思。坚定地相信,努力地学习,誓死守住,完善道义。八个字金声玉振,不但道出了对学的态度,更道出了对"道"的态度。一个"死"字,命都玩上了。话说得这么绝,当然也要做得绝。孔子曾慨叹:"朝闻道,夕死可矣!"(《里仁》)又一次提到"死",可见宁可不要命,不可不知"道",这是孔子情感之真切流露。按照理智的分析,以孔子冷静时的态度,"闻道"还不能立即死,要把"闻"得之道推己及人,让别人也闻得之后,才可以满意地去死。

孔子先说好学,后说善道,可见学与道是捆在一起的,道乃由学中来。信道,学道,善道,中心都在"道"上面。这"道",就是学的中心任务:笃定地相信道义,努力地学习道义,誓死保全道义。

可是说了半天,"道"到底是个什么玩意儿?这可是中国哲学的核心概念,一个很不容易说清楚的东西!

《论语》常常说"道",却从来没有作出正面阐述和解释。一切解释,都是后人的推测。朱熹集注《学而》"君子食无求饱"

说：" 谓事物当然之理，人之所共由者也。"王植《四书参注》："道者，事物当行之理。大而伦常，小而日用，莫不各有其理，犹行者各有其路，故名之曰道。其原出于天，根于性，而具于心，无一时一物不有此理，——由性中自然而出之……"

据朱熹所讲，"道"就是"理"，本是客观的东西，是描述客观世界运行规律的词语，很有点像在说"天道""天命"。"道理"正是同义反复的联合词。朱熹所说应该符合"道"在先秦使用的普遍状况。客观世界为什么是这样而不是那样，无法名状，于是以"道"来指称；道不是物，而是物理。正如花成其为花，叶成其为叶，其中的指挥力量，便是非物质的"道"。

我们从王植的阐述中可以发现"道"是怎么从客观世界潜入内心世界的。事物之理赋予世界万物，当然也注入人心，并扎根于人的性灵之中。人心至灵，是道的载体，反射着道的光辉。所以，本来是求天地自然之道，现在可以通过探究人性来完成；对道的追求，变成了对人心的追求；要接近道，就要不断提高修养，摒弃不合于道的各种德行，而保留和发扬合于道的各种德行。唐宋时期"道""德"角色开始互替，指自然的道和指人心的德渐渐混淆，道就是德，德就是道，有德者有道也。所以人心修养强调德行，也就等于强调道了。

南怀瑾先生认为孔子当初说的道实际囊括了所谓天道、人道等诸道（《论语别裁》七注"志于道"），其实也就是一个混一的没有割裂的道，就是统摄客观世界一切物质（包括人）的那个无形的力量。大概这便是孔子的原意。孔子从来没有割裂自然之道和人性之道，因为它们本来混为一体，不分彼此，自然也谈不上互替。孔子在使用"道"这个词的时候，经常有时候指向自然世界，有时候指向社会秩序，有时候又指向内在人心。他并不刻意去划分三者，那只是近现代以来的西方习惯。朱熹讲"理"虽然切中根源，却未尽得孔子心意，难免将孔子的很生活化的哲学玄虚化；倒是后来的王植话多而不废，讲得更透彻些。

前面我们说"道"很不容易讲清楚，滔滔不绝摇唇鼓舌，似乎要发现曙光了，其实仍裹在雾里，若有所悟又懵懵懂懂。是的，宇宙万物（包括人）的客观规律到底是什么东西呢？这是个单靠哲学永远解决不了的问题，也许自然科学可以在有限的地方作出解答，却不能真正完全解答。孔子钻研《周易》，韦编三绝，正是为了搞清楚真正客观世界的运行规律，探索天地本质。

知"道"乃是人生的终极任务，掌握了"道"，其他一切都迎刃而解。

道充塞人间，如光柱中的尘埃。子贡在《子张》篇说孔子为学："文武之道，未坠于地，在人。贤者识其大者，不贤者识其小者，莫不有文武之道焉。夫子焉不学？而亦何常师之有？"周文王、周武王的道，并未散落流失，贤者体察大端，不贤者领会到小端，然都能各有所悟。道充塞人间，故夫子随处可学。夫子学道，乃为后学榜样。

第三节　诗礼言行

道玄之又玄，它是最高真理，甚至博学者都不能看清其面容，领会其真谛。

甜润于喉，暗香入风，可感而不可观。孔子讲学，看不见道而处处有道。他把玄虚的道理融合进普通的日常生活中，要弟子们就身边的事物学习，并时刻践行，这是得道的必要条件。《论语》通篇未直接论道，着眼更多的却是如何面对生活。会学而能够坚持，才有可能拥道入怀。

会学，便是在生活中学，其中，孔子首倡诗、礼。

《季氏》记载：当初孔子的儿子伯鱼（孔鲤），两次经过中庭，恰逢严父正站在院子中间。孔子分别问了两件事，"学诗乎？""学礼乎？"伯鱼战战兢兢地回答"没有"。孔子就训诫他："不学诗，无以言。""不学礼，无以立。"

那么多要学的东西，孔子独独关心这两个方面，可见意义非同一般。

先说诗，也就是我们目前熟悉的《诗经》。它是我国最早的诗歌总集，大抵都是周初至春秋中叶五百多年间的作品。现存305篇，分为《风》《雅》《颂》三部分。《风》多由专门的采诗官采自民间，很多就是劳动的号子；《雅》多为贵族作品，用于朝会宴飨时佐兴；《颂》多为庙堂祭祀的祝词。《诗经》描写了社会生活的方方面面，几乎就是当时社会的一部百科全书。

需要特别提醒的是：《诗经》其实是歌，是配乐的，是用演唱的形式表现的，那时候可没有诗朗诵的习惯；但是后来所有配乐全部亡佚，目前还有六篇诗仅存题目没有内容，连歌词都亡佚了（或者本来就没有歌词，只是纯粹音乐）。正是由于《诗经》其实是歌，所以贵族才能够在吃饭喝酒和祭祀时拿来助兴。

孔子看重诗，可不是为了在吃饭时助兴。《阳货》中孔子说了很多学诗的好处：

> 诗，可以兴，可以观，可以群，可以怨；迩之事父，远之事君；多识于鸟、兽、草、木之名。

"可以兴"，可以提高想象力，拓展思想驰骋的空间；"可以观"，可以提高洞察力，很多道理很多事物都可以看得明白；"可以群"，可以培养合群性，以文会友；"可以怨"，可以学得讽颂之法，抒发胸臆。近的来说，可以学得奉养父母的道理；远的来说，可以学得侍奉君主的道理。还能认识大量草木鸟兽的名字。兴、观、群、怨，事父事君，了解大自然，这是学诗的三大效用。

因为学诗有这么重大的意义，所以孔子要求伯鱼学诗，不单在《季氏》一篇有记载，在《阳货》一篇也有记载。他告诫伯鱼："女为周南、召南矣乎？人而不为周南、召南，其犹正墙面而立也与？"他要伯鱼好好地研究《周南》《召南》，如果不研究它们，就如同正对着墙站着，眼中除了墙壁还是墙壁，就是说不学诗的话，别的什么东西也学不到了。后儒连篇累牍地论证为什么强调学《周南》《召南》而不是其他篇目。其实，这是个伪命题，孔子并没有强调谁，他只是以《诗经》开篇来代指整部《诗经》而已。

这里，再回来说说"不学诗，无以言"这句话。这个"言"字深有道理。俗话说诗以言志，没有诗作为工具，你根本说不清楚自己想表达的东西。大抵春秋时期，文人贵族的聚会言论，总脱不了赋诗或引诗，方显得雅量高才。劳孝舆《春秋诗话》卷三：春秋时"自朝会聘享以至事物细微，皆引诗以证其得失焉。大而公卿大夫，以至舆台贱卒，所有论说，皆引诗以畅厥旨焉"。可见春秋时的风气，但凡言论，都得引诗表情达意。所以，肚子里不装几首诗，自己不会点作诗的基本功，不但意思说不清楚，还显得俗鄙不堪，没有文化。可见贵族们就算仅仅是为了把话说清楚，都必学诗。

再说礼，《尧曰》中孔子还说："不知礼，无以立也。"意思都差不多，都强调礼对于一个人立身处世的基础作用。礼不仅是一个人的行为规范，而且是一个社会、一个国家的运行原则，它无所不在地弥漫于我们的生活空间；不懂得礼，那真是动辄出错，无法动弹，因而无法立足。诗管言，礼管行，就把人的外在都管完了。

关于礼，暂时肤浅地一笔带过，后面会专门讨论。

诗和礼，是孔子强调最多的，是一个人有志于学的最初门径，《泰伯》中孔子曰："兴于诗，立于礼，成于乐。"兴起于诗，立足于礼，成德于音乐，可见诗和礼的基础地位。

诗和礼，为学之根本途径，天理人情都由此生发，道也就蕴藏其中。故为学无不由此开头，最终达于大道。

由此开局，日臻于广阔领域，传统的精髓，古代的圣贤故事、典籍文献，都在学之列。尧、舜、禹、汤、文、武几代圣君，再加一个儒家的宗师周公，其言其行，皆为传世典范；而《诗》《书》《礼》《易》《乐》等，以及当时可见的古代文存，君子必备于案头心中。最高层次的学者无处不学，因为，道是无所不在的。

傅佩荣在《论语心得》中讲解"学而时习之"这句话的时候，讨论了"学什么"这个问题，指出《诗》《书》《礼》《易》《乐》等都是学的内容，又指出礼、乐、射、御、书、数六艺也是学的内容；这两者概括了典籍和技能，但其实也还未一网打尽。古圣先贤自身言行已经成为榜样，不可漏学，《论语》之中记载了相当多有德的先人的行为，正是为了昭示后学以为榜样，为学的中心目的正是求道，不求道，便不必学。

以六经六艺等为代表的传统文化，以尧舜汤武等为代表的古圣先贤，几乎囊括了所有优良传统，这棵茂盛的大树，正是植根于诗礼而发芽生长。孔子为我们揭示了追求真理的一个基本方法。最初的一步那样平常，最后却能到达绚烂的繁华世界。

第四节　正心养性

"道"是学习追求的终极任务，是核心内容；而正心养性，则是学习追求的现实功效。

今天一些人学习是为了荣华富贵，几乎忘记对人格的培养而放弃对道的追求，醉心于技术的精熟、机心的运用。

孔子恰好相反，他耻于机巧权变，几乎不过问技术；他全部的说教，都在努力培养健全的人格心性，都在"修养"二字。人的修养，都在学习的过程中慢慢趋向完善、圆满。

反对技巧的学习，是因为孔子认为君子的任务不在从事生产经营，而在国家大政。孔子认为，技巧的学习是小人的事情，君子从政驾驭国家，要的不是技巧和机心，而是诚敬和正直的品格。

孔子的得意门生樊迟在这个问题上犯糊涂，在老师面前碰了一鼻子灰。《子路》中记载，樊迟想学种庄稼，就跑去请教孔子。被老师一顿奚落："吾不如老农！"他还不醒悟，像一头倔牛，又请教怎么种菜。孔子还是没好气地回答："吾不如老圃！"圃，种菜，也指种菜的人。樊迟自讨没趣，只好出去了。孔子就对诸弟子说："小人哉，樊须也！上好礼，则民莫敢不敬；上好义，则民莫敢不服；上好信，则民莫敢不用情。夫如是，则四方之民襁负其子而至矣，焉用稼？"樊须，即樊迟，须是名，迟是字。骂樊迟是小人，正是在说他忘记了身份。樊迟挨骂，是因为他搞不清楚自己该学什么，不该学什么。他该学的，便是礼、义、信，这是孔子对君的要求，而樊迟还没搞清楚自己努力的方向。统治者喜好礼仪、喜好道义、喜好信实，就足可使老百姓尊敬、服从，这样，四方人民都来投奔，统治的效果不就达到了吗？

《子路》中这一段，明显反映出孔子对技巧的轻视，对德行的重视。樊迟当学不学，当轻不轻，"小人"二字，孔子也正骂到点子上。

反面典型挨骂，正面典型受表扬。请看孔子对颜渊的表扬。

《雍也》篇中孔子谈弟子之中谁最好学时说："有颜回者好学，不迁怒，不贰过。"颜回，即颜渊，回是名，渊是字。颜渊好学，表现在哪儿呢？孔子举了两例：不迁怒于他人，不拿别人出气；犯过的错误绝不再犯。我们会觉得，这么普通的事，也值得拿来说吗？仿佛应该说，他略出妙计，就搞定国际争端，谈笑间樯橹灰飞烟灭；起码也应该满腹经纶，口吐华章。但是孔子只说平常生活平常事。看似平常，实则高深，这是做人的方式问题，反映的是心性修为，关乎德行，跟技巧了无干涉。

朱熹集注本章，评价孔子劝人学习，都在于"约其情使合于中，正其心，养其性而已"（程子语）。钱穆也说："本章孔子称颜

渊为好学，而特举不迁怒、不贰过二事。可见孔门之学，主要在何以修心，何以为人，此为学的。"（《论语新解》）

孔子还谈到对于做官的态度，说："三年学，不至于谷，不易得也。"（《泰伯》）谷，代指俸禄，古代发工资拿的不是钞票，而是粮食。求学多年，而不打算做官，很不容易啊。我们知道，孔子从不反对做官，甚至比好多人都想做官。但是这句话却告诉我们，求学的目的从来不是做官。我只求真理，只求修心。修为到了，有官做才能当得下来，有机会才能把握得住。如果一来就盯着高官厚禄，难免会唯利是图，追求机巧权诈，丧失求学的宗旨。

孔子轻视技术和机巧的学习，在两千多年的封建社会中产生了一些负面影响。当然，责任或许不在孔子身上，而应该归咎于后世那些小人。

第五节　君子不器

孔子曾经称赞得意门生子贡是"瑚琏器"（《公冶长》）。这是个什么玩意儿呢？朱熹集注："夏曰瑚，商曰琏，周曰簠簋，皆宗庙盛黍稷之器而饰以玉，器之贵重而华美者也。"这是很尊贵的祭祀用器，象征着高贵、杰出。很显然子贡是个极其有用之人，可当大任，出入大场面。

这个评价不低，要落在子路身上，估计他又得乐好一阵子。但是孔子还有一句话："君子不器。"（《为政》）是说君子不像容器那样只局限于一定的用处。这又是更高的境界了：君子融会贯通，毫无局限。子贡自然异常厉害，结驷连骑周游列国，《越绝书·外传本事》载"子贡一出,乱齐破吴,兴晋强越",真是风采独绝。但他到底还是个"器",有其所不能之处,未臻于"不器"的佳境。

钱穆结合近现代社会状况说:"器,各适其用而不能相通,今之所谓专家之学者近之。不器非谓无用,乃谓不专限于一材一艺之长,犹今之谓通才。"这是专谈人才,但是不尽合乎孔子的出发点。孔子专讲道义德行,不讲专科技术,或许"不器"重点不在通才,而在至德。朱熹集注:"成德之士,体无不具,故用无不周,非特为一才一艺而已。"陈祥道《论语全解》:"大道不器,故君子亦不器。君子之道,能柔能刚能圆能方,流之斯为川,塞之斯为渊,升则云行,潜则雨施,岂滞于一隅,适于一用,而为人之所器者。若夫子贡之瑚琏、管仲之器小,则于君子有所不足。"皆言至德无定型,无常用,无阻遏,无凝滞。

一器之用,工诗而不能善画,通医而不能识农,表现得一处通而处处不通;而不器之境界,并非指文理工医样样精通,乃指大道无形,化成君子,无所不可。君子的任务是治理国家、平定天下,为天下人谋福利、求正道,故必须周晓天下,曲尽世情,凡事尽在手中掌握,淤阻都在指间化解。如此境界,焉能局限于一器一用呢?所以君子不必学专门的技术,不必懂专门的科学——如其已经有严格的科学的话。他的任务是通透圆润之学。

《子罕》中的一段记载说明了孔子对于技能的态度:

太宰问于子贡曰:"夫子圣者与?何其多能也?"子贡曰:"固天纵之将圣,又多能也。"

子闻之,曰:"太宰知我乎!吾少也贱,故多能鄙事。君子多乎哉？不多也。"

牢曰："子云：吾不试，故艺。"

太宰问子贡："孔老先生是圣人吗？为什么这样多'能'啊？"子贡答："这些，本来就是老天爷的安排，使他成为圣人，又多才多艺。"孔子听到后说："太宰了解我啊！我小时候穷苦，所以学得很多卑贱的技艺。真正的君子有这样多的技艺吗？不会这样多的。"一个叫牢（可能也是孔子学生的名字）的人说："孔子说过：'我没被任用，所以学得一些技艺。'"

根据前后文，可以知道原文中的"能"字，指的是某种技艺或营生的手段。孔子不主张如此多能，为什么偏偏又如此多能？有两个原因：一是小时候家里穷，穷人的孩子早当家，诸事必须自己动手，做多了自然也就会多了；二是长大了又没机会做官，所以无心插柳学到了些技术。总之，这些东西并不是自己真心想学的，而是由于生活自然得来的。君子不以此为追求，没有这些东西也不影响你成为君子。

既然此等才艺并非君子随身必备，故不必在此用心。心思溺于此，反要坏事。《子张》中子夏说："虽小道，必有可观者焉；致远恐泥，是以君子不为也。"泥，不通。此处的"小道"，由于文法简约，造成歧解。古人多解为"异端之说，百家语也"。而朱熹、李颙释为"小的技艺"，如农圃医卜、琴棋书画。钱穆、杨伯峻、南怀瑾等信从后者。盖当以后为是。若断为"异端"，"小"字无所措置，不如直言"他道"。并且孔子说"道不同，不相为谋"（《卫灵公》），都不和异端打交道，还谈何可观，更谈何致远？唯小道如农桑巫医、琴棋书画，只要不沉溺其中，不影响大道修行，亦无可厚非。

一个"泥"字，让人想到掉进泥淖慢慢下陷的可怕场景。所以，小道当不得真。君子体无不具，用无不周，焉能如此拘泥？孔子完全不把"四体不勤，五谷不分"放在心上呢！

《宪问》对高才低德提出严正警告，又表现出对才能的过分贬低：

南宫适问于孔子曰："羿善射，奡（ào）荡舟，俱不得其死然。禹稷躬稼，而有天下。"夫子不答。

南宫适出，子曰："君子哉若人！尚德哉若人！"

孔子毫不吝啬对南宫适的赞美，正在于南宫适的话中有这样的一层意思：有本事不如有德行。后羿善射，太阳都被射怕了；奡（又作浇）是大力士，能陆地推舟，或谓善于指挥水师冲锋陷阵。两人俱是旷世奇才，人人闻之变色，但是都不得善终。羿率领有穷国人马夺取夏朝江山，却被自己的心腹寒浞杀死；奡是寒浞的儿子，武功昭著，却被夏的遗孤少康杀掉，身死国灭。再看看大禹、后稷，面朝黄土背朝天种庄稼，几乎是标准农夫，却成为天下共主。两者的本质区别不在于那身本事如何了得，而在于自身德行如何淳厚。羿和奡以勇力得天下，以德行失天下；禹和稷却以德行善始，以德行善终，始终为天下人拥戴。子曰"君子哉若人！尚德哉若人！""尚德"两字，点明主题。

《宪问》中孔子还说："骥不称其力，称其德也。"好马（或曰千里马）称为"骥"，赞的不是它的力气，而是它通人性的德行。观点好生新颖。《泰伯》中孔子说："如有周公之才之美，使骄且吝，其余不足观也已。"又骄矜又吝啬，即使有周公之才，也不值一看了。这两句话，几乎把才能的重要性一笔勾销。

所以孔子认为：一才一艺，不是君子当学之事。琴棋书画、理工农医、十八般武艺、三十六计，君子尽可不在意；伟大的君子不凭某方面能力的出众而成名，一旦因之成名，则说明泥于斯、陷于斯，终身为器了。

《泰伯》记载孔子称扬尧："大哉！尧之为君也。巍巍乎！唯天为大，唯尧则之。荡荡乎！民无能名焉。巍巍乎！其有成功也。焕乎！其有文章。"尧的大功名（成功）、尧的大气象（文章，可解为礼仪制度，但更准确的应该是礼仪制度确立之后显示出的伟大光辉），都来自天。法天治众，境界之高，天下无双，老百姓实在找不到词语来赞美他，孔子也只有惊叹"大啊""崇高啊""浩荡啊"。

这样的"无能名"的境界，据说在好多人眼里，孔子也接近了。《子罕》记载："达巷党人曰：'大哉孔子！博学而无所成名。'"达这个巷子的人给予孔子毫不吝啬的高度赞美，把孔子给说得不好意思了："那我还是学点什么吧？做赶马的吗？做射箭的吗？我还是做赶马的吧。"别人说他无所成名，他就自谦地别解为不学无术，并自嘲说要赶快学点本事免得让人笑话。

第六节　学而时习之

我们先说"道"，后说"心"，"瑚琏器"完败于"无能名"，仿佛越来越遁入唯心的缥缈境界。照此下去，很快就可以达到

"朱子道，陆子禅"（冯友兰《中国哲学简史》）的境界。但是，孔子本人从来没有迷恋过道学、心学这些孤高的逻辑概念，他其实一直在日常生活的圈子里优游，又以高于生活的态度俯察人间。他知道有道，努力修心，然而并不高居圣山之顶冥思苦想，或面壁以求顿悟；他降到平地，和众生一起，过平凡的生活，在生活中实践他的思想。他的道，就在生活中弥漫，或者竟是生活本身。

孔子的思想，是做出来的，不是想出来的。

所以，我们必须非常重视孔子的实践精神。

这得回到《论语》开篇的第一句话："学而时习之，不亦说乎？"这个"习"字，古人智慧的曙光往往照不到它身上，古人注疏只是习惯性地表述为"复习、诵习"之类。它从未被深究，而实有点睛之用。

习固然有复习、温习之义，但还有练习、实习之义，可以看成读书背诵之类，也可看成动作或实践之类。甲骨文、小篆的"习（習）"从羽，"数飞也"，活脱脱一幅鸟儿舒展翅膀练习飞行的图画。飞是一个洒脱而自由的行动，而不是理论教条的反复记诵。由鸟练习飞翔，引申指人类的学习活动。这种学习活动，自然也多在实践上用功，跟现在的"念书"有相当大的区别。当时书籍少有，且竹简太重，帛书太贵，一般人消受不起，真要像后人所谓"床头书册乱纷纷"，必须得买牛车。客观上书不易得，必然影响学习方式，主要还得靠导师言传身教，自己少不了动作上的模仿和传承。可以想象，在先秦之际，"习"用来表示某种实践的情况是相当普遍的。今人杨伯峻因此解"习"为"实习"，应得真义。"时习"就是常常实习，常常练习，在生活中时刻不忘

"做"到。

即连这个"学",也不是今天我们所见的学习状态。且看程树德集释中的话,很有说服力:"今人以求知识为学,古人则以修身为学。观于哀公问弟子孰为好学,孔门身通六艺者七十二人,而孔子独称颜渊,且以不迁怒、不贰过为好学,其证一也。孔子又曰:'君子谋道不谋食。学也,禄在其中矣。'其答子张学干禄,则曰:'言寡尤,行寡悔,禄在其中矣。'是可知孔子以言行寡尤悔为学,其证二也。大学之道,'壹是皆以修身为本',其证三也。"南怀瑾在《论语别裁》中也很直白地说:"学问不是文学,文章好是这个人的文学好;知识渊博,是这个人的知识渊博;至于学问,哪怕不认识一个字,也可能有学问——做人好,做事对,绝对的好,绝对的对,这就是学问。"可见,孔子讲"学",本身就包含着很多修身、实践因素,而不仅是书本上的教条或者前人的知识。

一方面可读之书不多,且携带不方便,于是学就不能等同于读书,要靠口授和榜样的身体示范。另一方面,学的目的不是求知识、练手艺(正如上节所说),而是修身,修身靠的就是做,就是实践。至此,可以相信,孔子谈"学""习",都不是今天的纯粹书斋生活,而是要求具体的实践,不断去做:在做之中历练人生,在做之中体会人生,在做之中达到完满。

《学而》中还有两处讲到"好学"的情况,都跟知识和技能毫无关系。孔子说:"君子食无求饱,居无求安。敏于事而慎于言,就有道而正焉。可谓好学也已。"君子吃不求吃饱,住不求安适,做事灵敏,说话谨慎,到有道的人那里去匡正自己。这样,可说是好学。子夏说:"贤贤易色。事父母,能竭其力。事君,能致其身。与朋友交,言而有信。虽曰未学,吾必谓之学矣。"尊贤重能而轻视长相(或谓专指夫妇之间。易色,改易好色之心),竭力侍奉父母,愿意以身家性命为国君效力,交友言而有信。如果做到了这些,就算没有真正学习过,我也肯定要说他是学过了。

以上所言,皆是普通的生活情态,无论是讲衣食言行,还是社会人伦,都是每个学人日常生活不可分离的部分。所举诸端,也都是从做上来说,做得好了,便是好学青年,做得不好,便是不学无术;学,几乎成了跟知识技能完全无关的东西了,几乎就纯粹成为实践的结果。子夏在孔子诸位弟子中,以文学修养闻名,可谓满腹学问,书本知识懂得比谁都多。他能出此言,对自己的长处只字不提,也算是肺腑之言,真切的心得。

学习文章、书本知识,可能是"学"的所有内容当中最次要的。《学而》中孔子还说:"弟子入则孝,出则悌,谨而信,泛爱众而亲仁,行有余力,则以学文。"是说后生们出入能够孝顺父母、敬爱兄长,言语谨慎而有信用,博爱众生,亲近有德之人。这样实践之后还有精力,则去学习文献。对文献的学习,犹如今日对书本的学习,是放在最后的,是在"行"——实践之后还有闲暇才干的事情。在这里,身体力行是远比书本重要得多的事情。

学,从实践中来,还要回到实践中去。从开始到结束,都在日常生活的点滴经历之中。一旦脱离实践,一切就都成伪善,成乡愿,而孔子最厌恶乡愿。学术上的认识、理论上的修养登峰造极,忠孝仁义无不钻研到极致,到最后却都只停留在认识上、文章上,一点不肯付诸行动,不能在生活中贯彻丝毫,这样的所谓学，完全等于毫无学问。孔子举学《诗经》为例，来说明这个道理："诵诗三百，授之以政，不达；使于四方，不能专对；虽多，亦奚以为？"（《子路》）熟读诗三百，让他办政事，却办不通，让他出使外国，又不能独立谈判交涉，读得多又有什么用呢？《诗经》中蕴含风俗人情、政治得失，你读了半天不得要领，一点也不能运用，那等于白读了。照这样学了半天，完全不能用于实践，正如今天所称"书呆子"。朱汗漫苦学屠龙技、赵括纸上谈兵，都是千古笑柄。

孔子谈诗，都不谈章法，不谈艺术，不谈诗歌之美，只谈效用，谈它对于人生、对于言行所应有的启示和点拨作用。如果不能领会这一层，纯粹追求美学上的熏陶而学诗，不能在自己的人生实践上得到一点指导，那是毫无意义的。

孔子的思想，用今天的话说，其实就是知与行的融合。而行是居于主导地位的，它是知的方法，是知的目的。行得多了，就是知；而知得再多，离开了行，也不成其为知。

第七节　七条精神

只有生而知之者或者不知而作者是可以不用学习的，因为他们智商够高，可以自动触类旁通，洞晓天机。可是这样的人，事实上子虚乌有，孔子虽然口头上假定其存在，但是很快澄清其非我类，界线分明。《述而》中，孔子先说"我非生而知之者"，再说"盖有不知而作者，我无是也"。孔子学问冠绝天下，都不敢如此托大，更何况境界低不止一个档次的其他君子学人。可以肯定,孔子虽然说"盖有",其实心里是认为没有的,很可能他的话里包含着对当时某种自以为是的风气的嘲讽:那些人所谓的"作",不是真的"作",而是自以为是的"作",不过是无知妄作罢了。

生而知之,或者不知而作,事实上都是不可能的,所以人要"知","知"而后"作",就必须努力学习。孔子老老实实地承认,自己不过是靠多听、多看、多学古代文献而获得知识。而这,也是所有学人必须走的路。

要学得知识,毋庸置疑,首先是要勤奋。孔子现身说法,认为自己是个"发愤忘食""学而不厌"的人。真正的学者一旦投入,便忘记一切,永不停止,他们感受到知识的无穷魅力。这种全心投入,具有无尽的快乐。《述而》中孔子形容自己:"发愤忘食,乐以忘忧,不知老之将至……"学习带来的快乐使自己忘记了忧愁,不能察觉身体的衰老,正所谓"知识让人年轻"。杜甫曰"丹青不知老将至",异时同调,异曲同工。正是这种求知的快乐,使孔子发出感慨:"朝闻道,夕死可矣。"(《里仁》)早上听到了真理,晚上就死我都肯,敢于拿性命换知识。这种境界,是颓废懒惰不求上进的人根本无法体会的——起码大白天睡觉的宰我就搞不懂。

第二,要坚持不懈,决不放弃。《子罕》中孔子说:"譬如为山,未成一篑;止,吾止也!譬如平地,虽覆一篑;进,吾往也!"为学如堆土成山,还差一筐土就成了,却停下来,是自己要停下来。又好比在平地上才刚刚倒下一筐土,而继续前进,那是自己要坚持。正如《尚书·旅獒》所说:"为山九仞,功亏一篑。"

快要成功却未能坚持下来,等于前功尽弃。坚持固是极辛苦的事,却是成功之路必需的金手杖。《子罕》还记载孔子的话:"苗而不秀者,有矣夫!秀而不实者,有矣夫!"庄稼也有开不了花的时候,开花也有结不了果的时候。此话有两层意思。其一,天道如此,风霜水旱不可控制,生灵难免遭折杀;人的一生也是如此,如颜渊求圣德却早亡。孔子此语,常被认为是在怀念颜渊。其二,警戒后学趁有生之年勤勉学习,坚持不懈,努力探求真理,因为岁月无常,求学之路难免戛然而止。所以,趁着青春岁月,不可稍怠,在有机会努力学习的时候一定不要懒散徘徊:坐下来、睡一觉、明天再说等等念头,都可能最终贻误一生。

第三,多问多思。正如子夏所说:"切问而近思"(《子张》),恳切(也解"切"为切近,和"近"同义)发问,思考当前问题,这也是仁德的应有之意。孔子"入太庙,每事问"(《八佾》),又赞美卫国大夫孔文子"敏而好学,不耻下问"(《公冶长》),子夏赞美其友(多认为指颜渊)"以能问于不能,以多问于寡"(《泰伯》),都体现出对"多问"的赞赏。孔子当时已经以知礼而闻名,按理说,对太庙中的礼仪应该烂熟于胸,所以他动辄发问的做法就让人不解,觉得这个鄹人的儿子知礼之名有可能是冒来的。然而孔子自有见解,说自己"多问"这个做法本身,就"是礼也":一方面谨慎不敢造次,免得冒犯神灵;另一方面,可以随时学习,随时提高自己。

再说"多思",有一句话说出了"学"与"思"的关系。《为政》中孔子说:"学而不思则罔,思而不学则殆。""罔""殆"二字,历代注解多有出入。罔,大抵有欺罔、茫然无知等注解。殆,大抵有危殆、疲惫、疑而不决等注解。光学习不思考，就会被书本知识欺骗，被牵着鼻子走而不自知，于知识不能融通掌握；光思考不学习，就容易遭受阻滞，走入死胡同，甚至走火入魔上了邪路，真是很危险啊。"殆"字，杨伯峻也解作缺乏信心：思考不通又不看书，就犯迷糊，再弄不通就会受到打击，信心大减。总之学习与思考，一个都不能少。要想学习的知识通透鲜明，无所凝滞，了然于胸，不可不深思；要想思维清晰贯通，方向正确，又不可不借助书本知识的提点。思考乃从自我心中发出，学习乃从客观外界进入，一内一外，一出一进，缺则凝滞，不缺则贯通。当然，两者还是有主次的，"学"占主导地位，"思"是为"学"服务的。所以孔子又说："吾尝终日不食，终夜不寝，以思，无益，不如学也。"（《卫灵公》）《大戴礼记·劝学》中记载了孔子同样思想的话："吾尝终日而思矣，不如须臾之所学也。"也都说明了"思"的从属地位。

第四，诚恳的态度。最体现在孔子教诲子路的这句话中："知之为知之，不知为不知，是知也。"（《为政》）知道就是知道，不知道就是不知道，这就是知。子路好勇果决，行侠仗义，盖有强不知以为知的时候，勇得有些过头，所以孔子教诲他要诚实自省，是怎么样就怎么样。

第五，谦逊的态度。整个儒家学派，都是以谦逊为人生原则的，在学习上，自然不会例外。颜渊是孔子最满意的学生，曾子曾赞扬他的品行，"有若无，实若虚"（《泰伯》），深藏不露，虚怀若谷。徐干《中论·虚道》："人之为德，其犹虚器欤！器虚则物注，满则止焉。故君子常虚其心志，恭其容貌，不以逸群之才，加乎众人之上。视彼犹贤，自视犹不足也，故人愿告之而不倦。"可见内常虚空，才能接纳外物，才能获得更多知识。孔子曾说："文，莫吾犹人也。躬行君子，则吾未之有得。"（《述而》）关于文献，我和别人大概都懂得差不多。但身体力行地当好一个君子，我则还没有成就。其中包藏的黾勉求学之心和诚挚谦逊之态，一眼便知。正是这种谦逊的态度，使孔子以大家风范闻多方之道。

第六，对所学的东西有真诚的兴趣。《雍也》篇中孔子说："知之者不如好之者，好之者不如乐之者。"孔子本人，正是因为对学习可以达到"乐以忘忧"的境界，所以才能登上空前绝后的高峰。南怀瑾《论语别裁》讲"学而时习之，不亦说乎？"亦和"好"联系起来。唯其好之，故能"时习"；所学乃所好，故内心感到愉悦。南怀瑾所说虽然不一定是孔子真意，但是，如此理解，也算有趣的"别裁"。

第七，紧迫感。孔子对于求学，总感到紧迫而不能等待，唯恐赶不上，唯恐错过机会。他说："学如不及，犹恐失之。"（《泰伯》）急切追赶的形象跃然眼前。这般紧迫，还体现在《子罕》中："子在川上曰：'逝者如斯夫！不舍昼夜。'"时间如流水，日夜不停地消逝。当你目睹长河奔流，孤帆远逝，进而想到光阴飞逝，华发催人，该知道"学如不及，犹恐失之"乃肺腑之言。天地之演化，无一刻消停，无毫发之间断，为学真是稍有停歇，便永难追上。故曰"天行健，君子以自强不息"。

我们从《论语》的零散言论中归纳出以上七条，实为自古学风不可或缺的精神。孔子作为榜样，其思想和要求鞭策着后学。无论时代如何改变，这些精神却是永恒的。

第八节　攻乎异端，斯害也已

"道不同，不相为谋。"(《卫灵公》)话很直白：大家道不同，就不在一起商量。孔子明确拒绝和思想主张不同的人在一起治学论道。不相为谋，自然不可能交流、借鉴、融合。孔子完全将异端拒之门外，整整齐齐地一刀切除。这句话，应该不难理解。

关键是孔子下面这句话，众说纷纭，是非难辨。《为政》："攻乎异端，斯害也已。"

关于这句话的含义，各家争论到今天，至少对于"异端"基本有了共识：不正统、不正确（不合于我道）的主张、思想等，可以"杂学"概括了。

这个杂学，无法实指先秦某个具体学派。有的人比如朱熹，实指到杨朱、墨翟，还有的指到了老子头上。如此对号入座，很快就暴露出致命弱点，受到批判。因为孔子时期杨、墨未生。其中，杨朱生卒年不详，但是一般也认为是在孔、墨以后。个别人认为杨朱生得比孔子早。即使如此，这两位大师也绝对没找着交锋的机会；因为孔子从未提到杨朱，要么杨朱还太不值一提，要么孔子就根本没听说这人。而道家虽有老子，也方才滥觞，还不能成一股力量。并且孔子曾经向老子学习，以其尊敬师长的观念，即使他反对老子，也不会用"异端"这么刺眼的词来给老子定性。

南怀瑾先生在《论语别裁》中说："'异端'就是走特殊思想，不走正路的，走偏道，而偏道中还想出特别花样。"叛逆或者故意叛逆，来和正统唱对台戏的，就是异端；在孔子看来，自己属于正统，不合自己的，就是异端。不知是有意还是无意，南怀瑾和杨伯峻有个巧妙的暗合，都没把异端界定到"学说"的高度，杨伯峻有明确的理由：孔子时期还没有诸子百家，也就还没有够得上称为"学说"的异说。因此，我们在找到更合理的说法之前，不妨暂时将"异端"定义为：一切不正统（不合孔子思想）的思想主张。

但是关于"异端"的其他解释曾经很有势力，最纠缠不清的便是"两端"说。所谓两端，指事物的两头。可举两例说明"两端"说的矛盾之处。

戴震《东原集》："凡事有两头谓之异端。言业精于专，兼攻两头，则为害也。"照此理解"攻乎异端，斯害也已"这话，就是：攻了该攻的一端，又去攻不该攻的一端，这是有害的啊。此解旨在强调学得太杂太多，反失精准完善，是违背孔子思想的。孔子强调融会贯通、举一反三，强调中和境界，强调"无可无不可"，他从来没有强调过专业精深，《论语》也从来没有这样的思想。戴氏之说，无异跑反了方向。

钱穆《论语新解》则"不贰过"，表达出完全相反的观点："专向反对的一端用力，那就有害了。"即说，攻不该攻的一端，却不攻该攻的一端，是有害的啊。和戴氏截然相反，认为两端应兼顾，不应偏执其一。钱穆如此理解，一方面自有前人之说可采，另一方面也符合孔子中庸主张，于道理是比较圆满的。但是在语句理解上，却有不通处，即他假设这应该"攻"的一端并没有被"攻"。这种假设，显然是想当然的。戴震的说法，是假设这该"攻"的一端已经被"攻"，有了该有的一端，另一端不该有，所以才好称"异端"。钱穆的假设显然比戴震的更不合理。

这样的分析够烦人的了,只能说明他们的解说都显得扭曲淤塞,文不从句不顺,理解起来非常伤脑筋。如果就解为异己之学,那不是文意通顺、互不抵牾吗?所以,从何晏、皇侃、朱熹至杨伯峻、李泽厚、傅佩荣等,都认为"异端"是指各种杂学。

还有人认为"异端"指"小道他技"。钱坫《论语后录》:"异端即他技,所谓小道也。小道必有可观,致远则泥,故夫子以为不可攻,言人务小道致失大道。"此论也有不通处。若孔子意指小道他技,则可直言"小道""末技",不必迂婉饶舌以致表意不清。孔子不直言,相信他思想上的确未实指,而是泛指。小道固在不可攻之列,却不能等同于异端,它只是异端的一个部分而已。

把"异端"了解清楚了,就可以理解"攻乎异端,斯害也已"整句话的意思。

首先可以明确,被孔子名为"异端"的,一定不是好东西,而是正统所不能接受、容忍的东西。孔子以正统自居,当不会对异端宽容或友善,一句"道不同,不相为谋"已经说得很清楚。因此,孔子绝对不会提倡治学异端,那么,他会不会批判异端呢?

照《论语》所载来看,是有可能的,他即使自己不批判,也决不会阻止同道的勇士向异端宣战。《论语》记载了不少孔子对当时许多人许多事的否定看法,鲁国君臣上下违背礼法的做法没少挨骂,即使当年的齐桓公,孔子褒贬起来也是一针见血,毫不含糊。孔子做大官那会儿,拿异端下手的事也是有的。所以,我们相信,孔子是有批判精神的,是有批判行为的。孔子以后的孟子讲:"正人心,息邪说,距诐行,放淫辞。"(《孟子·滕文公下》)

荀子讽时局说:"今圣王没,天下乱,奸言起,君子无势以临之,无刑以禁之,故辨说也。"(《荀子·正名》)对异端的讨伐批判,甚至不惜动用刑罚,几乎是对敌作战。作为儒家的后学,他们的思想,当源自孔子。

所以,我们相信,对异端,孔子不但决不去学,更是要坚决批判。到这里,我们可以把"攻乎异端,斯害也已"这句话这样翻译了:"批判不正统的思想主张,它的危害就停止了。"

"攻"曾主要有两种解释:或曰攻伐,或曰治学。"已"也有两种说法:或曰"止",或曰无实义的语气词。到这里,该怎么解释更好,也就水落石出了。

但是,古代还有一种解释在现代社会很有生命力。傅佩荣《论语心得》解说:"批判异端,那就是祸害啊!"李泽厚《论语今读》说:"攻击不同于你的异端邪说,那反而是有危害的。"他们认为:即使异端,也不应该批判,就让它自由发挥;谁敢扼杀其他学说,谁就在犯错。对异端,既然已经不相为谋,现在又不能批判挞伐,那就只有听之任之,随它翻云覆雨了。

这样的解释很合于兼容并包、百花齐放的自由思想,但这显然不是孔子的思想,孔子从来都希望恢复周制,以一种正统思想一统天下。这种解释也没有搞清楚春秋战国的时代特征:战国时期诸子百家互相攻讦,各不相容,是时代特征,鲜见对其他学派宽容大度的作风,即使折中各家、博采众长的黄老派、法家之类,也还是强调走自己的路。凡定性为异端者,必在不可饶恕之列。"异端",就是不折不扣的贬义词。

孔子反异端,但是对于隐逸林泉的高人,却态度矛盾。他不同意他们消极避世的做法，但是敬佩他们高洁纯真的德行。在对待社会的态度上，消极避世的隐士和积极出世的儒家非同道；在德的追求上，同样孤高不屈的两家又算同道。楚狂接舆高唱着"凤兮凤兮"路过孔子，是有意要孔子听见，孔子下车想和他交谈，他却又跑开了。长沮、桀溺对子路大谈世俗卑污，却又"耰而不辍"，不停止耕作，态度轻蔑。荷蓧丈人杀鸡款待子路，却拒绝再次面谈。（以上均见《微子》）这几个人，都是德行高洁的隐士。孔子对他们，态度相当纠结：一方面认为他们有道有德，愿意结识他们；另一方面又不赞同他们的人生态度，所以总是以辩护人的姿态陈述自己的意见，坚守自己的观点。孔子愿意和隐士接触，目的不是要被人家影响，而是要人家被他影响。

按史书，儒家和道家还是有渊源的，因为据说孔子曾经向老子学习。孔子素来尊师重道，这次向高人请教，本当传为美谈，可是《论语》却只字不提，像没这回事一样。这是很矛盾的现象。为什么孔子不向弟子们讲述那位传说中的高人呢？大概当初孔子慕名求教，是真把老子看得又高又大，可是自打出了老子的大门，他就不怎么把老子放在心上了，此后也不提这位高人了。因为孔子发现，他和老子正是"道不同，不相为谋"，老子自然是高，却没有什么可取之处，自然孔子的弟子也听不到相关言论，而史书里也挖不到更多的可信素材。由此，我们可以看见，孔子的好学，并非什么都学，而是选择性很大的。《述而》中孔子有一句："……窃比于我老彭。"很多注家都以为说的是老子和彭祖两个人，并以孔子曾经向老子请教为证。然而有商代贤人老彭一说，亦无定论。钱穆、杨伯峻都不采前说，所以也很难肯定此句就是在向老子本人致敬。即使相信"老"指的就是"老子",也有人怀疑此老子非彼老子,比如钱穆就认为孔子问礼的老子是老莱子——那个著名的孝子。

第三章 诲人不倦

第一节 一生的事业

上章讨论《论语》关于学习的思想和言论,由于学习和教育是密不可分的两个方面,故这章就谈教育问题。

孔子曾经从政,也干了两件大事,但是相比于其他优秀政治家,他的政治成就并不十分突出。但他的教育活动,从三十多岁就开始,至死方休,真是"春蚕到死丝方尽,蜡炬成灰泪始干"。教育,是贯穿孔子一生的最重要最伟大的事业,孔子重视教育,开办私塾,成为中国最伟大的教育家,甚至他也很有可能是中国开办私塾讲学的第一人(至少可以肯定他是以之成名的第一人)。

他授徒三千,成名七十二,这样的成就在教育史上空前绝后。但孔子更大的成就在于:他的学说通过他自身的教育活动,以及谨记他精神的弟子们的代代相传,流传后世,并浸透中国人的灵魂,化入民族的精神。可以说,儒家精神后来能够统治中国,跟从孔子以来一脉相承的重视教育的精神直接相关。儒家思想不重开创，但是重推广，传统始自孔子。

教育是孔子一生最重要的活动，但是他对教育的思想或言论，却提炼不多，至少《论语》这个第一手资料反映不多。孔子的教育思想，转化为具体行动，贯彻在日常的教学活动中。应该说，这正是他将理论运用于实践的最好证明，但是我们却遗憾不能窥得他全部的教育思想，因此常常将他在教育上的贡献放在次要地位。

我们将教育方面的讨论提到如此之前，一方面因为其和学习的关系，一方面因为它是孔子一生最重要的活动，再一方面就是它对于儒家思想能够统治上流社会所具有的直接意义。

孔子对教育的重视，通过《子路》篇中和冉有的一段对话直接反映出来：

> 子适卫，冉有仆。子曰："庶矣哉！"
> 冉有曰："既庶矣，又何加焉？"曰："富之。"
> 曰："既富矣，又何加焉？"曰："教之。"

孔子到卫国，冉有为之驾车。孔子慨叹卫国人丁兴旺，然后师徒的一问一答，奏出一部"治国三部曲"。首先是发展人口，然后是令百姓富庶，最后是教育。教育已经提到了国家建设的高度，成为三要素之一，而且是最上层的要素。教育是在解决了人口问题和生活问题之后的必然要求；没有教育，国民即使人人腰缠万贯，香车宝马，也是一群茹毛饮血的野蛮人，算不得文明。

对教育的重视，使他时刻不忘培养后学。《公冶长》记载："子在陈，曰：'归与！归与！吾党之小子狂简，斐然成章，不知所以裁之。'"诸家皆认为这是孔子准备回乡办教育时的慨叹。当时孔子一腔抱负,却到处受挫,又恰好鲁国派人来征召冉有回国任职。有机会回去,孔子首先想到的便是调教那帮志大才疏的孩子。这话的大意是孔子在陈国,说:"回去吧,回去吧!我们那里的小子们志向远大('简',一说是'大'的意思;一说是'疏略,轻率'之义),文采斐然可观,正不知怎样去剪裁(指导)他们呢。"乡里有一批底子不错,有理想有文采的孩子们正需要适当的剪裁和引导:这便是字面上的孔子要回国的理由。回国以后,孔子果然悉心教育,心无旁骛。

时刻不忘培养后学的使命,又能全情投入,孜孜不倦,这是孔子为人师表的精神。孔子常扪心自问:"默而识之,学而不厌,诲人不倦,何有于我哉?"(《述而》)问自己有没有做到教导人而不知疲倦(诲人不倦),孔子恐怕是古今中外第一人,而"诲人不倦"也成为后世强调师德的坐标。

关于"何有于我哉",古今解释分歧甚多。朱熹认为是谦辞,"圣人对其三者,不敢自居有此德,不敢自以为有其功"。何晏、邢昺注疏引郑注,说是"他人无此德,独我有,以警世人"。陈天祥《四书辨疑》说"有谁能做得如同我一样呢",也是警醒世人。梁章钜《论语集注旁证》说是"除了前述三者,我还有什么呢?"自谦别无所长。钱穆解释为"于我没什么困难的",说其易于做到。

朱熹的解释与孔子素日言论态度不符。《述而》中说:"若圣与仁,则吾岂敢?抑为之不厌,诲人不倦,则可谓云尔已矣。"说到圣与仁,我怎么敢当?不过"为之不厌,诲人不倦",则可以说是差不多了吧,即自认为还行,还过得去。因此,钱穆的解释看来较合理,释"有"为"囿",局限,即"对我而言有什么受限的呢,故而不难"。强调不难,就是在强调我能做到,强调我该做到,从而鞭策自己时时刻刻要去做好。

第二节 有教无类

孔子重视教育,为的是道义和真理的传承及发扬,希望更多的学子可以接受真理的沐浴,成为真理的信徒。这些未来的学子,正是孔子殷殷关注的对象,因为他们是真理永存的希望。

孔子对后学,总是抱着积极的、正面的期待,相信他们有善心,能成善果。不管前来求学的人本来是什么样子,只要是真心来求学,孔子必定真心地教他,没有偏见,没有歧视。

孔子自己有一个信条:"有教无类。"(《卫灵公》)人人我都教,不区分其是哪种类型。《中国学术通史》(先秦卷)第二章中描述孔子的弟子们:"以贵贱、贫富论,有孟懿子、南宫敬叔、司马牛等贵族家庭出身的和原宪、颜路、颜渊、曾皙、曾参、闵子骞、子张、仲弓等贫贱家庭出身的,有子贡之类的商人和曾为大盗的颜涿聚;以国别论,自鲁国以外,尚有来自卫、齐、晋、陈、宋、吴、楚、秦等国,既有华夏族,也有蛮夷、戎狄之族;以才性论,则有愚、鲁、辟、喭等之别;以志向论,则子路、曾皙、冉有、公西华等显然不同。"可见,孔子弟子不论贫富、贵贱、善恶、地域、才性、志向,皆得到尽心教诲而各有建树。无论他们的差别本来有多么大,但是他们至少有一个共同点:真心求学。

他们既然愿拜在孔子门下,必定同有一颗向善求道之心,而这正是最重要的一点,孔子焉能没有点拨浇灌之心呢?

孔子重视这颗真心,而不去计较本来千差万别的类型,是有理论根据的:"与其进也,不与其退也,唯何甚?人洁己以进,与其洁也,不保其往也。"(《述而》)与,赞许。保,守,牢记。赞成他进步,不赞成他退步,何必过分要求?别人整肃打扮,干干净净地来了,说明人家有向善求道的诚意,应该赞许他的干净整洁,不去死记着他的过去。这是一种开阔的心胸,包容别人曾经的错误,曾经的缺陷,看重人向善的一面并积极引导。这句话就比"有教无类"更加光辉而深刻了。孔子当年看好公冶长这个人,而公冶长却是坐过牢的。孔子毫不在意这个不光彩的记录,还把自己的女儿嫁给他。这等气量,已非常人可比。

苏联教育专家马卡连柯是专门调教问题青少年的,对于刚刚从监狱保释出来的人,他都可以轻松地一句带过:"过去的事不必提了。"他看重一个人未来的可塑性和前途,而不计较其曾经走过的邪路,这种看法正与孔子类似。可以说,这是十分正确的教育精神。在今天,教师尤其应当注意正确对待犯过错误的学生,不应戴着有色眼镜,用异样的目光使其抬不起头来,从而浇灭学生改过自新的勇气。"与其进也,不与其退也"是教育界永不丢失的时代精神,应该铭刻在每个教师的心中。

正是这种思想基础决定了孔子广泛授徒的做法,他自己就说:"自行束脩以上,吾未尝无诲焉。"(《述而》)脩,干肉,"束脩"是十条干肉,古代用作初次拜见的礼物。这是一种礼节性的薄礼。这句话是说,对自带见面礼来求学者,我从来没有不给他教诲的。

或谓"束脩（修）"即"约束修饰"，就是检点自身行为装束，洁己以进，虔敬地来见孔子。见面礼也好，先自整饬也罢，其表达诚意之心是一致的，有此诚意，则孔子必教之。孔子看重的不是表面的"束脩"，而是内在的诚意。

关于"束脩"，还有不同的解释。黄式三《论语后案》引郑玄的观点：束脩（修）"谓年十五以上也"，指男子十五岁，因为十五岁时行束带修饰之礼入学。后来的李泽厚、傅佩荣也如此解。此理解和上一段所列第二种解释有相类处，或有道理，暂录于此。钱穆在其《孔子传》中认为这一份束脩，正如同后世的学费，孔子是借此为生的，似乎容易引起误解——设教是为了收钱。不过似乎也说明了为什么有人要把"束脩"解为约束修饰，仿佛在设法为孔子避嫌。

一般来说，还是解释成一种见面礼好些。这种见面礼到底是什么，也还有说法，比如说成包括束帛和干肉两种东西。这种解释到底成不成立，无关紧要，不影响整句话的理解。

上面说那么多，须明白一个道理：凡真心来求教，孔子必定真心给予教诲。下面这句话，则表明孔子不但真心给予教诲，而且是毫无保留地给予教诲。《述而》中孔子说："二三子以我为隐乎？吾无隐乎尔。吾无行而不与二三子者，是丘也。"你们这几个家伙，以为我有隐瞒么？我没有隐瞒的。我没有一点不教给你们，这就是我孔丘的为人。孔子这句话证明他并不会"留一手"，而是倾囊相授。弟子发问，以为孔子有所隐藏，大概是因为他们总觉不能尽睹孔子道义和智慧，而孔子的回答，斩钉截铁，掷地有声。

无论求学者，还是施教者，都重在一个"诚"字。有"诚"，才能真的向善；有"诚"，才能真的施善。一个"诚"字，铸就孔门其乐融融的教学氛围。

第三节 有所教，有所不教

孔子对弟子们以赤诚之心倾囊相授，但绝不是不加选择、不加取舍地把知识一股脑儿送出去。孔子心里非常明白什么该给，什么不该给；一个最简单的标准，便是善的该给，不善的不该给。这背后，隐藏着这么一个思想认识："性相近也，习相远也。"（《阳货》）人的天性本是差不多的，却由于习染不同而相差很远。

性，是人与生俱来的天性，没有任何后天雕琢的痕迹。这样的本性，没有什么高下善恶之分，四海以内，圣人和普通人最初最本质的天性，都是差不多的。

孟子讲性善，荀子讲性恶，都可自圆其说，但是都有一个根本性的问题：正如环保人士认为狼是善的，被狼偷袭过的人认为狼是恶的，可是善恶的观念关狼何事，狼本无所谓善恶，它只是凭天性行事。而人的未经雕琢的天性，正有类于此。人的善恶观念和对自身行为结果的顾虑，都来自后来的学习。所以恻隐之心、慈爱之情和破坏欲、私欲，共同组成了人最初的本性，趋善去恶，那是后来习染的结果。

孔子从来不说性善，也不说性恶，也许在他的时代，善恶还没有成为问题。那么可以肯定，孔子所说的性，是无所谓善恶的，甚至跟善恶都扯不上关系。本性原初混沌，近乎自然，不同的人所受的自然恩赐都是差不多的，故其本性也就是差不多的。

不同的成长历程，造就各人不同的品性，品性的差别，都来自后天的习染，习染的东西不一样，便形成不一样的人。正如朱熹所说："习于善则善，习于恶则恶。"多学善成善人，多学恶成恶人。"近朱者赤，近墨者黑"这话其实是一点不假的，无论有多少出污泥而不染的反证，都不能真正打破这个定律。后天习染对于一个人性格的塑造起着很大的作用，因此，人的成长环境、受教育状况是非常重要的。

孔子当然希望自己的弟子都是善的，所以他只给弟子们善的东西，所有的不善，都须慎重对待。那么，哪些是孔子要认真教给弟子的，哪些是孔子不想教给弟子的呢？

《述而》记载："子以四教：文、行、忠、信。"孔子教授的内容有四个方面：历代文献（或也包括古代的礼乐制度）、对道德的践行、对人的忠心、诚信。历代文献是传统文化的精髓，是孔子非常注重的光荣遗产，包含着高尚的道德修养和光辉的模范典型，所以要好好学习。而对道德的实践，正是学以致用思想的体现，并且学习道德也正是为了践行道德。没有对善的真心实践，善就成为伪善，故孔子要提倡"行"。忠与信，是做人行事的基本原则，无忠信则必伪善虚诈，无以立君子之身。前两者是手段，是外在的修身养性的途径；后两者则是本质，是内在的最基础的品德修养。四者很好理解，没有高深的理论，一说就懂，贵在实行，而难也在实行。这四个方面，便是孔子传授的最基本内容，以后的诗书礼仪、仁孝智勇等，皆由此发端。

《述而》又记载："子不语怪、力、乱、神。"孔子素日为教，不谈这四者，问了也不答。怪异之事附会无考，或离经叛道，徒乱视听，扰乱心性，耸人听闻；勇力之事，倘无德行节制，则成为乱根基；而犯上作乱、弑君杀父则违背天理，丧尽天良。此皆非正理，说多了容易导致学生学坏。而最后一项事涉神灵，高深而神秘，言语难以说清，故严谨的君子也不去多谈。朱熹集注引谢氏所说："圣人语常而不语怪，语德而不语力，语治而不语乱，语人而不语神。"盖切中事实。

还有两样东西，孔子不怎么跟学生讲。《公冶长》中子贡说："夫子之文章，可得而闻也。夫子之言性与天道，不可得而闻也。"性、天道和神一样，不是很容易探讨清楚，它们都是纯粹思辨领域的命题，远离日常生活和实践，而孔子却喜欢从浅近处入手，在日常生活中教弟子们践行所学的知识。大凡说不清楚又容易让学生遁入玄想的东西，孔子也是不喜欢教的。

要让学生明白什么，避讳什么，孔子心中是有杆秤的。《四书辨证》："孔子于春秋记灾异、战伐、篡弑之事，其不得已而及之者，必有训戒焉。于《易》《礼》言鬼神者亦详，盖论其理以晓当世之惑，非若世人之侈谈而反以惑人也。"

孔子用心之良苦，我们得以概见。孔子自视为周礼传人、天下正统，拒绝一切歪门邪道，努力推行正义，力求教化天下，所以要严格筛选教学内容，免得弟子习有不当、误入歧途。历代的教育，也都有鲜明的取舍：一是有利于统治的因素可教，二是有利于个人身心健康发展的因素可教。但是，反面的东西到底能不能作为教材，也一直存在争议。教育呈现的是不是社会的本来样子，该不该是社会的本来样子，是我们一直思考的问题。

第四节　因材施教

孔子搞教育，有自己一贯的招法。运用得精熟了，便能处处让顽石点头。其中最传世的一招，就是因材施教。

《论语》并没有为这一招命名，有可能孔子确实没有进行过相关的理论总结，但是在实践中却推行得非常好。《为政》一篇，讲孟懿子问孝、孟武伯问孝、子游问孝、子夏问孝，孔子的回答都不一样。

孟懿子是鲁国政坛三巨头之一，三巨头素来行事比国君还大套，哪在乎礼义之类的小儿科。孟懿子的父亲孟僖子死前，专门交代，要儿子向孔子学礼。故其问孝，孔子答曰："无违。"此"无违"，盖有两意：不违父命，不违礼。孔子后来向樊迟解释自己的话说："生，事之以礼。死，葬之以礼，祭之以礼。"孟懿子身份显赫，四境之内谁不忌惮三分。位高权重，人难免不自我膨胀，故最需要慎重这个"礼"字。这一方面在谈孝道，另一方面似乎也在影射政道。

孟武伯是孟懿子的儿子，大概有十岁，也被送到孔子这儿来。可见孟家三代人对老夫子是很敬重的。这个小孩子是什么个性呢？我们凭后来加在他身上的谥号"武"可略窥一二。根据《逸周书·谥法解》可知，"武"这个号，是送给刚强威猛、好用武力的人的。也许小时候的孟武伯，仗着老爸的势力，动辄拿拳头说话，难免惹出些事让父母担忧。所以孟武伯问孝，孔子回答说："父母唯其疾之忧。"意思是说，父母只忧心儿子的疾病，其他方面都不要再让父母操心了。尽量少让父母担忧，便是孝了。因为疾病乃天意，来了躲不了，人力难以左右，但是在其他方面谨慎行事，不惹祸，不犯事，不让父母担忧，那是可以努力做到的。老在外惹事的小孟武伯，确实最应该牢记这话，只是后来还是被谥为"武"，看来孔子的话他没听进去。

子游是孔子的得意门生，我们先看看孔子怎么回答他问孝："今之孝者，是谓能养。至于犬马，皆能有养。不敬，何以别乎？"现在的人所谓孝，就是能够赡养父母。但是即使狗和马，也能够得到喂养，对父母不恭敬，那和养狗养马有什么区别呢？根据这句话可以分析，子游在赡养父母方面是没有问题的，那么他是不是在态度上有疏忽和怠慢之处呢？这点不能从历史记载上获得证据，所能知道的，只是子游懂礼而善用，其武城弦歌之风雅深为孔子称道。子游也以此自负，曾经嘲笑子夏不知礼之轻重本末（详见本章第六节）。可能这种不自觉的自负恰好使他未能发现自己不够周到的地方。

子夏也是孔子的得意弟子，孔子回答他的发问是："色难。有事，弟子服其劳，有酒食，先生馔，曾是以为孝乎？"孔子批评当时的观点：有事情了年轻人去操劳，有酒有菜了老人们吃，难道这就是孝吗？不是！因为这还远远不够，对待所有老年人都该是这样，对自己的父母就应该超过这样。"色难"是比"敬"更进一步的层次。难道是因为子夏对父母没有好脸色吗？这肯定是不可能的，那么孔子为什么独独强调这点呢？子夏以文学著名，学问知识是绝对够用的，但是他也有缺点，那就是太过谨慎拘执，认识上或有不及之处。正如孔子拿子张和子夏作比，说："师也过，商也不及。"(《先进》)师,是子张的名。商,是子夏的名。这句话道出了子夏的不足,可以推断:子夏对孝在道理上的认识,也许恰好忽略了"色难"这个更核心的问题。

《为政》中四人问孝,答皆不同,已经可以说明孔子教学因人而异,绝不是大课堂一刀切。而他的因材施教,在《先进》中表现得更直接明白。

《先进》篇记载,子路问孔子:"听到合道义的事情,就去做吗?"孔子说:"父兄在,怎么能说干就干呢,应该征求父兄的意见。"冉有问同一个问题,则答:"对,听到就干。"公西华不解老师何以给两人相反的答案,孔子告诉他:"冉有做事退缩,所以劝进;子路好勇敢干,所以要压制一下他。"这里可以看见,孔子准确把握了两人性格的不同处,对症下药。

另外如《颜渊》篇中颜渊、仲弓、司马牛、樊迟等弟子问仁,所得答案也都不相同。就是对同一个人,同一个问题,在不同场合,孔子的回答也会不同。比如樊迟问仁,《雍也》中答曰"先难而后获",先付出艰辛然后收获;《颜渊》中答曰"爱人";《子路》中答曰"居处恭,执事敬,与人忠"。这是从不同角度,顺应当时的不同情况作出的回答,也反映出孔子独到的眼光。

孔子说:"中人以上,可以语上也;中人以下,不可以语上也。"(《雍也》)这可算他因材施教行为的一个理论体现。智力或学识水平中等以上的,可以告诉他高深的学问,他理解得到;而智力或学识水平中等以下的,就不能告诉他太高深的学问,因为他理解不了,说了也是白说。这就对全班学生定下了一个基调,才智能力不同,灌输的东西也就不同,灌错了对象,要么灌不进去，要么灌进去也吸收不了。

第五节　循循善诱

孔子曾经自谦"空空如也"，腹中空空，啥知识都没有，那他怎么去教别人知识呢？《子罕》中孔子说："吾有知乎哉？无知也。有鄙夫问于我，空空如也，我叩其两端而竭焉。"鄙夫，知识浅薄的人。空空，或认为即"悾悾"，诚实貌，或认为就是"说什么都没有"。今暂从后说，以呼应"无知也"。叩，或解为"问"，或解为"及、到"。

从这句话可以看见：孔子的谦虚果然不是传说，也不是矫情，他总是诚实地认为自己仍然无知——苏格拉底也坚持说自己一无所知。他正是因为能够将心灵腾空，所以才能接纳容受天地万物，不断获得知识。这"空空如也"的境界，也正是弟子们需要仔细琢磨的。

当然，这句话在教育上的启发意义，主要在于后面，"叩其两端而竭焉"。前面说自己没有知识，自然不可能有知识给人，更不可能触及知识核心以及"两端"。所以可以认为，"叩"的意思是问，不是及、到。别人来到他老人家面前学知识，他不是直接地板书口述，而是不断地反问，从各个方面反问，正反、本末、始终等等，直到完全竭尽该事物的所有方面，这才不问了。到这个时候，"鄙夫"被一连串的反问调动思维，对事物各个方面展开滴水不漏的深思，于是也就不"鄙"了。这就是启发诱导的方法，让学生变被动接受为主动探取，比之于要什么给什么，如此迂回侧击地让学生自己去拿，自然高明得多。

一个"竭"字，还需要单独强调一下：孔子要问到穷尽处方才罢手，就是要学生理解到穷尽处。这正是孔子"无隐"的为师风范，幽微绝妙之境坦然与人分享，并不怕弟子们跑到他前面去。

问到无所问处，这也是苏格拉底的授徒方法。东极和西极，两不相知，却又是差不多同样的时代，这真是奇妙的共振。再后来的笛卡尔，也是发问，不过问的不是学生，而是自己的内心，问到无法再问了，便得出不容置疑的真理——我思故我在。问，真是智慧之源！

这种连续的追问，正在于诱人深思。孔子善于诱导，颜渊最有体会，他说："夫子循循然善诱人，博我以文，约我以礼。"（《子罕》）老师善于有步骤有次序地诱导人，以各种文献丰富我的知识，以礼仪来约束我的行为。"循循善诱"是孔子教学的一大特点，"叩其两端"只是其中一个具体表现。很可惜的是，夫子到底是如何诱"敌"深入的，我们已经难以获知，只有"叩其两端而竭"还铿然在耳。

颜渊说夫子善诱，也还在于他本人善学：善学者勤奋而敏锐，对老师的意图最能深刻领会，妙合无间。

反映孔子教学方法的话，还有一句非常重要。《述而》中孔子说："不愤不启，不悱不发，举一隅不以三隅反，则不复也。"朱熹集注："愤者，心求通而未得之意。悱者，口欲言而未能之貌。"这句话有两层意思：其一，学生憋慌了的时候，启发最合适；其二，启而不发，不堪造就，便不再教。

求学未得而形于色，心愤愤然而口悱悱然，一副要憋出火的样子,这个时候教他,正如甘霖雨露洒向干裂的心田,霎时间便可以春暖花开,群鸟欢唱。要是他木然不动情,那真不必劳神费事。

孔子还强调:那些怎么启都不发的人,他不再教第二次。《阳货》中说:"唯上知与下愚不移。"来混日子的人,孔子是不教的。

第六节　子游与子夏

《子张》中记载子游和子夏就教育问题的对话,可以略知二人关于教育问题的分歧。

> 子游曰:"子夏之门人小子,当洒扫应对进退,则可矣,抑末也。本之则无,如之何?"
>
> 子夏闻之,曰:"噫!言游过矣!君子之道,孰先传焉?孰后倦焉?譬诸草木,区以别矣!君子之道,焉可诬也?有始有卒者,其惟圣人乎!"

"倦",诲人不倦之"倦"也,取其"教"之意。毛奇龄《论语稽求篇》说:传与卷,都是古代印契传信之物。所谓"传",古代以有字的绢帛,分而执之,凡出入关者,合之乃得过。所谓"卷",镌刻之意。刻木为符,各执其一,合符则过。"卷"则同"倦"。传与倦的作用,到了这里,也正像教与学两相契合。可见,毛说还是"教"的意思。

"诬",或解为"欺罔"。或据《说文》训"诬"为"加",义近于兼、同。观于原文前后文意,似后者为佳;但是后者于训诂上又未免迂曲,有点牵强。前者于文意稍迂曲,但是在文字训诂上则很顺畅。这里暂采前者。

这两个字解决了，上面的话就不难理解了。

子游认为子夏教法不对，他的门人弟子，洒扫应对、待人接物还行，可这只是末节，而根本的道义却没有，这怎么行呢？他担心子夏教出来的学生，最终凝滞于小节，而不能贯通于大道。这样的弟子教出来，礼仪应对可以搞得中规中矩，却不能掌控大局，无法作出高明的大判断和大决策。子游高风雅量，武城弦歌传为经典，杀鸡用的都是牛刀，县长当得像国君，其气度风范高远恢宏，对婆婆妈妈的洒扫琐事自然难免轻看。

子夏就反驳子游，认为君子之道，教有先后，犹如草木需要分类区别，不能一股脑儿一锄薅掉。如果不量深浅，不问生熟，都以高深大道教学生，实在是欺骗学生。所以，他就先从小的来，先从浅的来，慢慢深入，并非不教大道，而是时候未到。子夏拘执，常有不及，故求每一步走稳，脚踏实地慢慢来。在子夏看来，子游就是一好高骛远的家伙。

子夏最后一句的意思是，那种有始有终、大小道义都了然于胸的，大概只有圣人了。其中仿佛有弦外之音：不是每个人都能够走到最后一步成为圣人，所以不能要求所有人都掌握最高真谛，教学就应该有步骤地循序渐进。

其实，洒扫、应对、进退，本是礼仪之最初，孩童求学的第一课，其中自有通向大道的精义。子夏明白，子游也不糊涂，只不过对此态度不一样。子游志向宏阔，把大道的传扬摆在第一位；而子夏则更注重循序渐进，凡事从实际出发。

《论语》行文，似乎有否定子游而肯定子夏的意思。但是到底谁是谁非也很难说。中国古代传统教法，一开始就叫小学生之乎者也地使劲背，先不管能不能懂，背到烂熟再说；日后随着生活的历练和人生的成长，自然慢慢就把这些道理都领悟了，都参透了。这种做法到了近代日渐式微，小学教育开始由浅入深，注重循序渐进，先学最简单最浅显的内容，然后才慢慢涉及理论和高深的学问。而关于洒扫应对，不断有专家呼吁，这个东西是传统的精髓，丢不得。

所以对他们两个人的教法，简单地以对错判断，都容易陷入片面褊狭的境地。

第四章 孝

第一节 孝悌，为仁之本

无论是谈学习，还是谈教育，都是在谈手段，孔子利用这种手段所建造的富丽宫殿，我们还未一睹尊容。现在，就让我们去漫游儒家精神的神圣而精密的殿堂。其中的基石，便是孝悌。

朱熹集注《学而》曰："善事父母为孝，善事兄长为弟。""弟"即"悌"。在《论语》和整个儒家学说当中，对孝的强调远远比悌多，所以，真正核心的只是孝而已。这个孝的地位，正如庞大建筑的根基，一切华丽的光辉的成就最初都源于孝。它几乎就是光源，没有它，整个人生、整个社会都将黯淡无光，漆黑一片。

孝的基础和绝对意义，《学而》中孔子的弟子有子说得很清楚："其为人也孝弟，而好犯上者，鲜矣；不好犯上，而好作乱者，未之有也。君子务本，本立而道生。孝弟也者，其为仁之本与！"孝悌是为仁之本，君子只有把这个本立起来了，才谈得上求道,才谈得上以后一切的仁德修养。有子的话揭示了孝悌的双重意义:其一,它是君子行仁道的基础。这里的仁道,概括了一切的善道、一切的正义——合宜的恰当的思想和行为,而不单指仁爱、爱人。有的注释解此处的"仁"为"人",即孝悌是做人的基础。也说得通,而且两者并不违背:孔子要求的做人,不正是要做到"仁"吗?君子首先有发自肺腑的孝悌之心,爱父母兄长,才会爱别人,行善举,利天下。其二,懂得孝顺父母敬爱兄长的人,一定是恭顺诚敬的,必然懂得长幼尊卑之礼,不会以下犯上,不会悖乱纲常。这对于正常的社会秩序、政治秩序,又具有不可估量的积极意义。可见,孝悌不仅为崇高的思想奠基,也为正常规范而运行有道的社会秩序奠基。

孝是仁的基础,也就是仁的核心内容;把它和统治阶级的政治任务结合起来,就会发现,它也是治国的基础。

曾子有言:"慎终,追远,民德归厚矣。"(《学而》)杨伯峻译文:"谨慎地对待父母的死亡,追念远代祖先,自然会导致老百姓归于忠厚老实了。"国家统治者慎终追远,既发乎真情又合于礼仪,具有榜样作用。俗世流行追星,而他就是星,老百姓都看着他呢,议论着他呢,他的德行自然会让人们感服和追随,从而使民风趋于淳朴仁厚。

这句话的本意还需要强调一下:国家统治者的孝并不是作秀,即使完全关上大门,完全屏蔽一切耳目,他也仍然应该是个孝子。"慎终追远"本身就是目的,此外没有目的,"民德归厚"只是附带的功效,从来不是目的本身。

孔子回答鲁国权臣季康子的问话:"孝慈,则忠。"(《为政》)

也表明了孝和政治的关系。就是说，你孝顺父母，关爱幼小（也解为民众），老百姓就会忠于你。要换得忠心就这么简单，仅仅对父母兄弟好一点就行了。

儒家专门讲孝道的经典《孝经》，开篇就是孔子对弟子曾子讲孝，形容孝为先王的至德要道，可"以顺天下，民用和睦，上下无怨"，算是把孝的教化上的意义讲得更直白了。整个一部《孝经》，记录的都是孔子关于孝的谈话，内容远远超出孝的范围，延及天下、国家、君臣、品德、社会等各个方面，展示了孝的广阔意义。孝几乎囊括了整个人生的所有方面，囊括了整个社会的所有人事。一部《孝经》更可见孝"为仁之本"的精神。

孝不但可以服务于政治，甚至它本身就是政治。孔子说："《书》云：'孝乎惟孝，友于兄弟，施于有政。'是亦为政，奚其为为政？"（《为政》）有人见孔子不做官，就问原因，孔子就这么回答了：孝呀，就是孝顺父母，友爱兄弟，而又推广此心影响到政治，这也是为政，干吗非得用做官的方式来为政呢？可见孝悌本身是具有政治意义的，如果孝悌方面做得很好，做出了榜样，就可以影响民众，淳化民风，而不需要刻意再做什么。陈祥道《论语全解》："孝之施于政也，爱敬而已。爱敬尽于事亲，而德教刑于四海。则孝之施于政也，岂不难哉？盖爱敬立则虽不为政而与孝同，爱敬不立则虽为政而与不为政同。"这是讲无论孝悌，还是为政，都具有一个同样的目的。达到目的，都是为政，达不到目的，都不是为政。这个同样的目的，便是在社会上树立爱敬之风。陈说找到了孝悌和为政的共同点，而且指向的是两者的精神本质，当切中孔子的原意。

第四章 孝

孔子对孝的推崇，几乎是至高无上的。孔子从不轻易称人为仁人至德，但《论语》中他慷慨地把这个赞许给了三个人，正是因为他们孝到极致。

前两个是伯夷、叔齐，孔子说他们"求仁而得仁"（《述而》）。这是个非常厉害的评价，想要仁，仁就来了，真是不费吹灰之力。孔子的弟子们，没有一个称得上仁，可见仁是千难万难的境界。夷齐两人厉害在哪里，竟可以在仁道的境界随心所欲？其实也就是很平实的一个"孝"字。孤竹国国君将死，遗命立儿子叔齐。叔齐是小儿子，一般而言都该立大儿子，所以叔齐要让位给哥哥伯夷。伯夷认为父命不能违背，便自己逃跑，免得弟弟难做。结果弟弟也逃跑了：你哥哥不做君，我弟弟岂能做君？弟弟为了人伦秩序，哥哥为了不违父命，双双选择放弃国君之位。放弃国君之位不要，仅仅是为了孝悌，这确是只有"仁人"才做得到。

还有一个是泰伯，获得的评价是"至德"（《泰伯》），最高的德——还能有比这更高的评价吗？泰伯是周族的先人，他的事迹和伯夷差不多，也是因为父王要立弟弟季历。为了遵从父命，也为了不让弟弟难做，干脆自己跑了，而且还文身断发，混迹于野蛮人当中，比孤竹二位殿下还敢于解脱。

为了孝而放弃君位，非有大仁至德是做不出的，三位高人却举重若轻，不经意间青史留名。孝在这个时候，几乎凌驾于国家之上。孝何以竟然如此重要？周代的宗法制度强调的是血缘基础，整个社会结构以血缘关系为纽带，统治秩序就是按照血缘等级来确定的。重视血缘关系，必然就重视家庭亲情，必然就重视孝悌伦理。一部《诗经》，最真实地写出了西周、春秋时代的社会面貌，我们可以在里面看到人们对亲情、对家庭的深刻眷顾和虔心服从。这是古代中国最原始最淳朴的本性。这种井然有序的伦理社会，相比于春秋末期的混乱，简直如同天堂。所以，不但孔子重孝悌，后来专和儒家唱反调的墨子也重孝悌。墨子谈无差别的兼爱，其实也是从孝悌出发推演来的。《墨子·兼爱上》说："子自爱不爱父，故亏父而自利；弟自爱不爱兄，故亏兄而自利；臣自爱不爱君，故亏君而自利，此所谓乱也。"其间的逻辑关系，和儒家的论述是差不多的。

第二节　竭诚尽力

"孝"对于人生、对于国家的意义，它的崇高地位，前面已作敷陈，下面我们抛开这一切外在的说教，回归内在的朴素真我。"孝"本来就是一个人发乎真情的完全无功利的内在冲动。当人尽孝时，为的不是精忠报国、经天纬地，甚至也不是回报椿萱之爱、舐犊之情，而仅仅就是他内心深处对父母的爱，很单纯很直接的血缘亲情。这种纯粹的爱，无功利性，也没有大道理，它就是人性的自在自为的渴望。

所以，一个人的孝，如果是发乎真情的纯粹的孝，必定符合两个要求：在态度上竭诚，在行动上尽力。无论父母还活着，或是已经死去，对待父母，都不可以有半点怠慢。

《为政》中鲁国大夫孟懿子及儿子孟武伯，孔子的学生子游、子夏分别问孝的情况，本书第三章已有过讨论，这里让我们作更深入的揭示。

孔子回答孟懿子的是"无违",后阐释之:"生,事之以礼。死,葬之以礼,祭之以礼。"礼,是孔子对人言行要求的基本规范。对父母的照顾,生时的冷暖温饱喜怒,死时的棺椁衣衾墓葬,祭祀时的簠簋俎豆尊牺,都要依礼而行。孔子的礼囊括一切人事,行孝也不能例外,合礼的才是正义的,才是应该的。钱穆《论语新解》认为,孔子强调不违礼,还在于"父母有不合礼,子女不当顺其非,必自以合礼者事父母",有以自身之正正父母之不正的意味。这是后儒的演绎发挥,在《论语》之中并不能看到与之呼应的观点和内容。并且,父母生时还可以说儿子以礼正父母之无礼,但是父母都死了,甚至死若干年了,还以礼正其生前之无礼,那岂不荒唐?孔子并没有后人想的这么圆滑,他要求的,就是侍奉父母,无论其生死,都应当尽守礼仪,不得苟且。

孔子回答孟武伯的是:"父母唯其疾之忧。"这句话有两种解释:一为儿子为父母的病担忧;一为父母只忧心儿子的疾病,其他方面都不用操心。前一解释是说儿子时刻将父母的健康放在心上,生怕父母出什么问题;后一解释说这儿子做得让父母放心,父母不用那么担忧牵挂。朱熹似倾向前者,而何晏、钱穆、杨伯峻都采后者。盖后者为是。解为前者,则《论语》原文显得过分拗口,还不如直接说"唯父母疾之忧"。且意义狭隘,侍奉父母只在意其健康,难道父母不生病,儿女就不侍奉了吗?后解于理也更通些,儿子什么方面都做得很好,故父母满意、不操心,而疾病非人力所能控制,让父母忧虑实乃没办法的事。这一条就是告诫当儿子的,要尽量少让父母操心。

孔子回答子游的话:"今之孝者,是谓能养。至于犬马,皆能有养。不敬,何以别乎?"强调仅仅能奉养父母是不够的,因为我们也养活不少牲口,而现在那些讲孝道的却认为能够奉养父母就算孝了。孔子纠正时下的通常观点,说,如果对父母不敬爱,那么和养畜生有什么差别呢?强调的是敬爱、恭敬。

孔子回答子夏的话:"色难。有事,弟子服其劳,有酒食,先生馔,曾是以为孝乎?"核心在"色难"二字,是说保持好脸色很难。《礼记·祭义》说:"孝子之有深爱者必有和气,有和气者必有愉色,有愉色者必有婉容。"或可作"色"字的参考。钱穆认为,"色难"乃是"心难",因为容色的变化乃真实地出自内心。孝顺的儿子要在父母面前一直保持和悦之色,其实是要求他心里一直保持对父母的恭顺和真爱,不可稍怠。要做到这一点,是很困难的。父子俩,难免有时候闹别扭赌气,现在是要求闹别扭的时候都要保持不变的好脸色和孝心。能为难为之事,正可说明孝心之至诚。这又比上段的"敬"更深入一层,直抵内在本质:敬爱的态度,对一切先辈老者皆当如是,正是"有事,弟子服其劳,有酒食,先生馔"(有事情,年轻人去操劳,有酒食,老人们先吃)的表现;而事亲显然要比对其他老者更深一层,更诚于心,这心必然形于色,故有"色难"之说。

答孟懿子、孟武伯,乃重行动,谨慎守礼,不让父母操心。答子游、子夏,乃重心智,强调真挚而一贯的敬爱之心。就是说,不单是外在表现上要无可挑剔,即使在内心也要有真实的挚爱存在,一切都不是假的,都不是应付,都是真情的自然流露。并且无论外在还是内在,都要做到持之以恒,始终不变。

我们已经看到,孔子重孝,不但重生前,而且贯彻到死后。

子夏归纳事生,"事父母,能竭其力"(《学而》);曾子归纳事死,"慎终,追远"(《学而》)。生前竭力孝敬双亲,是不容置疑的公理疑问。但是死后也要这么战战兢兢,当成一辈子的重担挑着,却是为什么呢?还是周代强大的宗法制度使然,稳固的血缘关系是维持稳固的社会和强大的国家的基础,周人修宗庙,建祠堂,风光大葬,就是为了不忘自己的血缘,能够认祖归宗,永远不忘身份。孔子提倡周礼,对于庙堂祭祀等源自周礼的一套热心拥护。为了巩固血缘体系,孔子对丧事祭祀说得也特别多。

前面说"死,葬之以礼,祭之以礼"。《子罕》中孔子说:"丧事不敢不勉。"勉,尽力也。《八佾》中孔子说:"丧,与其易,宁戚。"易,治也,这里有一切礼仪治理完备的意思。孔子说与其礼节完备而悲哀不足,不如过分悲哀而礼仪不足。《学而》中孔子说:"父在观其志,父没观其行。三年无改于父之道,可谓孝矣。"这都是谈父母死后儿子的态度。勉,不单是尽力,其实也要求尽礼仪。《八佾》中孔子说与其礼节过分完备,毋宁过分哀伤,好像又有点矛盾。其实孔子是说如果不能两全,这种情况下该如何选择,而理想的状况是礼节完备而哀伤充分。后来子游未能准确理解这句话,所以说:"丧致乎哀而止。"(《子张》)居丧,充分地表现悲哀就可以了。几乎把礼仪的重要性给忘了,这是他对孔子意思的曲解。

第三节 三年

三年是个很重要的时间,前面我们已经说过,孔子死的时候,诸弟子为之守丧三年乃去。独子贡结庐于冢,守了六年。孔子主张守丧三年,虔诚的弟子无不遵从,以寄托哀思。独子贡结庐为伴,相守六年,更见意之淳厚。

这个"三年",并非孔子发明,而是既有传统。《宪问》篇记载:"子张曰:'《书》云:高宗谅阴,三年不言。何谓也?'子曰:'何必高宗,古之人皆然。君薨,百官总己,以听于冢宰三年。'"

高宗,即殷王武丁,一代贤君,在他的统治下,殷进入全盛时代。谅阴,钱穆、杨伯峻解为居丧所住的房子;孔安国、何晏、邢昺解谅为信,阴为默,谓武丁信任冢宰,默而不言。钱穆和杨伯峻所说应该比较准确。"谅阴",古又多作"梁闇(暗)",《尚书大传》即作"高宗梁闇,三年不言",就是庐舍的意思。《尚书大传》还说:"高宗有亲丧,居庐三年。"正可作解。冢宰,太宰,官名。

孔子认为:守孝三年不言,不只是武丁如此,古人皆如此。国君死了父亲,一心只在思亲,三年不敢服先王之服、履先王之位,食不甘味,寝不安席,就住在一个寂寞的小屋子里,天下大政交给心腹们去办。孔子肯定武丁之举不虚,为三年之制鸣锣开道;但是他所谓"古之人皆然",却不容易找到证据。清人宦懋庸《论语稽》中说:"古人三年不言,无可考见。"然后指出夏代先君多数确是延后很长时间才即位的,一般是二十七个月,也有更多的,如太康王四年后才即位。但是殷商诸君却多在先君驾崩次年就即位,谅阴三年的情况并不多见,武丁独树一帜,故美名远播至今。但是无论怎样,"守丧三年"经孔子的大力宣扬,确实成为深入人心的习俗。

李泽厚《论语今读》中说:"听冢宰三年,我以为其原意是新'君'初立,不谙政事,所以必须不乱讲话(发号施令),而由有经验的冢宰代理政务,处理事情。"可备一说。但在重视家庭血缘的传统中国,父母死后必定有很多守丧哀悼的仪式,三年不言作为其中仪式之一也顺理成章。应该说,这个三年不言,最初还是针对守丧而设的。

为什么是三年呢?《阳货》中这段话做了解释:

>宰我问:"三年之丧,期已久矣。君子三年不为礼,礼必坏;三年不为乐,乐必崩。旧谷既没,新谷既升,钻燧改火,期(jī)可已矣。"
>
>子曰:"食夫稻,衣夫锦,于女安乎?"
>
>曰:"安。"
>
>"女安,则为之!夫君子之居丧,食旨不甘,闻乐不乐,居处不安,故不为也。今女安,则为之!"
>
>宰我出。子曰:"予(即宰我,宰予,字子我)之不仁也!子生三年,然后免于父母之怀。夫三年之丧,天下之通丧也,予也有三年之爱于其父母乎!"

钻燧改火,古代钻木取火,不同季节用的木材不一样,一年一个轮回。宰我认为陈谷子吃光了,新谷子登场了,钻火的木头又过了一个轮回,守孝一年就足够了。拿漫长的三年来居丧而不问政事,必定礼崩乐坏,乱成一锅粥。

宰我的态度遭到了孔子的批判。他的反问就很有意思:"死了父母,不到三年,你就吃那白米饭,穿那锦绣衣,安心吗?"挖苦讽刺之情溢于言表，但是字面上不着痕迹。而宰我仍旧老实巴交地回答："安心。"一副恭敬样，一副直诚样，毫不掩饰自己的看法。师徒俩的对话，仅从字面，几乎可以想见其神态。

孔子接着开始直接明言对宰我的不满："你安心，你就那样干吧！君子守孝，吃美味不觉得甜，听音乐不觉得乐，住在家里不觉得安适，所以都不做这些事情。"可见守孝三年，实在不是装样子走过场，糊弄观众，而确实是三年之中常怀思亲之绪、丧亲之痛，根本无心做其他任何事情。并且，第二层理由，儿女生下来，要过三年才能完全脱离父母的怀抱。所以，儿女的回报起码也得有相当的时间。需要指出的是：孔子说三年，并不是说三年完了就可以将父母之情丢个干净，从此根本不把父母放在眼里。圣人君子怀念父母，是一辈子的事，限于三年是为了节制哀伤，不一直沉湎于悲痛。

守丧三年，前言天子，后及庶人，可见天下苍生，无一不应遵行。

相比下面这层更深的要求，居丧三年几乎还是比较容易办到的，起码在形式上还可以维持下去。

子曰："父在观其志，父没观其行。三年无改于父之道，可谓孝矣。"（《学而》）父亲活着，看其志向（行为自然不能违背父道，故要看打心眼儿里有没有诚心遵循父道）；父亲死后，看其行为（没人管了，看你是不是就要抛弃父道自己另立门道了），若三年都不改变父亲的做法和主张，可以说是孝了。

这一条，才是真的难。

真正的孝子，奉父道若神明，不但父亲在时百依百顺，父亲死后相当长一段时间,也是不忍心篡改或废除的。基本可以断定:儿子,完全应该是父亲衣钵的继承者。三年不改父道,这已经不是形式上的摆设,而完全是灵魂上的彻底服从。

好多注家注意到"三年无改于父之道"当中有个矛盾:万一父亲所行不善呢?其实不必过多在这个问题上纠缠。孔子所说,乃是一般的正常情况,是针对一般人而言。道德品质败坏的大奸大恶者,是不在这句话的范畴之中的。

李泽厚在他的《论语今读》中抨击后人纯从感情、道德上讲三年不改父道,认为:"保持本氏族的生存经验的重要性,才是'三年无改于父之道'这一传统的真正原因,这才是关键所在。"李氏的观点只不过是结合了现代科学研究的手段和结论,并习惯性地把所有问题都归结到功利性上来。结合前面孔子抨击宰我的话,便可知这三年不改父道,实在就是纯从道德、情感上言,并没有什么家族经验的功利追求。如其有,孔子自身也是不自觉的;即使孔子自觉到这一伟大作用,也必不会明言,更不会以之为直接的真正的目的。真正的目的,始终就是孝本身,所谓氏族生存等问题,只是带着必然性的结果。

第四节　错了,怎么办?

"父道"被孔子捧上圣殿,接受后辈顶礼膜拜,别说三年之内临深履薄,即便一辈子也不可掉以轻心。在传统的农业社会,老一辈的经验就是后辈们的定海神针,可以维持风平浪静,轻率地改变,就会有大风暴,就会有毁灭,平稳的社会结构将面临可怕的断裂。建立在农业社会基础上的国家，其价值观自然也将前代经验奉为圭臬，以为其中有取之不尽的营养。不过到了精神层面，不改父道的意义，已经不再是实际的利用价值，而是纯粹对父母远逝的追思和尊敬，是纯粹的精神生活。

曾子曾经赞扬孟庄子："吾闻诸夫子：孟庄子之孝也，其他可能也；其不改父之臣，与父之政，是难能也。"（《子张》）孟庄子的孝，别的方面也许容易做到，他不撤换父亲的僚属，不改变父亲的政治措施，则是难以做到的。史载孟庄子承父位四年而死。盖三年不改父道，在当时几乎已经是不可能完成的任务，而孟庄子四年无所改易，便是超人的毅力、圣贤的境界。所以曾子在他身上看到了理想的光辉，要特别加以赞叹。孟庄子终身不改父道，不问对错全盘接受，最后造成了什么政绩，有什么建树，曾子不提，因为这不重要，重要的就是孟庄子不改父道的行为本身。孝子，就该如此，没有什么别的原因，没有什么理性上的根据和现实中的动机，它就是单纯情感上的冲动。

古代好多注家认为孟庄子之难能，正在于他选择委屈自己而坚持父道。父亲的为政之道有未必对的地方，或者有未必合孟庄子心意的地方，但是孟庄子还是不忍心去改变。这虽是推测，但仍提出一个问题：假设父亲真的做得不对，儿子该怎么办？

《里仁》中记载了孔子的一句话，可作窥豹之用："事父母几谏，见志不从，又敬不违，劳而不怨。"父母有不对的地方，劝谏时态度要温婉柔和，谦逊恭敬。几者，微也。要求儿子只能轻微婉转地劝谏。父母劝不动，不听我的，就算了，保持恭敬不违犯父母，就算自己劳苦或者忧愁，都不能有怨言。

文中的"劳"字，或解为"忧愁"，或解为"劳苦"。因为一次"几谏"，不从，换适当的时候再谏，又不从，则再想办法"几谏"，如此则"愁"矣，"劳"矣。朱熹集注引《礼记·内则》，说得更甚："父母怒不悦（《礼记》本字为'说'），而挞之流血，不敢疾怨，起敬起孝。"这"劳"，还有皮肉之苦。

我们有没有曲解"劳"字，很难遽下结论。然而自己的心志被父母拒绝之后，"不违"二字很惹眼地紧跟其后。中间一个"又"字，衔接密不透风，几无喘息之机，可见已经练到条件反射的境界，根本没有犹豫，绝对没有顾虑。很可能孔子其实并没有让子女反复劝谏的意思，他要求的是适可而止，父母听不进去，就别纠缠不放，而应该停止进谏，逆来顺受。《里仁》中也记载了子游的话："事君数，斯辱矣。朋友数，斯疏矣。"数，屡次的意思。《颜渊》中孔子告诉子贡怎么处理和朋友的关系："忠告而善道之，不可则止，毋自辱焉。"两个地方都很明白地表示，对待君主，对待朋友，不可一味劝谏，不听就算了，否则自取其辱，与人交恶。孔子从未在任何地方表达过与"不可则止"相反的态度，从未对一味进谏的做法表示过任何赞同。想来对待父母，也是不可以"数"的。"数"则会让父母不高兴，有不孝之嫌。

"事父母几谏，见志不从，又敬不违，劳而不怨"，这句话的意思有两层：其一，父母即使有过，也不可以触犯父母，不可以违逆父母；其二，父母即使有过，对父母态度也得温和委婉，谦恭尊重，不可以有怨色怨气。这样，话就说完满了，父母是绝对的权威，不容触犯。即使父母有错，儿子也当迁就。

总结为四个字：逆来顺受！

下面来一段更直接的陈述，也好让我们见识一下孔子层层深入到何种地步。《子路》中记载了他的一句话，相当前卫，让我们现代人都倍感惊讶。他是这么说的："父为子隐，子为父隐——直在其中矣。"父子俩犯了错误互相隐瞒——直率之道就在其中。孔子这个大胆的主张，后来的儒家（孟子之前）还有发扬。20世纪90年代湖北荆门郭店楚墓竹简出土，其中的儒家文献《六德》记载："为父绝君，不为君绝父。为昆弟绝妻，不为妻绝昆弟。为宗族疾朋友，不为朋友疾宗族。人有六德，三亲不断。门内之治恩掩义，门外之治义掩恩。"可见，对待亲人应重恩情，对待外人要重道义，两者冲突的时候，则恩情重于道义。故君可绝，父不可绝；妻可绝，兄弟不可绝；朋友可绝，宗族不可绝。这跟父子相隐的内在依据是一致的。儿子告发父亲，正是绝父的表现。

对待父亲做错事的态度，这里算是讲明了。儒家思想后来成为封建正统思想，忠孝节义比肩皇权天威，唯独这句"父为子隐，子为父隐"悄然落幕。后世的正统，是大义灭亲。这也正是被孔子批判的那个叶公的态度。叶公说："我们乡里有正直坦率的人，他父亲偷了羊，他便把父亲告了。"叶公赞许的人被孔子否决了，但是被历史接受了。即使孔子，也难免要受大浪淘沙的洗礼。

孔子强调父子相隐，看重的是血缘和亲情：当其爱亲之心正浓正深之时，父子相隐发自最天然纯粹、最真挚淳朴的慈孝亲情，也就无暇顾及什么"义"不"义"的问题了，故"隐"就有了合于直道的地方。李泽厚《论语今读》："'直'——正直、公正，在《论语》中与情感的真诚性有关……"大概正是如此。父为子隐，则慈也，子为父隐，则孝也，正如《为政》篇曰"慈孝则忠"，还能成为楷模，起到风化旁人的功用。《礼记·檀弓上》有云："事亲有隐而无犯。"道理相同。

第五节　吾知免夫

《泰伯》篇云："曾子有疾，召门弟子曰：'启予足，启予手。《诗》云：战战兢兢，如临深渊，如履薄冰。而今而后，吾知免夫。小子！'"

曾子生病了，担心的不是病痛，而是自己的身体手足是否完好。因此他叫弟子掀开被子（启），要看看自己的手，自己的足，没什么问题，就放心了："吾知免夫。"我晓得没事了！

他何以这么在乎自己的手脚呢？是他怕死吗？或者怕落个残疾吗？这是我们普通人的逻辑。曾子看看手，看看脚，其实是为了检视孝。《孝经》记载，孔子对曾子说："身体发肤，受之父母，不敢毁伤，孝之始也。"你的身体，肌肤、头发，都是父母给你的，父母给你的可是一副完整的躯体，你自当爱惜保其完整，不让其受损伤，是为孝的起点，是最基本的要求。曾子在乎手足身躯的完整，为的不是自己，而是对得起父母。

《礼记·祭义》中记载：一个叫子春的负责音乐的官伤了脚。为此，他几个月不出门，愁得跟苦瓜似的。他的弟子们不解，伤了个脚就搞得这么紧张，也太夸张了吧。子春说："我从曾子那儿听到，曾子又从孔夫子那儿听到说：'天之所生，地之所养，无人为大。父母全而生之，子全而归之，可谓孝矣。不亏其体，不辱其身，可谓全矣。'所以君子半点不敢忘记孝。我现在把脚整伤了,是忘记了孝道,所以有忧色。"父母把你生出来,你是完完整整的,所以儿子也应该完好无损地把这副身体交回给父母。如何才能完好呢?不残损身体,不辱没自己,就算保全完好了。

三个地方说身体的完整,都跟曾子有关,可见曾子对孝有其独特而深刻的见解。他因为从最深刻的理论高度信奉身体发肤的完整对于孝的意义,所以才战战兢兢,如临深渊,如履薄冰。

我们接着要重点说说"吾知免夫"的"免"。大家都知道肯定是免除伤害,保全身体,那么到底需要免除些什么伤害呢?除了不缺胳膊少腿,还有需要刻意避免的吗?有,而且意义更重大。那就是不败德坏性。很多注家解为免于刑戮,正可兼顾身体和品性双方面。免于刑戮,首先自然是免于黥面削足割鼻子,保证肉体的完好,但是更重要的方面,是德行、人格方面保持完好和尊严,不被伤害侮辱。受刑戮,不但意味着肉体遭受荼毒,更意味着德行上有污点、行为上有罪过,说明肉体和精神双重残缺。以这样的状态回报父母在天之灵,将是对父母的最大侮辱,也将让父母死也不得安生,更何谈"唯其疾之忧"。所以曾子的话,指的不仅仅是别在身上留下伤疤,还在于道德方面纯洁无瑕,这样才可以让父母放心。

因此,一个孝子,别做对身体有危险的事情,也别做对灵魂有危险的事情。在这里,孝直指道德品质。君子言行合乎道德,不仅是修身养性的要求,而且直接就是孝的要求。我们曾经说孝"不但是源,而且是流,完全浸透在整个人生的全部",到这里也找到了明证,我们的行为,无时无刻不和孝密切关联。

灵魂是比肉体更重要的东西,两者不能兼得时,便要慷慨牺牺肉体捍卫灵魂，肉体的劫难恰是保全人身的最佳方式，恰好是对得起父母、无有愧疚的代价。李颙《反身录》："平日战兢恪守，固是不毁伤，即不幸而遇大难临大节，如伯奇、孝己、伯邑考、申生死于孝，关龙逄、文天祥之身首异处，比干剖心，孙膑锯身，方孝孺、铁铉（xuàn）、景清、黄子澄、练子宁诸公寸寸磔（zhé）裂，死于忠，亦是保身不毁伤。"这些人面对恶局，舍生取义，身体毁灭，灵魂不朽，完全无愧于父母。

第五章 仁

第一节 爱

有子说:"孝弟也者,其为仁之本与!"(《学而》)我们已经把这个"本"讲清楚了,下面就讲建立在这个本的基础上的仁。孝是仁的核心,仁是孝突破家庭和亲情,在更广阔的社会领域的延伸。如果没有仁的升华,孝将暗淡无光。仁,是孔子全部学说一以贯之的灵魂和主线,他思想之树的任何枝丫和绿叶,都有仁的光泽。上面我们说孝是孔子一切学说的基础,孝再往上,便开出仁这朵纯洁的花,到了仁以后,孔子的学说才发扬光大,普照天下。

仁到底是什么?这是我们首先必须面对的问题。

先从字义上来看看"仁"这个字。《说文解字》:"仁,亲也。从人,从二。"徐铉注曰:"仁者兼爱,故从二。"从《说文解字》看来,"仁"字本身,就是"爱人"的意思。但是,《论语》中,又有"仁"通"人"的情况,偶尔会给我们制造点小麻烦。不过,我们不必过分细抠到底在说"人"还是"仁",孔子说仁,除非字面上很明确指向"人"(如《雍也》"井有仁焉",《里仁》"观过,斯知仁矣"),都可以理解成他思想主张中的那个"仁"。

孔子使用"仁"这个词,也正是用了其"爱人"之意。《颜渊》记载:"樊迟问仁。子曰:'爱人。'"简明而直接地回答,仁就是"爱人",去爱别人。在《学而》中,孔子对弟子们提出要求:"泛爱众,而亲仁",博爱众生,亲近仁德之人。当他和弟子们谈各人志向时,说自己的志向是这样的:"老者安之,朋友信之,少者怀之。"(《公冶长》)使老者能够安逸舒适地生活,朋友之间能够诚信,少年能够得到恩惠。老一辈、平一辈、下一辈,都在他关怀之列,几乎所有人都囊括进来了。当时子路说他愿意和朋友同甘共苦,自家的车马衣服都拿来和朋友分享,用烂了也不在乎,颇有"岂曰无衣?与子同袍"的意思;颜渊说自己愿意做了好事不留名,不施加劳苦于人,一副默默担当的样子。他们的意象都不够开阔,囿于狭隘的自我范围。他们所言,只是仁的一个具体而微的表象,而对于终极的、中心的、融通的问题,他们还隔着纱窗看晓雾,意识蒙胧。孔子便以宏大的抱负直接展示,不再旁敲侧击、启发诱导。孔子所谈,正是一种磅礴的爱。

《子张》篇中子张说:"君子尊贤而容众,嘉善而矜不能。"尊敬贤者,容纳众生,嘉许善行,怜悯弱者。这句话,说得很大气,正是对"爱人""泛爱众"的形象注脚。孔子讲范围,而子张讲方式,正是高山流水式的应和。但是,朱熹批评子张言论过于高远,有唱高调之嫌:孔子尝言"无友不如己""益者三友,损者三友",盖大贤亦当有取舍,不可能见一个爱一个,所以子张漂亮话说过了头。朱熹的批评其实是过头了。子张此论,乃从仁道博爱的角度谈对世人的态度,而非讲授人际关系学。和人打交道,对好人坏人、蠢人能干人,自然招法各异,但是爱却是无私的,无疆的,超越自我,超越阶级。子张的话,其实正是仁学的一面旗帜,指引我们前进的方向。

仁的核心,大概就在这一个"爱"字,对众生的爱。这个爱,源于亲情之爱,最终实现了对全人类的爱。没有孝悌亲情,一切的所谓爱,都是空中楼阁,是伪的,是空的。

"泛爱众"这个口号,乍一听颇类墨家"兼爱"。这里需要简单作个区分。应该说兼爱的理论根基(或根基之一)也是孝悌。《墨子·兼爱上》中说:"子自爱不爱父,故亏父而自利;弟自爱不爱兄,故亏兄而自利;臣自爱不爱君,故亏君而自利,此所谓乱也。"其逻辑起源也是孝悌。但是墨子最后演绎出的是天下百姓无差别之爱,斩断血缘亲情,要求无论亲疏贵贱都一视同仁。这就和儒家的仁爱有根本的不同。仁爱是要分亲疏贵贱的。墨子的无差别之爱,后来遭到孟子痛斥,孟子讥其"无父",是禽兽之道而非人道。另外,兼爱是一种外在的伦理和社会要求,强调的是利天下,需要以利于天下作为动力,很重视利而较忽略自身修养;仁爱是人对自身内在的要求,是始自内而发于外的,强调的是人自身的修养,而较忽略功利,或者说也没必要强调功利。简单说,墨子重利,言义也即言利;孔子重义而罕言利,义跟利关系不大。这两者的最终功用都是修身治世,义利兼得,但是最初目的却完全不一样。

爱人,是仁的核心意义。此外,孔子还赋予仁更广阔的外延,几乎一切美德善行都纳入其中。凡合宜的、应该的，便都进入仁的范畴，仁从而披上了理想化的外衣，越发显得神圣。冯友兰《中国哲学简史》第四章中说："孔子用'仁'这个字时，有时不是仅指一种特定的品德，而是泛指人的所有德性，这便是'仁人'一词的含义。在这场合下，'仁'的含义是'品德完美'。"这个论断，很容易在《论语》中找到证明。《论语·阳货》中记载："子张问仁于孔子。孔子曰：'能行五者于天下，为仁矣。'请问之。曰：'恭、宽、信、敏、惠。恭则不侮，宽则得众，信则人任焉，敏则有功，惠则足以使人。'"恭，恭敬，庄重；宽，宽厚；信，有信用，诚信；敏，敏捷而精当；惠，好施惠于人，有爱心。时时做到这五者，便是仁。前列五者，说的都不是如何去爱别人，而是如何做好自己，从而不会受辱、得到拥护、得到信任、建立功业。五种德行，自然逃不开"爱人"这个核心，但是侧重点却完全不再是爱人，而是做人。会做人，也是仁。

孔子常常说到的"义"这么一个玄虚难以捉摸的概念，也许可算仁的广义内涵。"义"即合宜。怎样才算合宜？盖当时价值观念、伦理观念所允许和提倡的便都是义，"恭、宽、信、敏、惠"便是义，摈弃它们便都是不义。一个称得上仁的人，大概便是把"义"理解得很准确并且贯彻得很到位的人，而不只是一个"泛爱众"的人。爱众是对的，但是如果爱的方式没对，违反了"义"，反把人家搞坏了，自然算不得仁，只能算有仁心。孔子对仁的理解是带着浓厚理想主义色彩的，要求的是终极完美。

"仁"这个概念，通常指向人的内心修为，描述的是人的内在本质、真实情感；但是也常常指仁的行为——表现在外的符合仁道的行为，真实情感支配下的爱的实施。换句话说，即"体"和"用"，讲心为体，讲行为用。不管指仁心还是仁行，都得有爱，有义，合于正道。只有心与行两者实现了完美的结合、高度的统一——心中能够爱人，外在行为做到恭、宽、信、敏、惠，才真正算得上仁。

总括之，仁的核心是爱人，同时又兼指一切美德善行，一切合于"义"的道德行为。有时候用来表示仁心，有时候用来表示仁行。

第二节　仁者风范（一）

仁，是爱人，也是一切合宜的美德善行的总和。它首先要求我们心灵的虔诚，然后要求我们行为的恰当。但是，当讲清楚仁的核心要求是爱人之后，孔子很快就打住，转而讲仁的各种行为表现，停止了对心灵的探讨。所以，为什么仁会是爱人，我们不得而知。

后来的孟子试图回答这个问题，他说人皆有"不忍人之心"，也就是不忍心伤害别人的心，也就是怜悯心、同情心。这是人的天性，人自身的内在因子就必然含着这种善。所以爱别人，只是人内心的自然冲动，是人的本性流露。仁是爱人，是人的本性的呼唤。再后来的张载、程颢等更阐发得滴水不漏：宇宙万物本来就是同一的，不忍人之心正是因为自己有和万物的内在同一性，人不加害自己，自然不会加害与他同一的他物；爱自己的父母兄弟，也自然会对宇宙这个扩大的父母有同样深度的爱；顺应宇宙的好生之德,牢记万物一体的事实,并用心去做,正是"仁"的要求。

他们都诉诸理性,企图从理论上说服众人信仰仁道,所以他们必须很辛苦地寻找几乎是物理学的证据来为仁的合法性作证。但是我们发现说得越多,就越坠入唯心的不可知境地,成为远离现实社会的纯粹理论。孔子讲他的思想和道理,从来都是密切地融合在现实生活之中,很少作纯粹理论的思辨,因为宇宙大道其实就在日常生活的点点滴滴之中。脱离现实追求纯粹的理论圆满,绝不是孔子的风格,更不是他教书育人的方向。

所以,孔子几乎没有解释"仁"为什么是"爱",便直接讲仁者心中有了爱之后,该如何表现他的爱。我们就循着他老人家的思路,看看仁道上举步的翩翩来者,他们在生活中,是如何的玉树临风。

一个最直观的表现是:"仁者其言也讱。"(《颜渊》)讱,难也。说仁者表达困难,就是说不善言辞。这是司马牛问仁时孔子的回答。司马牛不理解,这两者怎么会有关系,这样就叫仁了吗?孔子说:"为之难,言之得无讱乎?"道理就是这么简单:做起来难,说起来能不难吗?这样的回答,足够使巧舌如簧者顿时面如死灰。孔子在很多时候、很多场合强调少吹牛多办事,正是因为他深知仁道的实行任重道远,非常艰难;只有那些搞不清楚状况的虚浮小青年,才会"站着说话不腰疼",还没学会干大事就学会说大话。不会说话只是一端,孔子很快就更全面地铺陈开来,发展为"刚、毅、木、讷,近仁"(《子路》)。坚强、果决、质朴、说话谨慎,这四种品行,接近仁德。木讷一词就是这么来的,要成就仁德，先要让自己变得木讷：看起来像块木头似的，话都说不清楚。强调木讷，正是对面子工程、形象工程的否决，要求我们不要涂脂抹粉、花言巧语，免得浮华耗尽能量，无法完成本质的修养。

这里说到的刚毅，是强调一个人为了理想，要有坚持到底的决心和毅力：不怕困难坚持前进，则无所不成。一个刚毅而又木讷的人，犹如寡言冷峻、不到关键时刻不显山露水的硬汉，一出场就能打赢最后一场仗。兼有铁石和木头的品质，就有练成最高武功的大希望。

《宪问》中孔子说："仁者必有勇，勇者不必有仁。"这个勇，其实和刚毅是统一的，不刚毅则难有勇，有勇者必刚毅。勇，可以说是刚毅的一种典型表现形式。仁者心性圆满，好的品德无不具备，而又能恰好守中，无过无不及。在这种状态下，勇是仁的应有之义。如果没有见义勇为的胆量，没有舍身成仁的魄力，这仁的境界，肯定是达不到的。成为仁者，必定已经修炼成勇士，否则就已经"死"在半路上。而勇者为什么不必仁呢？勇是仁的一个必要条件，却并非充分条件，有它还远远不够，还需要很多其他的必备素质才能成仁。如果没有其他的素养来调节、控制勇，勇甚至会干出犯上作乱等大逆不道的事，而且如暴虎冯河之类纯粹的武勇、愚勇，仁道也是不赞同的。

仁者之勇，强调的不是很能打，而是品质，临大难不退缩，颈上横刀一笑置之。有此气度，方才有仁者风范。《卫灵公》中孔子要求："志士仁人，无求生以害仁，有杀身以成仁。"面临生死大节，只有勇者可以从容淡定：死就死吧，道义是一定要的。仁，是比生命更重要、更神圣的东西,所以仁者可以放弃生命保全仁德。

无论是勇,还是木讷,都听从仁的指令,内在有仁的调度,外在就有仁的各种表现。儒家常常说尊师重道,说谦逊内敛,几乎视为真理。但是假如仁要求例外,则以仁为准则。正如尊师是常道,是信条,在师父面前不敢有半点造次才是正理,但是孔子又说:"当仁不让于师。"(《卫灵公》)在仁德问题上,就是面对老师,也不同他谦让。孔子强调的不是要和老师抢什么,因为尊师始终是正理,而是强调:听从仁的指挥,听从内心的呼唤,勇敢前进,无所顾忌。

第三节　仁者风范(二)

仁者真刚毅,假木讷。真刚毅,故勇敢,为仁道可以搏命;假木讷,乃在于心明眼亮却冲淡平和,对不值追求者皆视如过眼云烟。后世谓:宠辱不惊,看庭前花开花落;去留无意,望天空云卷云舒。这种境界,世俗鄙之为木讷,其实却是高深的大智慧。

仁者能够刚毅,能够木讷,正在于心中有道。这个道,便是仁,以爱为核心的合宜之德行。以此俯照人世,诸相诸事皆有分明之正途,看世界眼睛雪亮,行世事不差毫厘。

《里仁》中孔子说:"唯仁者能好人,能恶人。"只有仁者才能恰当地好当好之人,恰当地恶当恶之人。这句话,就显出真正的仁者的高明之处。一个"唯"字,表明了这是仁者的独舞。何以唯仁者能好人,能恶人,其他的就不行?因为仁者心中有常道,得正道，没有私欲，故喜爱或厌恶某人都循道而不徇私，刚好中正公允，是真正的能好人，能恶人；没有仁德者常怀私欲，其好恶常常被一己私欲左右，故不能得中正，是貌似能好人，能恶人。

不过紧接着孔子又说了一句话："苟志于仁矣，无恶也。"前面才说"能恶"，现在马上说"无恶"，似乎有点语无伦次。后来的儒者要想办法把这里说圆满，关键在于两处的"恶"是不是都指"恶"人，厌恶人。

先看看解为厌恶人的观点。郑汝谐《论语意原》如是解："志于仁者，无一念不存乎仁，其视万物同为一体。……民之秉彝，与我无间，不仁而丧其良心，矜之而已，虽谓之无恶可也。曰能好恶人，所以明性情之正；曰无恶也，所以明体物之心。"钱穆也说："然仁者必有爱心，故仁者之恶人，其心仍出于爱。恶其人，仍欲其人之能自新以反于善，是仍仁道。故仁者恶不仁，其心仍本于爱人之仁，非真有所恶于其人。"综合两者，可见：仁者恶人，是因为性情纯正向善，故恶不善；无恶，是因为天地同一体，各色人等物事皆受着同样的天地之气。仁者恶人，非出于私心厌恶这个生命体，而是恶其恶处，期望其能去恶而自新，拉他回到正道上来。就人的心性品德而言，仁者用是非善恶的标准去测量他，去重塑他，否定他过去的恶行，而期望悬崖勒马、回头是岸，此恶也就是爱；就人作为万物众生之一员而言，仁者不会厌恶他，对其怀着博爱和悲悯之心。所以总归来说，还是仁者无恶。

如此理解，几乎是合理而圆满的了，"能恶"与"无恶"就和谐了。但是至少有一格塞不通处。按郑汝谐、钱穆的观点来看，"无恶"显然是比"能恶"更高的境界，正如大爱是比偏爱更极致的爱；相对应，"志于仁"者是比"仁者"更高的境界。志于仁者，只是立志追求仁的人，他还在半路上喘着粗气前行；而仁者已经名曰仁者，已经在终点气定神闲地优游玩味。还在赶路的居然赢了已经到了的，这怎么说得通呢？并且，把一句小学生都看得懂的话搞得如此曲折晦涩，烟雾缭绕，是不是我们太多虑了？孔子教育后学，肯定不希望误导后学，说的话也应该很容易捉摸理解。

所以，解"无恶"为"没有厌恶的人"，应该是错的。

正确的理解应该是"没有坏处""没有恶行"。孔安国、皇侃、朱熹、杨伯峻等众多注家都如此解。如此理解避免了众多迂曲的逻辑转换和复杂的饶舌，自然而顺畅，明白易懂。但是，也遭到批判：都向着仁了，当然不会有坏处或恶行，说了等于没说，活生生一句废话。其实，如果把句末标点"。"换成"！"，也许效果就大不一样：假如立志向仁，（一定）没有恶行！用斩钉截铁的语气，充分肯定而坚决不犹疑，震慑那懦弱消极的心，提振全民的"士气"。这就不再是"废话"了，而是一句鼓舞人心的口号。

加上一个非常强烈的感情色彩，句子的意境和面无表情的客观陈述就完全判若天渊。可惜我们不可能还原孔子说这话的真实场景和当时他的真实语气。所以，这个"！"目前也只是假设而已。但是相比较而言，这无疑是更合理的假设。

在此，我们肯定了孔子也会厌恶坏蛋，这才是生活中的孔子，活生生的孔子。孔子不喜欢很多类型的人，乡愿者，巧言令色者，异端，僭礼者……但是，孔子的好恶，是有原则的好恶，是合于

"义"的好恶。好恶只是表象，心中的道才是本质。

仁者遵从内心那"仁"的命令，还有一个很超凡脱俗的表现。

《里仁》中孔子说："不仁者不可以久处约，不可以长处乐。仁者安仁，知者利仁。"约，困也。不仁的人不可以长期处于穷困中，不可以长期处于安乐中。仁者安心于行仁，有智慧的人认为仁很有用（故也行仁）。为什么这么说呢？不仁的人心中没有大爱，私欲萦绕于胸，穷困之中当然不能安分，向往升官发财；而安乐以后也不能满足，得寸进尺，欲壑越挖越深，要求越来越高，同时患得患失，被旦夕祸福搞得心神不定，故而很快就找不到快乐的感觉。仁者心中装着民众，一心爱着民众，没有私心杂念，故而行仁便能心安，其余外物不能左右心志；有智慧的人懂得仁的意义，能够确立正确的价值观念，所以选择行仁而抛弃其他。可见，仁者或知者，心有恒定的价值观念指挥着自己的行为，故不易为外物役使；而不仁者，心中没有价值标准，做人只是随俗而化，纯粹受着外界环境的左右和支配。

这里也可以看出仁者和知者的高下之分：仁者纯粹趋向仁道，心无私欲，没有利益上的追求，是对仁的彻底臣服和真爱，这是几近于圣人的表现；知者有其功利心，趋向有利的事物，不过其价值判断取向优于常人，选择了仁道。仁者对仁，已经超越理智判断，而成为纯粹感情上的认同，沉醉于仁的光辉之中，享受而快乐；知者对仁，是纯粹理智的选择，理智要求他干该干之事，而情感上的完全认同还需假以时日。

知者或许有，而仁者难有。做一件仁义之事乃举手之劳，做一辈子仁义之事乃难上加难，还要安心享受、无怨无悔，就几乎闻所未闻。孔子想要的仁者风范，在人性面前遭受强大的阻碍，显得太过理想化。

第四节　里仁为美

中国很早以前就已经形成一个通识，可以算是民族思想。这个认识，就是《荀子·劝学》所说："蓬生麻中，不扶而直，白沙在涅，与之俱黑。"环境对人的杀伤力实在是巨大而不可违抗的。后来散文家所谓莲花"出淤泥而不染，濯清涟而不妖"，其实只是雅才高量者一种浪漫的说法。当然，前提是：涉世的对象只是一个茫然的初学者，只是白纸素布。那些已经定型的人，貌似可以战胜环境的围剿，其实是因为最初他已经屈服于环境的围剿，定了他的型的，正是环境。

而孔子传道的对象，正是虚静其心等待容受的初学者。一般的初学者都拗不过环境的左右。一个想学好的人，就必须去一个好的环境，这样才对他的未来有所裨益。所以孔子多次强调，要想成就仁德，必须亲近仁德之人。《学而》中要求"泛爱众，而亲仁"，《里仁》中又说："里仁为美。择不处仁，焉得知？"第一句是泛泛地说要亲近仁者，第二句是说：住的地方，有仁德才算美。选择住处，没有仁德，怎么算有智慧呢？

"里"本指住的地方，也可讲为动词，指居住。一般对"里"的说法都是这个意思，出入不大。但是南怀瑾发出疑问：都住在好人堆里，那么坏人堆里就没人住了吗？而且，谁知道哪是好人堆哪是坏人堆呢？他认为：里仁的意思，就是处仁，自处以仁，不是讲的买房子选好邻居。他的解释有点类似王应麟《困学纪闻》引致堂的话："里，居也。居仁如里，安仁者也。"安于仁，如同安于自己的家。里，成为一种比喻，而非实指住处、居家。

南怀瑾固然有理，却不一定对；而真正扫兴的是他把实际的操作架空成为纯理论。其实，古代贤人择邻而居，是有很多记载的。

《左传·昭公三年》中晏子引用当时的民谚："且谚曰：非宅是卜，唯邻是卜。"住宅本身没什么好选的，重要的是选好邻居。这种思想以谚语的形式流传开来，说明它已经具有广泛的群众基础，不是精英们的专利了。

刘向《列女传》载孟子的母亲三次搬家。先是住在墓地附近，孟子"嬉游为墓间之事，踊跃筑墓"，流连于坟墓之间，喜欢搞挖坟筑墓之事。母亲觉得这地方不适合孟子住，说不定培养出来的是盗墓贼，便又搬到集市附近住下来。孟子就学商人做买卖。母亲又觉得不合适，万一培养出个重利轻义的奸商怎么办，就搬到学校附近住下来。孟子受了学校的影响，"嬉游乃设俎豆，揖让进退"，玩的都是贵族礼仪祭祀等上流活动。这下母亲就安心了，儿子将来必定有出息。这都可以说明古人择邻而居，是比较常见的事。

《荀子·劝学》中说："君子居必择乡，游必就士，所以防邪僻而近中正也。"也是对先秦君子作风的一个总结。

可以想见，孔子所处的时代，雅人高士，但凡有条件，择邻而居的事应该经常都有。孔子由此而生发出择"仁"而居，是非常自然也很合理的事情。南怀瑾自己，大概也不想遇到恶邻。

《卫灵公》记载子贡请教如何修成仁德。孔子说："工欲善其事，必先利其器。居是邦也，事其大夫之贤者，友其士之仁者。"也是亲近仁德的一个证据。工匠想把事情干好，必须先把工具磨砺好。这是讲工匠办好事情的一个先决条件是"利其器"，是一个类比，紧接着孔子就讲了修仁德的先决条件：住在那个地方，侍奉大夫要挑贤者，结交士人要挑仁者。这句话，再明白不过地告诉我们：要想修成仁德，首先就得亲近有仁德的人；"亲仁"正如"利器"，是开路先锋。这里需要强调的是：侍奉大夫，结交士人，不是因为他们有地位、有权势、有门路可以走后门行方便，而是看重他们的德行和修养。

中国古谚曰："物以类聚，人以群分。"君子不交恶人，恶人不睬君子。君子与君子相互熏染提携，俱臻佳境；恶人与恶人狼狈为奸，互为煽惑。君子以神交，小人以利交。白的更白，黑的更黑。所以君子为了自身的纯洁，一定提防不要误交恶人；恶人为了实现利欲，不会和君子结盟。

孔子只是朴实地告诉我们生活中应该怎么做，但是并没有讲为什么要这么做。因为不需要讲，道理如此明显；而且孔子似乎并不在意纯粹的理论思辨，他只是讲人人身处其中的日常生活，而生活的大道理就在一系列的日常行为中自然贯彻。

第五节　忠恕

大凡遇着有学问有德行的前辈，后生须以程门立雪之气概候于门庭之外。如此才有望获得前辈丰厚的馈赠，滋润自己的灵魂。

要获得仁道，必先亲仁，受圣贤气息熏陶浸润。这是求仁得仁的先决条件。这是求诸人的行为，是要靠别人的提携和带动。而自身应该作何努力呢？我们不可能一直被动地等待别人的教鞭落在我们身上，我们要主动践行真理。如何践行？孔子告诉我们：忠恕之道。

《卫灵公》："子曰：'赐也，女以予为多学而识之者与？'对曰：'然，非与？'曰：'非也！予一以贯之。'"

《里仁》："子曰：'参乎！吾道一以贯之。'曾子曰：'唯。'子出。门人问曰：'何谓也？'曾子曰：'夫子之道，忠恕而已矣。'"

赐，即端木赐，是子贡的名。孔子对子贡说"一以贯之"，却没有揭露"一"的真面目。探幽发微、直言不讳的是曾子，自信已经深刻领会老师本意的他直接解释"一以贯之"为"忠恕"。在这里，我们不能遽然断定孔子教导两位高足弟子时，就真的意指忠恕。他很可能说的是贯通全部学问的一个核心要点，掌握了这个核心要点，则一切学问豁然开朗，无不了然。而这个"一"，本身只能意会，无法明言。故孔子不明言，弟子们也不再问。需要潜心的学习和静谧的沉思，并以绵密不绝的坚持，最终方得体会。我们在学习整部《论语》时，可以深刻感受到孔子思想的整体性、融通性，几乎可以捕捉到那个明灭不定的"一"：他的仁是囊括了整个思想的；他的礼也是囊括整个学术的；他的孝也几乎是一粒种子，孕育了全部生命。孔子强调的诚敬、谦逊、忠信等诸德也都时时体现在他的学说中，而一切的言论主张，又几乎可以统一于道，统一于义，统一于德。同时，他的人生修养又和政治学说密切交织，修身便是齐家，齐家便是治国，不分彼此。这同西方由缜密逻辑催生的、如同方格子一样分明的学术全然不同。

很多注家认为"一"就是《中庸》强调的"诚"：真实无妄。天地一"诚"而生万物，圣人一"诚"而立万理。这的确是孔子非常强调的一个核心意思。曾参以一"唯"字作答，果断而坚定，可见领会了意旨，十拿九稳。但是他出来，对门人说的却不是什么"诚"，而是"忠恕"。那是因为"诚"既讲不清楚也不利于实际操作，门人一头雾水。而"忠恕"则浅近易懂，简单可行，没有什么深刻的大道理，只是教人怎么去做。弟子们就不用费脑筋，而可以在正确的道路上脚踏实地地修行。曾子这么回答，显然不能尽显"诚"的宏富，然而曾子一个"而已"，举重若轻，大事化小，却显得那么洒脱那么轻松，而且孔子也没有反对的话，显然是认可了曾子的答案。因为"忠恕"虽不能揭示"诚"的全部意义，但是好在它违道不远，而且简单可行，一般人照此做，最终是可以达到"道"的圣殿的。

可见，曾参的回答是聪明的，"忠恕"是成立的，孔子没有反驳。但是中间是不是隔着"诚"，"诚"是不是成立，我们也不能遽然决断。既然孔子两度谈"一以贯之"都是点到为止，我们也不必纠缠不休。这个缥缈的"一"，一旦定性，绘出个实际的模样，便马上"拘泥于一"，成为枷锁。所以，让它继续缥缈吧，我们集中精力把"忠恕"搞清楚，后生们才知道究竟该怎么做。

恕，孔子是这么解释的："己所不欲，勿施于人。"（《卫灵公》《颜渊》）自己不想的，就别施加给别人。当子贡问有什么话可以终身实行的时候，孔子说出一个"恕"字，而后作出如是解释。《公冶长》中记载颜渊的志向："愿无伐善，无施劳。"不夸耀自己的长处，不施加劳苦于人，这"无施劳"，正是"己所不欲，勿施于人"的表现。自己不想劳苦，所以也不施加劳苦给人。"无施劳"也解为"不表白自己的功劳"，因为和"无伐善"重复，暂不采此说。

那么忠呢？便是对应的积极一面："夫仁者，己欲立而立人，己欲达而达人。"（《雍也》）要想自己站得住，也要使别人站得住；要想自己事事通达，也要别人事事通达。总之，自己追求的，也设法为别人追求。《中庸》："诚者非自成己而已也，所以成物也。"纯真的人，不但成全自己，也是要成全他人的。表达的正是"忠"的意思。

《述而》中孔子概括自己的行为和德行，说："若圣与仁，则吾岂敢？抑为之不厌，诲人不倦，则可谓云尔已矣。"圣与仁的最高境界，他老人家不敢当。但"为之不厌，诲人不倦"，这还是做得差不多的。学而不厌，正是欲立己达己；又诲人不倦，正是欲立人达人。孔子本人正以"忠恕"践行仁道，朝着最高的境界前行不辍。《孟子·梁惠王上》："老吾老以及人之老，幼吾幼以及人之幼。"范仲淹《岳阳楼记》："先天下之忧而忧，后天下之乐而乐。"正是孔子忠恕之道在后世学者文人身上的实践和体现，都是由切身的体念而推广到为天下人着想。

其实，忠恕是一个问题的两个方面。天下人心所欲所求、所恶所耻，基本相同，没有悬殊，故有"人同此心，心同此理"之说。正是如此，一己之私通于天下之公，大家追求差不多的东西，抛弃差不多的糟粕。这样,"忠恕"才有了逻辑上合理的根基。

"己欲立而立人,己欲达而达人",这句话还有一层阐述紧跟其后:"能近取譬,可谓仁之方也已。"譬,喻也。说以己为喻,而推及众生。从就近切身处入手,就是行仁的方法。"忠恕"所说,皆就近而指远,从个人眼前推广到天下万物。这样,庞杂的大道理转化为日常的小事情,便是可以常常做、日日行的了。而近取譬,则莫过于对于父母兄弟的孝悌之情了。所以天下仁道,皆可以从身边做起,从孝敬父母、尊敬兄长开始。孔子的话,是针对子贡之问而说的。子贡放眼天下,追求的是"博施于民而能济众",真是宏图大略,于是孔子委婉地告诉他:要就眼下的具体事实慢慢地去做。这也是所有立志仁道的后学须谨记的:志当存高远,路从脚下起。

这忠和恕,虽则浅近易于操作,但是要坚持不懈终身不违,却还是非常难的事。《公冶长》中记载:"子贡曰:'我不欲人之加诸我也,吾亦欲无加诸人。'子曰:'赐也,非尔所及也。'"子贡之言,正乃孔子所谓的"恕",这是孔子尽力提倡的,这里却为什么要打击子贡的积极性呢?其实,孔子是看到子贡嘴上说得轻巧,未免小看了道路的艰辛;并见其虽然有心于仁,其行动和心性却还没有真正达到。这里的"非尔所及"盖当译为"不是你已经达到(的程度)",这样正告子贡,使其明白任重道远,不得自满、轻浮而能黾勉求进。子贡尚不易做到,何况其他人。

也有人解释说:自己不加诸人,可以做到;要使人不加于己身,那是没有能力做到的(如何晏、邢昺注疏,钱穆新解)。意在强调往自己内在用心,而不去苛求客观外在。此说亦通,暂录于此。但终不如前解圆满。另如朱熹之说："此仁者之事，不待勉强，故夫子以为非子贡所及。"认为孔子是说子贡能力不够行仁。这样的说法殊不当理，孔子循循善诱，断不会说那么丧气的话打击人。子贡能力不够，天下人能力够者尚存几何？如此，孔子也不必广收门徒替天行仁了。

"忠恕"的提出，将一个理想的道德高峰——仁，给具象化了。仁不再是纯粹的理论和空洞的理想化口号，它切实可行。几乎任何人，无论智识贤愚，都可以"近取譬"而行仁道。孔子思想之所以能够深入人心，流传后世，或许还正在于这个精髓。一切高深的哲学命题，都被孔子淡化为日常生活，举手而可得之，但是放手又易失之。易得之，故人人可以行仁，易失之，故人人需要勤奋。

第六节　克己复礼

礼是孔子的又一个核心主张，人的一切行动都要听礼的指挥。仁是孔子对人格的要求，当仁心发于外表现为"忠恕"的行为时，也必须合乎礼的要求。比如对人施以援助，雪中送炭是好的，锦上添花却不一定好；帮在刀刃上可以救命，帮错地方简直要命——虽然你的本心都是好的。所以孔子提出一个主张——克己复礼。

《颜渊》中颜渊问仁，子曰："克己复礼为仁。一日克己复礼，天下归仁焉。为仁由己，而由人乎哉？"颜渊又问主要的大纲，子曰："非礼勿视，非礼勿听，非礼勿言，非礼勿动。"约束、克制自己，一切行为复归于礼，这便是仁。"克己"的目的正是"复礼"，否则克制和约束就失去意义。"克己复礼"的中心还是在"复礼"，一切行为都能够符合礼的规定，便是达到了仁的要求。

南怀瑾在其《论语别裁》中说"克己"就是"心灵的净化"，其实不单是心灵的净化，言行的"净化"都包括在内。他还说"礼"就是庄严诚敬如老僧入定的状态，这未免确有些"别出心裁"了。礼是调节人们行为使之中正的一整套制度。大者如国家制度、社会法律等，小者如个人吃饭穿衣、办公、交朋友，甚至谈恋爱，都在礼的掌控之中。

一个人的行为在各方面都合乎礼，都做得恰到好处，处于中正之位，也就是什么都做得对，当然算仁人。所以又说"一日克己复礼，天下归仁焉"，一旦做到克己复礼，我心便可达到仁的境界，炼成纯粹的仁心，从此我看世界的眼光自然是仁者的眼光了——天下万物便都归入我的仁心，我以仁心覆照天下万物。

需要强调的是：并非我做到"克己复礼"，天下便立即"大同"了，而是我从此具备仁者情怀，可以用仁者情怀观照天下。同时，此处也并非言"克己复礼"神效迅速，以为我这一秒做到了，下一秒就仁者无敌了，而是强调解决了这个中心问题，一切就迎刃而解，突出"克己复礼"的中心地位和重要性。

朱熹说"天下归仁"指"天下之人皆与其仁"，即天下人民皆赞同他实现了仁。自己的努力得到了别人的认可，鲜花和掌声成为衡量成功的标尺，这显然和孔子后面这话是矛盾的："为仁由己，而由人乎哉？"为仁靠自己，难道还靠别人不成？自己努力才是最重要的。

需要说明："克己复礼"和"忠恕"的作用对象是完全不同的。前者是向内心宣战，经过一番苦战，便可以破茧重生，旧世界展现出新光彩。后者指向别人、芸芸众生，拯救世界。用我们的爱唤醒人间的爱，用我们的光照耀大地。这样一内一外，内外交织，便功德圆满，仁者安仁了。

我们发现，"克己复礼"仍显空泛，不易落实。所以颜渊又进一步发问，孔子答以"四勿"纲领。孔子不讲"政治上你得怎样""经济上你得怎样""人事上你得怎样"等等，这样讲出来就得写几大本，受教的人也消化不了。孔子只讲日常生活中最简单的四个动作，人人都懂，人人会做。日常生活中时时这样约束自己，克制自己，非礼者不去碰，不去看，不去听，不去说，历练得久了，仁道就来了。

这便是孔子的套路："能近取譬。"礼不是什么神圣高远的东西，它就在我们生活中处处洋溢，需要我们时时遵行。

一句"克己复礼为仁"，把礼放到了核心位置。孔子多次用礼来说明仁。《颜渊》中仲弓问仁时，孔子很形象地说："出门如见大宾，使民如承大祭。"外出办事像要会见贵宾，役使老百姓像承担重要的祭祀。《子路》中樊迟问仁，孔子说："居处恭，执事敬，与人忠。虽之夷狄，不可弃也。"平日闲居态度要谦恭端庄，执行公事要严肃认真，对人要忠诚。即使到了蛮夷戎狄这样的偏远之地，也不可放弃这些。我们可以看见，弟子们问怎么做才算仁，孔子都是从遵守礼仪这个角度来回答的，礼便是通向仁道的必经之路。

第七节　造次颠沛必于是

亲近仁德之人，力行忠恕之道，遵守礼仪规范，是实现仁的三大要点。不过道理上烂熟于胸，不等于行动上得心应手。认识转化为现实，中间是漫漫长途，重重障碍。至少常常接受孔子醍醐灌顶的诸位弟子，没有一个修炼到了真正的仁者的境界。《论语》中提到的，诸如冉雍、子路、冉求、公西赤、颜渊等，虽各有高下，却都只是在攀登途中。

《公冶长》记载：时人评价冉雍"仁而不佞"，有仁德没有口才。孔子说："焉用佞？御人以口给，屡憎于人。不知其仁，焉用佞？"冉雍的确不善言辞，但是孔子也反对强嘴利舌和人辩驳，这方面两人是合拍的。不过，"不知其仁"一句，却表明他不认为冉雍已经成为仁者。说不知，并非真的不知，只是一种委婉的表达方式，实际就是说算不上。

《公冶长》还有这么一段对话：

> 孟武伯问子路仁乎？子曰："不知也。"又问。子曰："由也，千乘之国，可使治其赋也，不知其仁也。"
>
> "求也何如？"子曰："求也，千室之邑，百乘之家，可使为之宰也，不知其仁也。"
>
> "赤也何如？"子曰："赤也，束带立于朝，可使与宾客言也，不知其仁也。"

子路可以治理千乘之国，冉求可以治理百乘之家，公西赤可以出入朝廷之中，周旋于宾客之间；他们个个有能力，有才干，但是都当不得一个"仁"字。得到的评价仍然只是一句"不知其仁也"。为什么呢？我们稍微细心点就可发现，孔子对三位弟子的评价，都侧重于他们的才干，侧重在某一个方面的外在表现。真正的心灵修养所达到的境界，这里几乎是看不见的，孔子未置一词；而仁的最本质表现是内心，是纯粹自我修养。千军之统帅、万国之尊长，既可以是英雄，也可以是奸雄，和仁德并不必然相关。再者，孔子所说各人特长，也只是一方面优秀，并不代表各方面都优秀，而仁者，是要求全方位俱佳的。不是说某方面我具有仁的品质，我就已经是仁者。

孔子赞美他最得意的弟子颜回，是这么说的："回也，其心三月不违仁，其余则日月至焉而已矣。"（《雍也》）三月，是说时间长，而非实指三个月。日月，指或日一至，或月一至，时间短暂而富偶然性。诸弟子中颜渊德行修养最高，最得孔子喜欢，颜回之死，让孔子号啕大哭，几乎要了命。所以孔子给颜渊的评价也最高，可以长时间不违背仁德，然而也并没有说颜渊已经成仁。长时间不违背仁德，跟已经是仁者，仍然有天壤之别。

"其余则日月至焉而已矣"，这句话将其他所有弟子一网打尽，他们都是间或、偶然地和仁邂逅，旋又分别。正如偶然做了件好事，旋又沉沦，怎么可能算是仁人呢？在仁的征途上，诸位弟子走了多远，这句话算是盖棺论定。

当时的社会名流贤达，也被孔子认定，几无仁者。《公冶长》记载：楚国令尹子文三次晋爵无喜色，三次罢免无怒色，每次离任都把政令交代得清清楚楚；齐国大夫陈文子因为乱臣崔杼杀了国君，便抛弃自家财产离开齐国，先后到了两个国家，又都因为觉得这里的统治者跟崔杼是一类货色，便都离开了。两个人皆以令德闻名当时，然孔子仅许子文一个"忠"字，陈文子一个"清"字，子张问其仁否，皆答曰："未知，焉得仁？""未知"也是婉辞，旋又觉得太委婉不能说明问题，马上又态度明确地说："怎能算仁呢？"无论如何，他却总舍不得许人家一个"仁"字（先辈之中，有孔子顶礼膜拜的高人，见本章第十一节）。

仁何以如此难？孔子有这么一句话可知端倪："君子无终食之间违仁，造次必于是，颠沛必于是。"（《里仁》）君子一顿饭的时间都不可违背仁德，仓促匆忙时不能违背，颠沛流离时不能违背。这就不是一般意志薄弱者可以做到的了：什么都不难，坚持最难；什么都不苦，坚持最苦。钱穆解说这句话时说得也很有道理："仁者人心，得自天赋，自然有之。故人非求仁之难，择仁安仁而不去之为难。慕富贵，厌贫贱。处常境而疏忽，遭变故而摇移。人之不仁，非由于难得之，乃由于轻去之。"仁心是否得自天赋我们暂且不管，因为孔子也没有管过。这句话告诉我们：坚定不移安于仁道很难，坚持不下来，所以才放弃。不能成仁的根本原因就在于放弃。

所以孔子强调要坚持，要排除万难。曾子接过孔子的衣钵，又有深入的发挥，《泰伯》记录他的话："士不可以不弘毅，任重而道远。仁以为己任，不亦重乎？死而后已，不亦远乎？"读书人肩负重任，道路长远，为什么呢？因为读书人以实现仁为自己的职责，到死才可停止。以仁之难可见责任之重，以不可休止可见路之长。读书人要承受得住，忍受得了，坚持得下来，就需要一个可贵的品质——"弘毅"。弘，大，多指个人器量宏大、心胸豪迈。毅，《说文》曰"有决也"，即今所谓果决；又有强的意思；盖可以囊括"果决、刚强、坚韧"之义。总而言之，是要有广阔的胸襟、坚强而果决的品质。一个胸有大志的人，又兼坚韧和果决的品质，排除万难一意前进，必然比常人更接近顶峰。颜渊心志纯洁，一心为仁，故而箪食瓢饮不以为意，盖能当此"弘毅"二字。其他弟子则难为也。

实现仁的第四个要点，便是坚持——鞠躬尽瘁，死而后已。

第八节　欲仁而仁至

一个坚持，足以吓退大多数人，所以孔子翻手曰难，又覆手曰易，难如一辈子长征，又易如招之即来，挥之即去。仁虽高远难求，其实又俯拾即是，全看我们有没有心。

孔子说："仁远乎哉？我欲仁，斯仁至矣。"（《述而》）仁离我们远吗？我想要仁，仁就到了。呼之即来，挥之即去。为什么仁又变得如此容易了呢？其实，他老人家的意思是：先把你领上道再说。虽然未来遥遥无期，但是眼下上路还是很容易的，能走多远以后再说。如同马拉松的第一步，总是精力充沛，任谁都可以完成；能够坚持多远，那是后话，按下不表。当时许多的士人或贵族阶层，思想和追求都裹胁于世俗潮流之中，自己没有原则，没有方向。这也意味着他们未来选择的广泛性、强大的可塑性、他们可能追名，可能逐利，可能老庄，可能杨墨。谁先入，谁为主。这样的情况下，孔子当然要争取他们，要让他们来，而且来了就不想走,就要给他们动力和信心。动力源自仁的高贵和圣洁,信心源自仁的须臾可得,招之即来。

这里强调两点。首先,对于初学者,孔子鼓励他们:"来吧,很容易的。"而对于已经登堂受教,昂首阔步于仁道的众位学人,孔子则不断督促他们:"坚持啊,坚持啊,不坚持不行啊。"容易的是立志、开始,难的是坚持、成功。孔子很聪明,因人变招,却又并无妄言。

其次,"欲仁"和"成仁"是两个截然不同的问题。强调其易,主要从"欲"的角度来说,强调其难,主要从"成"的角度来说。子贡欲仁,故希行恕道;但是希行恕道,不等于已经达成了恕道。故孔子泼他一盆冷水,免得他小看了局面。而一般人,则根本不欲为仁,以为仁道高远难求,用心在别处。故孔子予以鼓励,免得他们妄自菲薄。

但是孔子的努力游说还是以失败告终,并未打动人心。《里仁》篇孔子曰:"我未见好仁者,恶不仁者。……有能一日用其力于仁矣乎?我未见力不足者。盖有之矣,我未之见也。"这是一幅让孔子绝望的现实画卷,他的努力和憧憬全部付之东流,换得虚无。孔子见不到一个喜好仁而厌恶不仁的人,他慨叹:"有人能够一天之内把精力用在行仁道上吗?我没有看到力量不够的。也许还是有这样的人吧,我却没见过。"这个"我未之见也",只是一个婉辞,不想把话说得太绝,其实要说的是"我认为社会上没有这样的人"。这句话可能有点歧义,可以理解为:也许有力不足者,但是我没见过,大家力气都是够的,只是都不愿意用来行仁。也可以理解为:也许有能花一天时间行仁道的人,但是我却没见过。实际上也对这类人的存在给予了否定。仁道不能推行,并不是因为实现太难,而是人们并不愿意把精力花在这上面。可见当时的价值取向,完全与孔子的理想相背离。

孔子的这段话非常无情,甚至他的弟子也不能幸免,显然当时他的情绪是比较激动的。之所以对现实世界如此失望,话说得如此之狠,还是因为他对现实要求太高。他的理想主义追求难免碰壁。

也难怪他老人家如此激动,看看《雍也》记载的冉求的表现吧。冉求为自己找说辞开脱:"非不说(悦)子之道,力不足也。"孔子当即愤怒,不留情面地揭穿他:"力不足者,中道而废。今女(汝)画。"画,停止的意思。斥责冉求根本就没动,还好意思找借口。连自己的高足、多才多艺的冉求都在仁道上无所用心,还怎么指望其他人呢?这两次提到"力不足",不知有没有因果关系。

第九节 仁的最高境界

仁是孔子学说的核心内容,同时辐射全部的人生修养,它的地位,是至高无上的。《里仁》说:"好仁者,无以尚之。"尚,超越。这句话有两种解释:其一,喜好仁德,把仁放在最高位置,没有其他东西能够超越。其二,喜好仁德,这个行为本身便是最高的品德,喜好什么都比不过喜好仁。无论哪种解释,都彰显了一个理论:仁应是我们一生追求的理想。

仁是最高的品德,那么最高境界的仁者又当如何表现?我们可以从两个方面来观察：一是他的灵魂处在什么样的状态；二是他对外部世界给予怎样的关注。

自身的心灵优游状态，可以用《里仁》中孔子的这句话作说明："君子之于天下也，无适也，无莫也，义之与比。"

杨伯峻译文："君子对于天下的事情，没规定要怎样干，也没规定不要怎样干，只要怎样干合理恰当，便怎样干。"他的翻译比较近于直译，只是这"干"字很有画蛇添足之嫌，一下意境全无，形神颓散。其实，如果这样翻译，意象便立刻宏富起来："君子对于天下万物，没有一定要怎么，也没有一定不怎么，总是恰好相宜。"这样的翻译，不仅更准确，也更能体现孔子的内心世界。

孔子用这句话告诉我们，君子所能达到的最高境界，就是在心目中完全消泯了概念和规矩，消灭了条条框框，已经可以从心所欲，却决不会违背规矩，决不会违背正义。为什么呢？没有概念，是因为已经消融了概念，和概念融为一体，本身就是概念，概念就是本身，他做什么事情，都不需要刻意翻出概念来比照审核，自动就符合来自自身的概念。这个时候，他心目中，也已经没有了仁的概念，仁已经完全融化为他自己的血液，成为他人性的一部分，不需要刻意去遵守、谨慎地牢记了，他随意地一挥手，便是自然而然的仁道。故他不需要适应什么，也不会背叛什么，"无可无不可"，他总是正确的，总是刚好做着该做的。

鲜花自动而为鲜花，飞鸟自动而为飞鸟，人自动而为人，仁者自动而为仁者。大自然不朽的运作，无声无息无可名，无休无止无所羁。

这是德行已经完美的情况下圣人所表现出的游刃有余的心境。

这有点超级唯心主义的玄想，然而理想主义走向极端，差不多都会出现这种情况。

孔子不止一次强调这样的境界，《为政》篇中孔子说："吾十有五而志于学，三十而立，四十而不惑，五十而知天命，六十而耳顺，七十而从心所欲不逾矩。"这是孔子广为流传的名言，后文将有详细的分析。"从心所欲不逾矩"正是"无适也，无莫也"的注脚。七十后没有八十九十的说法了，可见"从心所欲不逾矩"就是他老人家所要求的最高境界、最后修为，到此功德圆满。未来无论你还可以活多久，实际上在人间和在天堂，已经无甚分别，因为已经超凡入圣。

关于"适""莫"的解释，杨伯峻的译文源自朱熹集注。朱熹集注说："适，专主也。莫，不肯也。"并引谢氏："适，可也。莫，不可也。"俞樾《群经平议》认为"适"乃"抵牾、触牾"之义，此义源自郑注（注为"敌"），也合于方言；"莫"为"贪慕"。虽然对两个字的具体释义有很大不同，甚至相对立，但是整句话看起来，意思和前面所说还是基本一致的。

此外，还有众多其他解释，如毛奇龄《论语稽求篇》说"亲厚""漠然"，何晏、邢昺说"富厚""穷薄"，郑注、《经典释文》说"敌反""爱慕（贪慕）"。整句话指对人不分敌我亲疏贫富，皆以义合。这里传递给我们的信息是：这句话其实讲的只是人际关系，如何与人相处。这样的狭隘理解，有一个致命的逻辑漏洞。仅仅讲如何对人，只是孔子修身学说的一个具体方面，孔子何必把它提高到"君子之于天下"的"天下"这样至高无上的地位？这实在有点虚张声势、哗众取宠的味道，绝不是孔子的风格。再根据"七十而从心所欲不逾矩"的期望,可以看见,这样的解说事实上是误入歧途。

孔子学说近取譬,取象于日常生活,却往往贯通整个人生大道。过分刻板地就事论事而不能升华,将会伤害整部《论语》,同时会抹杀孔子浓厚的理想主义色彩,使他徘徊在日常生活的平庸圈子里得不到超脱。

"无适也,无莫也"更像是孔子一句经典的格言,他经过反复锤炼,最后得出一个高度浓缩的意象万千的精华。钱穆权衡再三,也认为"无可无不可"的说法是更合适的,它豁然开朗地指向了理想主义的光辉道路,顿时生出了神圣的光芒。

理想主义者永不会把已经达到的状态定为最佳状态,必定在远方还有圣地,需要排除万难坚定前进。所以,"无适也,无莫也""七十而从心所欲不逾矩"只是孔子一个遥不可及的梦想,绝非他对自己的现实描述。

那么,孔子又将如何对外部世界表现自己的关爱呢?最高的关注自然就是最广博的爱。《公冶长》中孔子讲:"老者安之,朋友信之,少者怀之。"杨伯峻译文:"老者使他安逸,朋友使他信任我,年轻人使他怀念我。"信,当不单指信任我,自身培养起信实的品质才是更本质的意思。首先要值得相信,所以才被相信。怀,也有解为怀之以恩的意思,即关怀少者,给少者以恩惠。老一辈的使他生活安逸舒适;平辈的朋友使他都讲信用,有德行;后辈们,则关爱他,使他记住恩惠,存感恩之心。囊括了整个社会所有年龄段的人群,这普遍的大众,都是自己的关爱对象。这句话谈的是志向。弟子们"各言尔志"后,孔子谈了自己的志向。

既然是志向，那就是一生的目标，当有相当高远的意境。

这是一种什么样的状态呢？《雍也》中子贡向老师发问："如有博施于民而能济众，何如？可谓仁乎？"孔子前面希望做到的，其实也正是这"博施于民而能济众"，以博爱无余的方式来悲悯天下苍生。真能做到，那该是什么样的境界啊？孔子答："何事于仁，必也圣乎！尧舜其犹病诸！"何止仅仅是仁，一定已经是圣了吧！尧舜都以之为心病，深感难以做到啊！由仁而至于圣界，连尧舜这样的圣君都难以达到。可见，这是一种终极的理想主义境界，仁的最高归宿就是成圣。

这个境界，几乎是达不到的。孔子自叹："若圣与仁，则吾岂敢？"（《述而》）圣与仁，孔子自己也很不敢当。这虽为谦辞，却也很诚恳，他是分明感觉到了与最高理想的距离，说的是肺腑之言。正是因为几乎不可企及，才要一生奋斗，永不停止。

一内一外，孔子在自己的理想主义要求面前都遭遇失败。然而这样的理想主义追求，却成为人们的精神寄托，成为人类文明传承前进的航灯。它光照千秋的历史意义和现实意义，永远不可能被抹杀。

第十节　知者乐水，仁者乐山

《雍也》中孔子说："知者乐水，仁者乐山；知者动，仁者静；知者乐，仁者寿。"

前面已经对比过知者和仁者：仁者安仁，知者利仁。两者对仁的态度，是有高下之分的。这里再次作一个判别，使我们可以更深一层地感知仁的最高地位。

这句话气象洒脱，逸兴飞扬，自然和人性交融和谐，为后世文人反复玩味。其譬喻之精当和准确，足见孔子的想象能力和文学才华，同时可见他对问题理解的精辟和深邃。

朱熹侧重于心性和义理，这么解释："知者达于事理而周流无滞，有似于水，故乐水；仁者安于义理而厚重不迁，有似于山，故乐山。动静以体言，乐寿以效言也。动而不括故乐，静而有常故寿。"

何晏、邢昺注疏侧重于用世方法，这么解释："知者性好运其才知以治世，如水流而不知已止也。……仁者之性好乐如山之安固，自然不动，而万物生焉。……知者常务进故动。……仁者本无贪欲，故静。……知者役用才知，成功得志故欢乐也。……仁者少思寡欲，性常安静，故多寿考也。"

两者侧重不同，一在内，一在外，但是逻辑和本质无大区别。尽管朱熹什么都扣上义理的帽子，常被人诟病，但是何、邢注疏只在手段上下功夫，也显得肤浅。孔子侧重心灵修养，相对轻视外在手段和技能，故朱熹之说可能更让人满意。同时，孔子的原话，其中明明有个"道"在，知者仁者无论如何表现，都系着"道"的风筝线。其实，朱熹泛滥化的义理说，也就是这个"道"。

首论知者和仁者习性。达于道者（知者）通晓天地常情，可因势利导而造化万物，周流而不拘执，其顺应天道如流水顺应地势；安于道者（仁者）身与道同，融为一体，如山岳不动而生养万物，生灵集于斯，风云出于斯，天理自然藏于斯，故不需要刻意去顺应什么天理，自己就是天理。再论二者用世态度，达于道者凡事追求合于道，故常动而不拘执；安于道者与道同体，万千世界一眼看清，故可以静制动。动与静的道理已经在水与山的比喻中自然包含，只不过再稍点明而已。最后说的是效用，知者通达无阻，当然乐而无忧；仁者安静无变化，如山岳天地，无生长无毁灭，自然永寿无疆。

我们很容易就看见：仁者比知者更加高明。知者固然通晓天地常理，可以游刃有余，但是还不能和天道融合，其生命还存在一个外在于本体的东西需要自己去遵循、去适应；仁者却已经消泯了自身和天理的界限，相互融合，互为彼此了，他的本体没有什么需要去遵循、去适应的，他自然而然适应一切。所以知者可以乐而忘忧，却终不能永恒；仁者消泯了外物和自身，不受一切影响，故可得永恒。

关于"乐水""乐山"，南怀瑾《论语别裁》有不同的断句法："知者乐，水；仁者乐，山。"知者快乐，像水；仁者快乐，像山。传统解释是知者喜欢水，仁者喜欢山。二者解释大不同，但是最终的隐喻和内涵是一致的，所以不必过分苛求是非。但是南怀瑾据以批判古注的理论却相当无厘头。他说："套用庄子的口吻来说，'知者乐水'，那么鳗鱼、泥鳅、黄鱼、乌龟都喜欢水，它是聪明的吗？'仁者乐山'，那么猴子、老虎、狮子都是仁慈的吗？这种解释是不对的。"其实，知者乐水，是喜欢水的性质，喜欢水的象征意义；仁者乐山，道理雷同。

这句话深刻地蕴涵着"天人合一""物我交融"的境界。以自然之道反映人心之道，追求的是自然和人心的同构。这也正是中国传统思维的一大特征，正是中国传统文人的一大追求，后世中国历代多山水田园画，多山水田园诗，反映的都是这种追求。

第十一节　前代典范

这里，还需要解决一个遗留问题。前面讲了，现实社会没有一个配得上"仁"的人，即使颜渊也还欠火候。那么，往古数千年，在那些孔子无法忘怀的消逝的时代，有没有可以树立的典型呢？还是有的，兹举例若干。

最直接、最简洁的评价给了殷末的三个高人——微子、箕子、比干。《微子》中孔子直接这样称呼他们："殷有三仁焉。"何以如此慷慨呢？自然是因为各人有其难能可贵的闪光点。

三者都是殷末的大臣，侍奉着暴虐无道的商纣王，微子去国逃亡，箕子因进谏而降身为奴，比干因进谏而被剖心。他们的结局都很惨，但是都没有改变心志——以造福天下百姓为己任，舍弃小我而不计个人的得失。这符合仁的核心定义——爱民。这三个人，虽未成仁事，然而强调心性修为的孔子却很看重其出于至诚的仁心，因而慷慨许以"仁"。其实，仁心固然可嘉，但是要同时实现仁的目的，才算是仁的最高境界。三位高人身心倍受屈辱，尊严屡受屠戮，不但心境不可能"无适无莫"，其行为上在与纣王交锋时也遭遇惨败。逃亡的微子进退有度，明哲保身，最符合孔子素日主张；被贬为奴的箕子辱没身体发肤，含垢忍辱，害得九泉之下的先祖不得安宁（参见本书第四章），不是最理想的做法；比干舍身，可惜未成仁。三者相较，还是微子最高明，心态最接近最佳状态。但是孔子没有去细较谁高谁低，而是等量齐观，因为三人的内心世界是没有高下之分的,同样是虔诚的行仁道者。不过,以为三人就是孔子心目中理想的仁者,那就大错特错了。

还有几个人得到的评价也很高。在第四章第一节我们已经讲了:伯夷、叔齐"求仁得仁",泰伯被尊为"至德"。他们践行着对孝悌的最高崇奉,体现着对道德理想的终极追求。他们实现了德行上的理想主义目标,内心得到了完美;同时他们的身体发肤也可以完好无损地归还父母。其无论内外,几乎都实现了最佳状态,所以孔子给予的评价显得比"殷有三仁"要高——"求仁得仁"。试问有几人能求仁得仁?这是非常了不起的成就,连颜渊这样的得意弟子都还不行。而"至德",即最高的德,还能有比至德高的德吗?

孔子对禹的评价也几乎是完美的。《泰伯》中孔子说:"禹,吾无间然矣。菲饮食而致孝乎鬼神,恶衣服而致美乎黻冕,卑宫室而尽力乎沟洫。禹,吾无间然矣。"间,罅隙,非难。菲,薄也。黻冕,祭祀时穿的衣服。禹自己恶衣疏食,而祭祀礼仪上一点不敢苟且;不着力于宫廷居室而尽力水利灌溉:正是敬奉祖先、全心为民而不顾自己的榜样。这位没有私利、一心为民的君主,孔子对他找不到可以批评的地方。这种无可挑剔的人物,自然可以算是在最高境界优游的人。

需要很注意的一点是:对禹的肯定,几乎是全面的,自身、家国都包括在内,他是无可挑剔的。而前面诸位,事实上,孔子只是对他们在某一方面的表现做了肯定,几乎只是灵光一现的辉煌。

对有一个人——管仲,我们也还要专门讨论一下。孔子对他有"如其仁！如其仁！"（《宪问》）的评价，即说：乃是仁啊！乃是仁啊！孔子这番评价，是因为管仲辅助齐桓公"九合诸侯，不以兵车"，用和平手段多次盟会诸侯，停止战争，推行正义。并且，"微管仲，吾其被发左衽矣"（《宪问》），没有管仲，我们还披头散发，衣襟向左开（落后民族的装束）呢。如此丰功伟绩，不正是仁者希望成就的事业吗？故孔子赞其仁。不过要搞清楚，孔子尽管肯定管仲成就了仁的事功，却不承认管仲具有仁心、配当仁者。《论语》一书，记载了不少孔子本人对管仲的恶评，尤其讥刺他不守君臣礼节，气度几乎跨到国君头上。因此这"如"字，与其解为"乃"（王引之、杨伯峻，参见刘宝楠正义和杨氏译注），不如训为"近于"（王湻南，参见程氏集释）更准确。于此，也正可见孔子对人的评价的客观态度。老人家心明眼亮，什么都看得清清楚楚。

第六章 礼

第一节 不知礼，无以立

仁是孔子学说的核心，礼也同样是核心。仁好比醇酒，礼就好比恰当的包装，斯酒而有斯壶，斯壶而有斯酒，如此内外兼备，才可以不卑不亢地出现在君子的宴会上。

先来看看礼到底指什么。

《说文》讲"礼"："履也。所以事神致福也。"就是敬事鬼神、祭祀先祖以求得福佑的那一套行为规范。"礼（禮）"这个字，来自"豊"，甲骨文"豊"，像盛着玉器、奉献给神人的器皿，可见最初指祭祀用的器皿。从最初的祭器推广到使用这种祭器敬神的礼仪，故加"示"旁另造"禮"字，更明确其敬神之意。这便是"礼"的本义。因为这个本义，所以我们在《论语》中也看到，讲到礼时，对于祭祀和敬事鬼神方面的讲究要多些。

当然，《论语》中讲的"礼"，已经远远不止敬事鬼神的礼仪规则了，已经扩大到人事的一切方面。"礼者，天理之节文，人事之仪则也。"(《朱熹集注·学而》)孔子讲礼的时候,有没有上升到天理这样的高度,作庄严的神秘主义溯源,我们不敢断定。但是可以知道,礼几乎是囊括人类全部行为的一套规范。《管子·心术》云:"登降揖让,贵贱有等,亲疏有体,谓之礼。"官场上的应对,社会上的应酬,家庭关系的维持,都是礼的基本内容。

从个人的行为规范,到整个社会的制度,从生活到政治,从家庭到国家,从道德到法律,都是礼的管辖范围。在孔子眼中,礼不仅是个人立身处世的必然准则,同时也是国家健康运行的必然准则。离了它,就不行。

孔子对礼的推崇和宣扬,几乎是春秋以来的极致,任谁也无法再像他那样近乎刻板和顽固。他有自己的深层原因:一在于他看重礼对于建设人生、建设国家的伟大意义;二在于春秋时代恰好对这样的意义视而不见,肆意践踏礼法,天下混乱不堪。

《季氏》中孔子有言:"不学礼,无以立。"《尧曰》中孔子又说:"不知礼,无以立也。"这两句说得非常简单、直白:不晓得礼是怎么回事,根本无法在社会上立足。

《雍也》《颜渊》中孔子说:"君子博学于文,约之以礼,亦可以弗畔矣夫!"君子求学,所览广泛,难免过于汗漫,兼收芜杂,故要以礼来加以约束调节,取可取者,去当去者,才可以不叛离正道。一味地追求学问,正如一味地追求武功,难免走火入魔,而有礼防身,则可以趋利避害,不会迷乱心性。这个时候,我们来回味"非礼勿视,非礼勿听,非礼勿言,非礼勿动"这句格言,真是别有一番滋味。

《泰伯》中孔子说:"恭而无礼则劳,慎而无礼则葸,勇而无礼则乱，直而无礼则绞。"葸，畏惧。绞，尖刻，或曰急切，正由于刺人过急故尖刻也。注重仪容端庄而没有礼的调和，则过劳而倦；注意谨慎而没有礼的调和，则会胆怯懦弱；敢作敢为而没有礼的调和，就容易作乱；刚直而没有礼的调和，对人就容易过分尖刻。恭、慎、勇、直四者，都是儒家认为君子应该具备的美德，但是缺了礼的调节，则往往坏事。礼就像个公正的裁判，一有犯规就鸣哨。

于此可见，作为个体的君子，无论学习还是修身，没有礼的调节，就可能使正确演变成错误。

对于国家，礼的作用更是关键。中国古代是人治社会，这个人治的中心就是天子、国君。国君一人的风度引领天下潮流，天下之善系于一人。国君如果懂礼，则天下懂礼。故孔子说："上好礼，则民莫敢不敬。"（《子路》）又说："上好礼，则民易使也。"（《宪问》）在上位的统治者喜好礼，凡事依礼而行，则老百姓没有敢不尊敬的，也更容易指挥。孔子从来不怀疑统治阶级对下民的模范和带动作用。所以，治理天下的关键其实就是国君一个人的修养。这个逻辑，在孔子的言论中一再闪现，几被视为定理。所以，国君就尤其要注意自身言行，为天下人带好头。《八佾》中孔子要求"君使臣以礼"，《卫灵公》中孔子说："知及之，仁能守之，庄以莅之，动之不以礼，未善也。"前者说国君任用下臣要用礼仪的手段。后者说国君的智慧认识到了该怎么做，仁心使他可以坚持这么做，庄敬的态度也一直在，却不能按礼来调动百姓，那是不完善的。

为什么说不完善呢？下面这句话也许可作参考答案。《为政》

中孔子说:"道之以德,齐之以礼,有耻且格。"用道德引导,用礼教整饬老百姓,他们才会有羞耻心,才会归服。"道",解作"引导";"齐",解作"整齐",使动用法。皆无歧义。但是"格"字则异解纷呈。或训为至、来,都可与"归服"相通,但是又常常解为至于善,到了善的境界。又说"格"为"正";或认为通"恪",指敬;或认为通"革",有洗心革面的意思。但是,根据《礼记·缁衣》:"夫民,教之以德,齐之以礼,则民有格心;教之以政,齐之以刑,则民有遁心。"遁乃逃的意思,遁心和格心相对,可见"格"应为归服之义。道德使人民有羞耻心,心性趋向善,有所为有所不为;而礼使人民愿意归顺,接受统治。如果不以礼治国,只晓得用刑罚,则老百姓多怨望哀戚,就不肯诚心归服。

礼治的国家,自然是理想主义境界,但如果没有礼,是不是就一定不行?起码孔子是这么认为的。《子路》中孔子说:"礼乐不兴,则刑罚不中;刑罚不中,则民无所错手足。"礼法都没建立起来,是非对错没有标准,刑罚自然没有科学的依据,不能得当;刑罚不能得当,则老百姓不知道规矩,手足都不知道该怎么放。一个没有规矩准绳的社会,是不可能保持平和稳定的。孔子这句话本是说正名,最后却归结到正礼乐,可见礼乐对于国家的根本意义。

如果国君能够很好地理解和运用礼法,那么治理国家就会变得很容易。有人请教禘礼,孔子答曰:"不知也;知其说者之于天下也,其如示诸斯乎?"(《八佾》)孔子一面说,一面指着自己的手掌。说不知,是为了避讳,当时鲁国乱行禘礼,故孔子不好直说。而后面的话的意思是，懂得该礼的人对于经营天下，可以像摆在掌上那么容易，举重若轻，真所谓"玩弄于股掌"。当然，并不是说懂得禘礼就足够，而是举礼之大者来代指一切礼法。可见，复杂的国家机器运作起来也可以很容易。鞠躬尽瘁死而后已是一种方式，垂衣而治清静无为也是一种方式，而孔子的方式就是礼。礼用得熟练精当，则一通百通，一帆风顺。老子说"治大国若烹小鲜"，孔子其实也通晓其中奥妙，只是各人"烹小鲜"的情致不同。

礼成为国君治理国家的核心要义，那么成为后世主宰的法又被置于何种境地？其实，孔子讲礼，已经包括了法：礼本身就是法，一种概念更宽泛的法，一种更人性化的、更温情脉脉的法。但是孔子并不提倡法，从不表彰法或者刑罚，表明他对法的漠视和对礼的崇奉。战国时期社会的发展，给了法的滋生成长越来越温厚的土壤，到了法家，法开始统治一切。对孔子所重的礼，后来诸子多有尖锐的批判，要么认为其铺张，要么认为其滋生祸乱，要么认为其虚妄。即使出自儒家的荀子，也把法抬到了非常高的地位，并教导出了法家集大成者韩非子。礼的没落，其实正在于它的过分理想化色彩——需要一个秩序井然的社会，需要一大帮占据主流的圣贤，否则就会成为空谈。春秋战国的社会，不是圣贤可以得志的社会，难有礼的用武之地；而法的流行，其实正是顺应了当时社会的需要。

第二节　堕落

西周时代井然有序的礼仪制度到了春秋，遭受一波又一波的摧残，天子的尊严已经垮掉，诸侯的嚣张和狂妄正烈火燎原。郑国首先冒天下之大不韪，郑庄公先是偷割王畿的庄稼（其实就是抢），然后直接对周天子开战，甚至把周天子射伤。这在西周是不可想象的，必定人人得而诛之；但是现在郑庄公逍遥自在，谁也不能动他一根汗毛。诸侯乱了礼法，下面自然效仿，一代楷模的管仲在礼法方面已经多有僭越。《八佾》记载：当时只有国君才能在宫殿门前设立塞门（即今天的照壁，挡住内外视线），而管仲也在自己府邸设塞门；国君为了接待外国君主，在堂上设有放置酒杯的反坫（diàn，放置器物的小台子），管仲自己也在府邸设反坫。管仲表现得像个国君似的，但他只是国君的卿相，故孔子毫不客气地说："管氏而知礼，孰不知礼？"

到了孔子所在的春秋末期，礼早已乱得不成样子。《八佾》记载了不少孔子所见鲁国的混乱现象。鲁国深得周礼真传，但到孔子的时代，也已经金玉其外、败絮其中。

周公是鲁的开国君主，是鲁的直接祖先，因为对西周的特殊贡献，被周天子特许行禘礼。周公本不当行此礼，是天子特许他行的。以后历代鲁君并未被特许，便应该放手，但是却一直不放，这就是僭越。所谓禘，是周天子礼，王者为始祖立庙，为了表示追远尊先的诚意，又推始祖所自出之帝，祀之于始祖之庙，而以始祖配之（如周以稷为始祖，稷所出乃天帝喾；殷始祖契，契所出也是礜）。鲁国始祖为周公，周公乃文王之子。盖周成王因为周公功勋卓著，特许其封国鲁禘祭周公所出之文王。按理鲁可祭其始祖周公，祭文王则违礼。另有一说法：祭祀五年一次，列祖秩序不能乱。诸侯也有此礼，但是鲁文公乱了秩序，把自己的父亲僖公提到先祖闵公前面，这就坏了规矩。不管是什么原因，反正鲁礼已乱，成为对周初礼法的亵渎。故孔子叹："禘自既灌而往者，吾不欲观之矣。"（《八佾》）禘礼至第一次献酒，我就不想看了。而这时，才刚刚开始呢。这显示了孔子对乱行礼法的轻蔑态度，故当人问关于禘礼时，孔子答以"不知也"。一者不想看，二者不知道，都是对现实礼法的否定，只不过不好明讲，怕的是昭显国家之恶。孔子以不屑的态度，反衬当时国君道貌岸然、郑重其事的面具，更觉世态荒谬。

诸侯违礼，大夫亦不例外，正所谓上梁不正下梁歪。鲁国"三桓"专权，做出了种种让孔子不能接受的事情来。《八佾》中记载："孔子谓季氏：'八佾舞于庭，是可忍也，孰不可忍也？'"鲁大夫季孙氏在自家庭院玩奢华，摆阔气，演八佾之舞，孔子斥之："这都狠心做得出来，还有什么不能狠心做出来呢？"八佾之舞是怎么回事呢？佾，指舞蹈的行列，一列八人。古礼规定的舞蹈行列数是：天子八、诸侯六、卿大夫四、士二。作为卿大夫的季氏，应该用四佾，而他用的却是八佾，可见其态度之骄横嚣张，直以比肩天子为乐。这似乎也暗示了季氏对未来的邪恶的憧憬，正在想他不应该想也不应该敢想的事情，所以孔子非常愤怒。同样是这个季氏，去祭祀泰山，也是僭越天子或诸侯礼节，乱给自己头上罩祥云。古者天子祭天下名山大川，诸侯只能祭其邦内的山川。作为诸侯的下一级的大夫，季氏是没资格搞这样的祭祀的。孔子讽刺："曾谓泰山不如林放乎？"（《八佾》）林放曾经向孔子请教礼的本质，应是知礼之人，这里说："难道可以说泰山还不如林放知礼么？竟会接受这样的祭祀。"泰山的神灵当然不会接受这样的祭祀，这其实是对季氏的深刻嘲弄。《八佾》还记载："三家者以雍彻（撤）。子曰：'相维辟公，天子穆穆，奚取于三家之堂？'"鲁国大夫仲孙、叔孙、季孙三家祭祀祖先时，唱《雍》这篇诗来撤除祭品。这也是大夫僭用天子的礼仪，于是孔子引《雍》诗原文："助祭的是诸侯，天子则恭敬肃穆地主持祭祀。"反问："诗的哪点意义可以取自三家的庙堂呢？"很有挖苦讽刺意味。三家公然僭越天子礼仪，心安理得，搞得有板有眼，可以想见当时风气之衰：违礼已是光天化日之下的家常事。

列位鲁国的代表人物，代表着国家形象，看起来还在行礼仪，把那一套仪式像模像样地传承着，其实已经完全扭曲了礼的本质，凿空了原来的内容，徒留华丽的外衣，而且还穿错了。但这还不是最过分的，下面说到的"告朔"之礼，便是最后的遮羞布都不要了。礼的本质早已没有了，现在形式也要丢了。《八佾》记载："子贡欲去告朔之饩羊，子曰：'赐也！尔爱其羊，我爱其礼。'"朔是每月的第一天，即初一。周天子每年秋冬之交都把第二年的历书颁给诸侯，叫颁告朔，诸侯藏之于祖庙。每月初一，诸侯便杀一只活羊，祭于庙，然后回朝廷听政。祭于庙叫告朔，听政叫听朔或视朔。鲁到文公的时候，就开始不听政也不祭庙了，只是杀只羊虚应故事。子贡认为实质都没了，干脆杀羊也免了。孔子反对子贡的做法，认为如果连最后一点象征性的东西都没了，那这个礼也就完全消亡了，将不再有人记得，更别说恢复。

处在礼崩乐坏时代的春秋之末，就算是号称礼乐之邦的鲁国，就算有孔子这样的圣人所在的鲁国，违礼之事也司空见惯。可知周王朝名义下的江山，秩序和疆土一样支离破碎，一幅崩溃的图景。

《微子》记载了这么一段话："大师挚适齐，亚饭干适楚，三饭缭适蔡，四饭缺适秦。鼓方叔入于河，播鼗武入于汉，少师阳、击磬襄入于海。"亚，次义。亚饭、三饭、四饭，皆以乐侑食之官。现在的某些场合进食用餐，还有优美的钢琴曲环绕，那只是闲情和雅兴。当时贵族，吃饭时都要奏乐，是礼仪规矩，否则不成体统。"干""缭""缺"，乐师的名字。大乐师挚逃到了齐国，二乐师干逃到了楚国，三乐师缭逃到了蔡国，四乐师缺逃到了秦国。打鼓的方叔进入黄河之滨，摇小鼓的武进入汉水之滨，少乐师阳、击磬的襄进入海滨。这些专管奏乐的人都跑光了，正见证着礼乐的风流云散。上列诸位乐官到底是什么时代的人，异说很多，但是可以指明一点：《论语》把这章记录在此，是有其深刻寓意的，正是慨叹礼乐的崩毁。

上面所说，皆就现象而言，孔子也从文化本质上揭示了随着时代的变迁，礼的不幸湮灭。《八佾》中孔子说："夏礼吾能言之，杞不足征也；殷礼吾能言之，宋不足征也。文献不足故也，足则吾能征之矣。"征，证也。献，贤也，此指掌握礼仪的贤才。杞、宋分别为夏、殷的后代。古礼孔子能言，却不能在杞、宋找到作证的东西，因为那儿的典籍和贤才都不够。在字面看来，这仿佛只是苦于不能找到材料证明自己的说法，其实深意还在于揭示当今社会礼仪灭失，知礼者少。这是孔子对古礼丧失的哀叹。说大一点，也许还在于为整个古文化的传承链条的断裂而哀叹。杞、宋乃夏、殷之后，有着光荣的过去，它们的衰朽堕落，反映着整个礼制文化的衰落。礼，作为过去理想时代的象征，已经不复存在，现在的时代已经截然不同。

文化本质上的礼仪已经没落，人心自然不能例外。《八佾》中孔子说："事君尽礼，人以为谄也。"按礼法侍奉君主，本是正义，现在人们却以为你是要巴结献媚。或谓当时鲁国三家专权，人人都争着依附三家，独孔子依然以礼事鲁君，于是便被舆论误解。由此也可以看出当时士大夫阶层的普遍风气，正是"与其媚于奥，宁媚于灶"（《八佾》），与其巴结屋里西南角的主神，不如巴结掌管伙食的灶神。南怀瑾《论语别裁》说得非常形象："王孙贾问孔子这个奥与灶的问题，是非常幽默的，他的意思，是告诉孔子说，你老是跟诸侯往来，我们这些士大夫如不在君王面前替你讲几句好话，是没有用的呀！你拜访了诸侯，还是该来向我们烧烧香。"礼让位于利，即使真心的礼也会被人认为是图利。

基本的文化特征已经发生了深刻的变化，进而导致人民心理发生变化，所以对舞八佾、祭泰山、以雍撤等，便是人人熟视无睹、习以为常了。这已经是新的时代特征，无论多么缅怀过去的岁月，也不可能扭转历史。孔子这个沉醉于过去的圣人，看着历史的车轮碾碎梦想，也无可奈何，发出哀叹："甚矣吾衰也！久矣吾不复梦见周公！"（《述而》）承认自己不行了（衰矣），好久没有梦到周公（古礼的象征）了。孔子很伤感，很无奈，但是我们必须要强调：在孔子心目中，理想主义的旗帜一直迎风飘扬，从来没有倒过。他接受现实不等于放弃梦想。

他为礼呼吁、奔走，作出种种努力，逆时代猛进。他几乎试图以一己之力，匡救整个民族。

第三节　和为贵

《学而》中有子说："礼之用，和为贵。""和"，是礼的核心。

一切的礼，讲的都是行为上的讲究，在祭祀上、在与国交往上、在社会等级上、在对待亲友上，都有一套准则。这是一张弥漫无边的网，人概无遗漏地生活于网中。这张网的作用，无非是"节"，一切的行为都受到节制，受到约束，绝对不可以触网犯禁。上一节中季氏等鲁国豪门的所作所为，就是毫无节制的犯禁。

"节"本身受命于一个更核心的灵魂的调控，那就是"中"。没有这个灵魂来掌控局面，"节"本身就会遁入混乱，成为虚伪的空口号。"中"是什么呢？就是持中、不偏不倚、恰如其分、恰到好处，也就是"中庸"。"中庸"是孔子强调的处世方法，体现在其学说的方方面面。但凡内在的思想需要外化为现实生活，思想转变为行动，就必须追求中庸的境界。

"中"是礼应用于人类社会和每个个体时，表现在外面的最佳状态。能够做到"中"，便不必探求更高，这已经是最高。还有什么能够超过恰到好处呢？

但是，我们每个人的灵魂和肉体和谐又矛盾地共处，如果灵魂不能静谧，肉体也必受刑。而要让我们的灵魂感受到神圣的宁静和愉悦，仅仅有作为表象的"中"却还是办不到的。我们可以在行为上做得恰到好处，那是建立在大量的烦琐的劳心劳力的工作基础上的。礼网罗整个人类社会，对人事的各个方面分门别类，各自制定准则，叫人切实遵守。其规矩之烦琐，内在精神之庞杂，我们要逐条逐项都了然于胸，即使背得满头大汗也难奏效。对礼的学习和领会的过程艰苦而沉重，足以让灵魂饱受煎熬。照此展望人生，是没有希望的。谁不希望苦行之后的极乐体验呢？谁不希望冲破束缚达到优游的天庭呢？如果"中"必须靠永无休止的受苦来维持，那么它就是人性的敌人，它必将无法维持；中的崩溃，必将导致礼的崩溃。仅仅满足于行为上的"中"，礼将惨败。

所以，相对于外在行为表现上的"中"，儒家提出了灵魂上的"和"。灵魂上求得最高归宿，无怨无悔，则肉体也会享受"中"。和，就是融会贯通，达到自然而然的境界。在"和"的境界，礼不再是外界强加给我们，要求我们死记硬背的东西，不再是冷冰冰的法律和惩罚，而是我们自身的一部分，是我们灵魂的一部分。我们与理想中的礼完美融合，不分彼此，我们自然而然就已经符合礼，而不需要刻意地去遵循礼。礼不再需要动用理智和冷静的思维，不再需要隐忍或无奈的取舍，它就是人类感情和本能的自动选择，它就是我们人性的一部分，它本身就是快乐的源泉。

只有这样的"和"的境界，才是愉悦的，无拘无束的，才是值得追求的最终目标，才是合于人性的，也才是合于天道的。

当然，学术界对"中""和"二字的阐释颇多分歧，主要起因于《礼记·中庸》的这句话："喜怒哀乐之未发谓之中，发而皆中节谓之和。"是说存在于心中不表现出来叫"中"，表现出来都命中节骨眼儿叫"和"。杨树达在《论语疏证》中又继续解释："事之中节者皆谓之和，不独喜怒哀乐之发一事也。"杨伯峻不违父旨，将"和"翻译为"恰当"，其实也就是"中节"的意思。冯友兰面临这个问题，一样没能摆脱《中庸》的阴影，觉得"和"乃恰如其分、恰到好处之意。但是，他在《中国哲学简史》第十五章讲到《中庸》中的这句话，把发而皆中节仍称为"中"。为了理顺关系，他又说："'和'来自'中'，'中'又是调和各种心情所必需。"可见，冯友兰是看见了《中庸》在这里所说的"中""和"与儒家礼教通常所说的"中""和"有矛盾处。

《中庸》所说的"喜怒哀乐之未发谓之中"，显然跟我们讨论的"中庸"之"中"不是一回事。我们不必在这里作风马牛不相及的思辨。但是，对于"和"字的解释，却必须小心对待、缜密分析。"和"被理解成恰到好处，正是我们前面所说的"中"的意思。"和"是不是真的如此平庸？

我们好好看看这个"和"字。

《说文》："龢（和），调也。"《汉语大字典》释为"和谐；协调"。可见"和"的基本义有"调适、融合"之义。诸家讲"和为贵"，皇侃义疏："和即乐也，变乐言和，见乐功也。"何晏邢昺注疏云："和，谓乐也。乐主和同，故谓乐为和。夫礼胜则离，谓所居不和也，故礼贵用和，使不至于离也。"把"和"直接说成"乐"，实在有点牵强，却点出了"乐"与"和"的关系，"乐"的功用正在于"和同"，注家正是看到了"乐"的功用，所以才如是解。这也正暗示了"乐"对于礼的重要性和两者的密切相关性。刘宝楠正义引《贾子·道术篇》："刚柔得道谓之和，反和为乖。"朱熹集注说："和者，从容不迫之意。盖礼之为体虽严，而皆出于自然之理，故其为用，必从容而不迫，乃为可贵。"能做到从容不迫，必然以内心融会贯通为前提，完全融合于己，成为一己之本质，故办事可得心应手，从容不迫。

可见"和"的本义就是"调和、融合"，古人也多附同此义，今人钱穆也赞同这样理解。如今"恰当"之说泛滥而掩盖真义，罪魁都在《中庸》那句话，生出了许多是非。

上面我们已经不可避免地提到"乐"，下面就必须对"乐"作一讲解。古人常常将"礼""乐"相提并论，因为对于礼，乐是那么重要，几乎不能缺少。礼的最高境界是调和、融合，而调和、融合正是音乐的切实功效。音乐把一切割裂的、分离的因素融合起来，不分彼此。礼那么离不开音乐，也正说明它追求的远非恰到好处，而是融会贯通，物我交融。

《荀子·乐论》："乐合同，礼别异。"正道出礼、乐的不同效果。音乐给人的是艺术的享受，是涤净尘埃的甘露，是化解矛盾的温柔乡，同时又是调和身心的灵药。一切烦躁、一切烦恼、一切疲惫、一切劳累，都可以被音乐治愈。音乐化人于无形，而可以洞穿人的心灵，是最好的教化工具。不仅如此，音乐甚至可以协调阴阳，感化大自然，使社会生活和睦。《国语·周语下》中伶州鸠谈到音乐的作用说："……于是乎气无滞阴，亦无散阳，阴阳序次，风雨时至，嘉生繁祉，人民和利，物备而乐成，上下不罢（疲），故曰乐正。"

音乐那无形的"和"的作用，使得中国早期统治者无不以音乐为教化手段（墨子很反对乐，认为其非常靡费，有损于国民之利益）。有音乐那丝丝细细如春雨如春风的细腻渗透，温柔而无形的魔力，足够将礼千派万绪的庞杂躯体悄然瓦解，融进人的血液，变成人的组成部分。春秋的特点，是礼崩乐坏，礼崩则乐坏，乐坏则礼崩，两者荣辱与共，正如"中和"也成为固定的词语。

其实，这连起来讲的礼乐，礼还是中心，乐是给礼服务的，表面的联合形式下掩藏着明显的偏正结构。

至此，再简单作个总结：礼的运用，可贵之处在于融合。礼本身是讲各种行为规范的，是分析式的、分离的，所以要做得和，将分离的各个方面融为一体，才是真正可贵的地方。当然，这里讲的分离或融合，到底是单指向一个人本身诸种品质呢，还是指向礼施加于社会所产生的各种影响呢？儒家以个人修养为中心，然后延伸至天下，由此来看不必过分拘泥，可以看作既讲个人又讲天下，从个人出发而兼及天下；既是个人内心的融合，又是全天下民心的融合。

第四节　人而不仁，如礼何？

《八佾》篇子夏与孔子论《诗》：

> 子夏问曰："巧笑倩兮，美目盼兮，素以为绚兮。何谓也？"子曰："绘事后素。"
>
> 曰："礼后乎？"子曰："起予者商也！始可与言《诗》已矣。"

子夏问老师："乖巧的笑多么甜美啊，美丽的眼睛顾盼生情啊，洁白的底子上很有文采啊。这是说的什么啊？"孔子说："彩绘的事在洁白底子之后。"子夏又问:"礼是在后的吗?"孔子说:"启发我的是卜商啊!现在可以和你谈论《诗经》了。"

本句话还有歧解,容以后再说。另外,"巧笑"也有说是有酒窝的笑,"盼"解为眼睛黑白分明,都自有生动活脱处,但是无关宏旨,所以不作计较。

子夏是卜商的字,在孔子门下和子游俱以文学著名,非常有才学。"巧笑倩兮,美目盼兮"出自《诗经·卫风·硕人》,以女子容貌之美联想到道德学问的礼,蓦地生花出彩,意境全出。孔子不禁为之喝彩。

巧笑与美目,乃不加修饰的天生丽质,是淳朴的原始的真实,正所谓清水出芙蓉,天然去雕饰。有此天生丽质,再施以胭脂粉黛、润彩铅华,"铺翠冠儿,捻金雪柳",便是"素以为绚"。故孔子说:"绘事后素。"先有淳朴素洁的本质,然后再加以五彩之文饰。"礼后乎"说明礼只是表象,是附在外层的节文,是"素"后之"绘"。那么,礼后于什么呢?作为本质的这个"素"底子是什么呢?是仁。

我们谈仁的时候,无法不谈到礼,"克己复礼为仁";同样,我们谈礼的时候也不可能离开仁。《八佾》中孔子说:"人而不仁,如礼何?人而不仁,如乐何?"人,如果没有仁心,拿礼乐来干什么呢?仁,指向的是人的心,真挚的精神本质;没有这样一个真诚的本质做支撑,礼乐就成为空话。正如刘宝楠正义:"儒行云:'礼节者,仁之貌也。歌乐者,仁之和也。'礼乐所以饰仁,故惟仁者能行礼乐。"再根据子夏和孔子的对话可知,礼是后发于外的,是内在情感的外发形式,是对仁的包装修饰;仁则是内在的精神上的修炼，是个人真诚的情感倾向。二者融合统一，内外一致，方得真正的礼乐，否则一切都是假的。

所以，孔子对徒具形式的礼乐，非常反感。他慨叹："礼云礼云，玉帛云乎哉？乐云乐云，钟鼓云乎哉？"（《阳货》）礼呀礼呀，仅仅是就玉帛等礼物来说的吗？乐呀乐呀，仅仅是就钟鼓等乐器来说的吗？孔子意在反讽，千万别仅仅着意于表面上的礼尚往来，而抛弃内在的真实和虔诚。正如钱穆所说："遗其本，专事其末，无其内，徒求其外，则玉帛钟鼓不得为礼乐。"孔子实乃有感而发，他目睹鲁国上流社会，其礼乐陈设已经完全掏空本质，一切的钟鼓玉帛闪耀的都是空洞、虚伪和垂死。正是因为完全抛弃了内在的仁德，所以诸侯可以僭越天子，大夫可以侵凌诸侯。他们在台上的表演，礼数备矣，舞八佾，唱雍诗，行灌礼，甚至虔诚地祭泰山，可这是正礼吗？抛却仁道欺下犯上，这是乱礼。

如果内心有虔诚的信仰，真诚地追求仁道，即使外在礼仪上有所简慢也是可以接受的。

我们来分析一下《八佾》中孔子回答林放问礼的本质的话。孔子答："礼，与其奢也，宁俭；丧，与其易也，宁戚。"易，治办义，即过分讲究礼节形式上的繁文缛节。有人甚至怀疑就是"具"字误写。另有几种不妥的说法。一说是和易的意思，指态度上松弛。凡其称得上礼的场合，则绝非态度闲散、吊儿郎当之徒可以入场，否则也太不把礼当成礼了，更何况是丧事。所以此训几无前提，全然脱离实际。二则释为"简易"，但是不能和"戚"构成对举关系，故也不妥。今人多不采后两说。因此全句可如此理解：一般的礼仪，与其奢侈铺排，宁可俭约；丧礼，与其办得过分周到，宁可过分悲哀。

其实，无论过分奢侈，还是过分俭约，或者过分周到，过分悲哀，都不合礼的本义，因为礼贵在适中。这里讲的是不得已的情形下的选择。奢与易，多反映为形式上、表面上的追求；而俭与戚，多表现出本质上的尽心尽力，强调"心"要到位，因为过分强调心，所以对外在形式有所简慢。而孔子则明确地选择了这种"心"的表现。当涉及本质问题时，孔子明确要求：本质要真，心要真，宁可怠慢形式，不可心上怠慢。于此可见孔子的态度，他强调的是真性情，在形式上其实并不古板强求，还是多有通融。

孔子的得意弟子颜渊死后，孔子非常悲痛，几乎是呼天抢地，悲号"老天爷要我的命啊！老天爷要我的命啊！"连其他弟子都觉得他哀伤过度了，他自己却毫不节制，甚至理直气壮："非夫人之为恸而谁为？"（《先进》）不为这样的人悲痛，还为谁悲痛呢？但是，在丧葬的仪式问题上，老人家却非常谨慎。颜渊的父亲请求孔子卖掉车子为颜渊买棺材的外椁，被老人家毫不犹豫地拒绝。门人敬重颜渊，想厚葬颜渊，也遭到孔子明确反对。孔子的行为，正生动地说明了"丧，与其易也，宁戚"的处世态度。

子游受孔子言传身教，作了几乎是过分的发挥，几乎完全抛弃礼仪形式。《子张》中子游说："丧致乎哀而止。"居丧，充分表达哀伤就够了。话虽有失偏颇，本意却在表达这么一个核心：精神上的真诚远比外在形式表现重要。

第五节　孔子的表现（一）

仁与礼，互为表里，齐头并进，不可偏废。谈仁的时候，要求君子终食之间不违仁，造次颠沛必于是。谈礼的时候，自然也是同样道理。孔子无时无事不谨守礼仪，《乡党》中记载颇丰，细腻而生动，数千年前孔子的行为举止，都生动地活现在我们眼前。

一、关于说话

在乡里，对着父老乡亲，"恂恂如也，似不能言者"，是一副谦恭而不敢言的样子。这是对父老的尊重，不因己贤而自傲。孔子曾任小司空一职，位列下大夫品级。其在朝廷宗庙办事的态度，则"便便言，唯谨尔"。有话就很明白地说出来，不过说得很少，很谨慎。这是办理朝政或宗庙祭祀等事务时的应有态度，很有效率，简单明白。上朝的时候，国君还没来，与同级的下大夫闲聊，侃侃而谈，态度轻松；和高一级的上大夫闲聊，态度持中正直。君王来了，则表现得很恭敬，仿佛心中不安，但是步伐又显示出从容安定，总之是又恭敬又稳重，分寸拿捏得很好。以上，对乡里，对卿大夫，对君王，各种等级，孔子表现不同，但是都有一个原则——不卑不亢而心存敬意。对地位在下或同列者，孔子和乐相处，是个合群的人；对上位者，孔子也不会自感卑下，保持着中正之心；即使对地位最高的君王，也在恭敬之中保持淡定。

二、行政上的表现

鲁君召孔子去接待外宾，孔子脸色一下就变得严肃了，步履也快了，不敢稍慢。可见对国君交办的事情的重视程度。其在朝堂上会客时,"揖所与立,左右手,衣前后,襜如也"。这段话形象地描写了孔子向左右站着的宾客拱手作揖时的样子,向左边行了礼又向右边行礼,一左一右,衣服也随着前后俯仰,但是却很整齐。真像是眼见着活生生的孔子自如地周旋于宫廷之上。从庙堂前的中庭前往国君所在的阵位,快步向前,像鸟儿舒展了翅膀;宾客退了,一定要回复君主:"客人不回来了。"

上朝时进朝廷的门,"鞠躬如也,如不容"。没有鞠躬却胜似鞠躬,而且那个门也显得容不下自己似的,可见恭敬谨慎到了什么程度。站,不站在门的中间;走,不踩到门槛。经过君王的座位(尽管君王当时没坐在那儿),"色勃如也",脸色都变了,更加庄矜,脚步也快,说话都像中气不足。提着衣服下摆上堂,照样"鞠躬如也",大气不敢出一口。走出来,降下一级台阶,面色才敢放松,有怡然自得的样子。走完台阶,又赶紧快走几步,像鸟儿展开了翅膀。回到自己位置上后,便又恭敬如有不安了。这段话,活脱脱一副吓坏了的样子,这正是孔子对国君的高度尊敬。他这副样子,对于当时诸侯国内卿大夫不把国君放在眼里,动辄犯上弑君,是绝妙的讽刺。

出使外国的时候,他老人家拿着作为凭信的玉圭,又是"鞠躬如也,如不胜",站不直拿不动似的。向上举好像在作揖,向下拿好像是交给别人。脸色变得像在打颤——"勃如战色",脚步也迈得非常拘束,像遵循着既定的线路。献礼物的时候,面色舒和了;以私人身份和外国官员见面,则显得轻松愉快。这也体现出孔子在代表本国出使时心怀的神圣使命感,既是对本国的尊敬,也使得对方不敢怠慢。

三、居家生活中的表现

首先看看衣着。孔子不用绀、緅这类颜色做衣服领或袖口的镶边,不以红、紫色作为平时居家的服色。为什么呢?绀为深青色带红,緅的色彩则更偏黑,两者类似庄重场合如祭祀、殡丧的礼服色,当然不能拿来做修饰。而红、紫同样是绀、緅一类的重色,居家也不应该穿。夏天,在家穿单衣(絺绤,或细或粗的葛布),但是要出门,必须再加上外衣。衣服颜色的搭配也不可马虎,黑色的罩衣配羊毛的皮衣,白色的配小鹿皮衣,黄色的配狐狸皮衣(古时穿皮衣,毛在外面,所以外面一定要罩一层衣服),都以相近颜色搭配。在家穿的皮裘可以做得较长,是为了保暖,但是右边的袖子要短,以方便做事。睡觉一定穿睡衣(寝衣,或认为是被子),长至膝盖。用狐貉皮的厚毛做坐垫。除去丧事,身上一般都配着各种玉器。玉乃君子德行的象征,所以一般是要佩戴在身上的,只是临丧不宜过多修饰,所以要取掉。不是朝会或祭祀用的礼服帷裳,就一定有所裁剪;而帷裳作为礼服,是用整幅布做的,不加剪裁,多余的布折叠起来。羊皮衣服和黑色礼帽不穿去吊丧,因为"丧主素,吉主玄"(朱熹集注)。大年初一,一定穿着上朝的礼服去朝贺君王。斋戒沐浴之后,一定穿上明洁的浴衣。关于穿衣的讲究,颜色形制,甚为复杂。历代注家切磋琢磨,也总还不能很好地说清楚。不过很清楚的是:在不同场合,孔子对穿衣服,都有着非常严格的要求,近乎刻板。这些要求,都是根据理想的礼仪制度来定的,不一定合于孔子着装实际,但理论上应该做到。

再来看看饮食。参加国家祭典分得的祭肉,决不留到第二天,自家祭肉也不超过三天，都颁赐家众。因为过了三天，就不能吃了。吃饭或睡觉的时候，都不说话（今天的老人也这么教育小孩）。即使吃糙米饭、蔬菜汤，也一定要先祭一祭先人，就像斋戒时一样恭敬。遇到有人请吃大餐，一定神色变动，庄重地站起来，表示对主人的尊敬。

再来看看起居情况。座席摆得不正，不坐。睡觉不像死尸一样直挺挺的（"寝不尸"，今天口语里骂人还有"挺尸"一说），免得滋长怠惰之气。平日坐着也不必像做客或接待客人那样严肃庄重，可以随便一点。《乡党》原文所谓"居不客"，也有版本作"居不容"，即平时在家不必保持庄重的仪容，可以随和舒缓一些。

其他方面。遇到猛雷大风，一定改变态度，以示畏天。上车时一定先端正地站好，再拉着绳子登上去。在车中，不向里回头，不很快地说话，不用手到处指点。

四、待人方面的表现

乡里行饮酒礼，要等老人都出去了，自己才出去。乡里人迎神驱鬼，自己就穿着朝服站在东边台阶上，有的注家认为是害怕惊动鬼神，有的注家认为是尊敬举行仪式的人。

托人向外国朋友问好送礼，送行时要向受托之人拜两次。朋友死了，没有负责收殓的人，就说："就在我这里停柩吧。"可见孔子对朋友仁至义尽。朋友送东西，就算是车马之类贵重物，只要不是祭肉，接受时就不行礼。朱熹集注："朋友有通财之义，故虽车马之重不拜。祭肉则拜者，敬其祖考，同于己亲也。"

季康子送药给孔子，老人家拜谢而接受，却说："丘不了解药性，不敢试服。"一般而言，应该是先尝再谢，孔丘因为不解药性，不敢先尝，就耿直地告诉季康子，既免误会，又表达尊重。马棚失火，孔子只问伤到人没有，不问到马。可见孔子首先关注的，还是人的性命。

国君赐给熟食，一定摆正座位先尝，再赐予家众。国君赐给生肉，一定煮熟了进奉给祖先。国君赐给活物，一定养起来，不敢无故杀掉。这都表现了对国君所赐的尊重和珍惜。陪国君吃饭，国君举行饭前祭祀时，自己先吃饭（不吃菜），就像是为国君先尝一样，也是对国君的尊敬。孔子卧病在床，国君来看他，他面部向东（东为主位，国君乃一国之主，故向东以示尊敬），必定把朝服披上，把上朝用的绅也放在腰间，就像真的上朝一样。国君召唤，不等车马准备好，就步行前往了。

看到穿孝服的人，不管平时是不是很亲近，是不是常相见，或不管别人地位高不高，都必定改变态度，庄重对待。因为哀敬死者，所以遇到穿着送丧衣服的人，坐在车上的孔子也会身体前倾，手扶车前横木，表示礼敬；遇到背负国家图籍的人，孔子也有同样的动作。

五、斋戒时的饮食习惯

斋戒时，一定改变平常的饮食习惯，睡觉也要换地方，不和妻妾同房。这都是为了洁净身心。粮食不嫌舂得太精细，鱼和肉不嫌切得太细。饭食、鱼、肉放坏了，不吃；颜色不对，不吃；气味难闻，不吃；烹调不当，不吃；不是该吃的时候，不吃；肉不按正确方法割，不吃；没有调味的酱，不吃。忌讳之多，都在于一个"精"、一个"细"的要求。肉虽然多，吃它却不能超过主食（饭），只有喝酒不限量，但是不能醉。买来的酒和肉干不吃，只吃自家做的；不撤除姜，但是吃得不多。以前我们一般理解，所谓改变平常的饮食习惯，该是不吃肉，不喝酒。于此可知并非如此，酒肉都是要吃的，只不过吃得比平时更讲究，更注意明洁庄重。日常所说的不吃荤，在这里其实是指不吃辛辣的难闻的食物如蒜、葱、韭等，但是姜却可以少量地吃。朱熹集注云："姜，通神明，去秽恶，故不撤。"何晏、邢昺注疏云："姜辛而不臭，故不去也。"

在斋戒上，孔子一反不耻粗衣恶食之常态，变得异常挑剔而讲究。这正体现出对于神明的敬重。

第六节　孔子的表现（二）

《论语》其他各章节也记录了不少关于孔子的生活细节，说明孔子对礼的践行无时不在。

《述而》曰："子食于有丧者之侧，未尝饱也。子于是日哭，则不歌。"孔子在有丧事的人边上吃饭，从没饱过。孔子当天哭过（一说为吊丧而哭），则不会又唱歌。他为什么要这样呢？前者言，大概在于尊重哀丧之人。别人食不甘味，痛不欲生，你却在边上觥筹交错，吃得满嘴冒油，也未免太亵渎生人死者。别人哀伤，当体别人的哀伤，同情之，这才是仁爱者的真情，又何来大吃大喝的心情和欲望呢？后者言，在尊重自己。才伤心了又马上欢唱，这只有轻浮之人才做得出来。君子性情淳厚，至真至纯，只有真正哀伤了才会有泪，真正的哀伤彻骨穿肠，是会持续很久的，一日之内无法散尽，是歌不出来的。

中国人的愁思，正是以无暇他顾、历久不衰而显其真切。正如"此去经年，应是良辰好景虚设"（柳永《雨霖铃》），一年之中，一切的美好事物皆不能入我眼中，更不能入我心中；"离愁渐远渐无穷，迢迢不断如春水"（欧阳修《踏莎行》），绵绵不绝如春水无穷，剪不断，理还乱。正如刘辰翁"山中岁月，海上心情"（《柳梢青》），无论人生如何起伏，几度烟花红尘，皆不能磨灭一腔郁闷愁思；苏轼"十年生死两茫茫，不思量，自难忘"（《江城子》），妻子死去已经十年，仍能写出如此至真至纯的文字表达思念。当处于愁思，心情难以自适，五彩入眼皆成灰色，万物过目皆着愁绪，"这次第，怎一个愁字了得！"（李清照《声声慢》）后世中国文人，皆不脱此儒家气息，炼成中国人重情重义的人文性格。

《子罕》中说："子见齐衰者、冕衣裳者与瞽者，见之，虽少必作；过之，必趋。"齐衰（zīcuī），丧服。冕衣裳，指贵族服饰；也有说冕者絻也，也是丧服，轻丧之服。后说略显重复，且古注也多从前说，今暂从前解。是说孔子与穿丧服的人、贵族、盲人相见的时候，即使他们很年轻，也必定起立；走过他们身旁的时候，一定快走几步。这样谨慎小心的行为，是为了向有丧之人表示哀悼，尊敬有身份有地位的人，怜悯不幸之人。这起身和快步而过，是微小的动作，说明了孔子对于礼节上细微之处皆有讲究，不敢造次。只有这样不嫌过分的讲究，才足以显示对各色人等的充分尊重。《卫灵公》一章，还专门讲到孔子对待盲人。先秦的乐师，一般都是盲人充当。一个叫冕的盲人乐师来见孔子，孔子就很小心很殷勤地随时告诉他到了哪儿，如说"这是阶沿了""到了座席了",还详细告诉他谁在这个地方,谁在那个地方。他告诫学生:"这本来就是帮助盲人的方式。"

《论语》多处提到孔子对于丧者的态度,可以肯定,平时他老人家在这方面强调也很多。因为哀丧密切联系着亲情,而亲情是中国人最温暖、最温柔的归宿。孝悌能够成为孔子学说的基础和出发点,正因为它是整个中国社会维持运转的基础。尊重哀丧之人,其实正是对亲孝等中国人的基础感情的再度宣扬。

孔子对于礼的至高无上的拥护,导致后世很多批评。人们往往说儒者为腐儒,迂腐不知变通,大概最该怪的还是孔子本人。孔子对于烦琐的礼仪节文的坚持虽未到完全不能通融的地步,但是已经和现实社会发生激烈冲突,确实难以遵行。

对于孔子不顾现实变化地一味钻牛角尖,兹举一例说明。《子罕》中孔子说:"麻冕,礼也;今也纯,俭。吾从众。拜下,礼也;今拜乎上,泰也。虽违众,吾从下。"用麻做礼帽,是合乎传统的礼的,现在改用纯(一种丝),要俭省些,我遵从大家的做法。臣子拜见君主,在堂下就先磕一次头,合乎传统的礼,现在只在升堂后才磕头(堂下的被省了),显得倨傲了。虽然违反众人,我还是遵从以前,要在堂下先磕一次头。俭,是孔子的一贯主张,不会导致违礼,但是如果把程序也给简化掉了,老人家就不依了。连国君都认可了简化手续提高效率的新仪式,孔子还是拒绝接受。他的所谓"泰也",实在有点上纲上线的意思。

该有的不能省,不该有的不能加。子路出于好心,出于对老师的爱,用了重礼,就挨了批评,"久矣哉,由之行诈也!"(《子罕》)孔子骂子路这个诡诈行为不是一天两天了。原来,孔子病重，子路看着老师快不行了，遂"使门人为臣"。臣有两种理解，或谓家臣，或谓小臣。其一，组织先生的门人（弟子）行家臣之礼，准备丧事。孔子曾经做过鲁国大夫，大夫是可以有家臣的，但是现在没有官做了，不做官就不宜有家臣。以孔子现在的身份，是不该有家臣来治丧的。其二，小臣是专为大夫诸侯料理丧事的人，不同于家臣。原来只有诸侯可以有小臣，到春秋时期大夫也僭用此礼，开始用小臣。后来孔子病情好转，知道这事，就很不高兴。因为孔子自认为现在不做官，已经没有家臣，当然不应该以家臣治丧；或者说小臣之礼本就不是大夫有资格行的，子路此举是行事糊涂。总之，子路逃不脱挨骂。子路这么做，自然有他的道理，但他没有考虑到的是：孔子不但刻板，还很严谨，尤其对于自身，最怕违了礼数。

孔子很难逃脱过分刻板拘执的嫌疑，但是照此反观内心，却可以发现他理想主义的人格闪闪发光。大凡理想主义追求，必定都有不合常人见识的非凡举动。成功了便是圣人，不成功便是迂腐。孔子的坚持，遭到多数派反对，他自己也很清楚，但是他依旧旗帜鲜明决不放弃，这正是他理想主义精神的光芒所在。

再来看看游戏娱乐时该有的样子。《八佾》记载孔子言论："君子无所争，必也射乎！揖让而升，下而饮，其争也君子。"君子之间没什么好争的，如果一定要说争的话，那就比射箭吧。相互作揖谦让然后登堂，射完后下来，又互相饮酒。这争也是很有君子风度的争。有人说无论登堂下堂，都要揖让并饮酒；有人说此射礼乃是统治阶级为了选拔任用人才而举行的带有考察性质的大射之礼。我们不考察历史，不必过分纠缠于细节，需要知道的是这里面体现的谦让和风雅精神。君子即使在竞争时也还是谦谦君子：输了不沮丧，赢了不狂傲，仿佛输赢并不重要，比得融洽，比得和谐，比得开心才是真。《八佾》后面又说："射不主皮，为力不同科，古之道也。"皮，皮制的箭靶子。射箭不主张贯穿箭靶子，射中就行，因为力量不一样，这是提倡温文尔雅的射礼，抑制逞强争胜的风气。盖当时杀伐盛行，射箭也成为显示体力的机会，多以贯穿皮革为本事。孔子微言大义，对"争胜"之风和炫耀勇力的行为顺带贬抑一番，对世人争名于朝、争利于市，锱铢必较的行为有一番温和的劝诫。

通过《乡党》和其他篇目的记载，可见孔子生平言行无不依礼，且至为严格、苛细，丝毫不敢苟且敷衍。唯一可以稍微放松的，就是在家闲居，没有外人、神灵也不来关照的时候。因为这时已经没有施礼的对象。其为礼，最重要的一个特点就在于庄重、尊敬。尤其对人事，无论生人还是死人，无论贵人还是贱人，无论国君还是平民，都充分表达自己的敬意，充分尊重其人格。其次，谦逊内敛。不在人前炫耀，不和人家争斗，保持低调。再次，谨慎小心。时刻注意，不可稍微怠慢疏忽，千万远离污点。而这些特点，也正是君子修身必备的品德，我们以后还要讲到。

第七节　小大由之

我们对孔子的以身作则，讲了很多，几乎都是以非常具体的生活细节来告诉人们，如何切实地依礼办事。凡能举一反三者，都可以领会并发挥，在孔子身教示范下做出成绩。

下面再来看看《泰伯》记载的曾子的一段话，这段话也很重要："君子所贵乎道者三：动容貌，斯远暴慢矣；正颜色，斯近信矣；出辞气，斯远鄙倍矣。笾豆之事，则有司存。"这是曾子临终前对鲁大夫孟敬子的肺腑之言，正如他自己所说："鸟之将死，其鸣也哀；人之将死，其言也善。"这里的君子，当是指像孟敬子这样的上等贵族。这段话谈的就是礼，君子待人接物需要注意三个方面：整肃自身形象（容貌，指全身体貌姿态），就可远离粗暴和怠慢；端正脸色，就可让人信任；说话注重语气言辞，就可远离鄙陋和悖谬。而笾豆一类的细节，自有相关人员负责。前言三者，皆在强调君子自身举止言行合于礼仪，不可造次，是切身的基础要求。

何以单举此而不言其余，邢昺疏："人之相接，先见容貌，次观颜色，次交言语，故三者相次而言也。"说得很有道理。盖此三者，即初次见面的第一印象，这个第一印象留好了，后面也就好办了。这也算是对统治者的忠告，如此庄矜有度，很有战战兢兢如履薄冰的味道。而笾豆之事，并非不重要，只不过职分上有人操劳，不需君子过分关照；君子要关照的中心，仍然在于自身的修行。这个修行，是最基础的，是君临天下的出发点，其显著特点就是诚敬。

在这个出发点上做得恰当，才可能发扬光大，最终礼治天下。曾子的临终教诲，力度捣穿人心，意义深刻而切实。

由此发端，待人接物、齐家治国，都要纳入礼治化轨道。我们前面讲对父母的孝，已经说了，"生，事之以礼。死，葬之以礼，祭之以礼"（《为政》）。我们讲仁，也说了，"克己复礼为仁"

（《颜渊》）。讲治国也说了，"道之以德，齐之以礼"（《为政》）。单讲自身，要"博学于文，约之以礼"（《颜渊》《雍也》）。讲对人，要"恭而有礼"（《颜渊》）。对活人要有礼，对鬼神也绝不可懈怠，"祭如在，祭神如神在"（《八佾》）。礼是无所不在的，"忠恕"是孔子之道一以贯之的核心，礼也是孔子之道一以贯之的核心，就看从哪个角度来说。春江千万里，何处无月明；人生之流，无处不笼着礼的清辉。

孔子的学生有若当年有个总结性发言："礼之用，和为贵。先王之道，斯为美；小大由之。有所不行，知和而和，不以礼节之，亦不可行也。"（《学而》）参照朱熹、钱穆、杨伯峻的见解，简译如下："礼的作用，贵在融合调适。先王行事之道，美就在这里；大事小事都遵循调适的原则。但是，如有行不通的时候，仅仅是为了调适而调适，不以礼节制，也是不可行的。""和"是礼的最高目标，乃从礼中来，所谓小大由之，也正是小大由礼的最高形式。同时，盲目追求融合调适的境界，而不能很好地运用礼的手段，也是行不通的。这就告诉我们：礼是王道，无论事务大小巨细，必须遵循礼法追求融合。

不过由于《礼记·乐记》有这么一段话："乐胜则流，礼胜则离"，再加上古人往往直接训"和"为"乐"（音乐），使得有若的话还有另一种似乎更流行的说法。以邢昺、皇侃为代表，如是解释：大小事情都由着礼而不用乐来调和，就有行不通处；知道应该和，而凡事求和，又不以礼节制，也行不通。"小大由之"即小事大事全由着礼而不以音乐来中和，被视为片面而失当的做法。程树德集释也加按语指责朱熹。

其实，很显然，把"和"与"乐"说成一回事，是很牵强的。"乐"有"和"之用，但是它本身不是"和"。而且，直接解释"小大由之"的"之"为礼，并将其与"和"割裂对立，也非常突兀，前面在说"和"，紧接着自然应该顺承解为"和"。所以我们说"小大由之"的"之"首先应该是"和"，是最完善的"礼"，而不是普通的"礼"。明白了"之"的真正意思，有若整句话的意思也就一目了然了。

第八节 敬鬼神而远之

讲礼，无法避免地要说到敬神。前面的论述已经告诉我们，孔子对于斋戒、祭祀，战战兢兢于纤毫之微，对于有丧者，充满尊敬和同情。他的行为，可不是仅仅流于表面，而是有虔诚的心灵皈依，那就是：他确乎相信鬼神存在于天地之间，斋戒祭祀诸事正是诸神迈进人间左右人事的一道大门。

这些鬼神，包括自家已逝的先祖、主宰一切的天神，以及各个山川自然之神。他们无不可以翻云覆雨，致福降祸，是人间万万离不得，也万万得罪不起的"关键先生"。从实际的功利角度看，敬事鬼神是关乎个人、社会，甚至整个国计民生的大事；从情感的角度来看，中国人深刻的血缘情结必然导致对已逝的先祖的追念和缅怀，他们宁愿相信先祖不死，仍在俯照人间。

既然孔子相信鬼神的存在，而且在那个时代，和鬼神打交道是人们生活中的一件大事，那么，孔子在建立礼仪体系的时候，必然要面临如何对待鬼神这个问题。孔子的态度较为矛盾。他非常重视敬神事鬼,丝毫不敢怠慢,同时又敬而远之,闭口不谈。

《述而》记载:"子之所慎:齐(斋)、战、疾。"孔子最小心谨慎的是这三件事情:斋戒,因为事关鬼神;战争,因为事关黎民百姓;疾病,因为事关身体发肤。三件事,一件也不能马虎,而斋戒列于首位。《乡党》记载孔子对于斋戒的态度则更是详细:"齐(斋),必有明衣,布。齐(斋),必变食,居必迁坐。"斋戒期间沐浴,要穿专门的浴衣(明衣,取其明洁身体之意);要改变平日比较随意的饮食习惯;要另外换地方睡觉,不和妻妾同房。

斋戒,主要是指在祭祀前的一系列明洁身心的准备工作,沐浴更衣是其中的一个重要内容。如此庄重严肃地修饰整饬自己,是为了以明洁纯净的身体来面对神灵,和神灵交流,这体现了对鬼神的无限尊重。在斋戒之礼上,孔子明确告诉我们应该怎么做,应该保持什么样的态度。

斋戒只是热身,祭祀才进入正题。这个时候,鬼神正式光临人间俯视他的子民,人们须以最虔诚之心来接受鬼神的检阅。《八佾》说:"祭如在,祭神如神在。子曰:'吾不与祭,如不祭。'"祭祀死去的祖先,就像他们还生存着一样;祭祀众神,也像他们都在那儿。孔子说:"我如果不能亲自参与祭祀,就像没有祭祀。"通灵之事,不可以找人代替,就算生病,也要亲自上阵,否则不能算已经祭祀过。这是对祭祀的虔诚心灵的要求,没有这份真心,牲牢酒醴、香花丝竹统统沦为虚无。孔子在这里强调了真心真情的在场参与,而几乎不谈场面和祭品陈设,不单可以证明他相信鬼神的客观存在(只是看不见),而且也说明了内在情感的真诚到位比外在形式的滴水不漏重要得多。

《泰伯》中孔子对大禹给予热情洋溢的赞美，其中第一句就是："菲饮食而致孝乎鬼神。"自己吃穿用度菲薄简陋，而对鬼神却恪尽孝心，成为禹被推戴的第一个理由。

　　但是孔子又强调了一点："非其鬼而祭之，谄也。"（《为政》）鬼，已死的祖先（或言泛指鬼神，如钱穆，此论较少）。不是自家的祖先，你却祭祀他，那是献媚。为什么这样说呢？《左传·僖公十年》曰："神不歆非类，民不祀非族。"《礼记·曲礼》曰："非其所祭而祭之，名曰淫祀。淫祀无福。"鬼神不会享受非我族类的祭品，老百姓也不应该祭祀非我族类的鬼神。不当祭而祭，那是淫祀，是得不到福佑的。对于"淫祀"，孙希旦集解："……如鲁季氏之旅泰山，皆淫祀也。"《礼记》所谓淫祀，当不专针对祭祖考，而是针对祭一切鬼神。如天子可以祭天地，诸侯就不能祭，诸侯祭天地就是淫祀。所以敬事鬼神，不是一切鬼神都可以供上祭坛香火伺候的，有一套完善的礼仪制度规定什么当祭什么不当祭。

　　什么当祭什么不当祭，可参看《礼记·曲礼》："天子祭天地，祭四方，祭山川，祭五祀，岁遍。诸侯方祀，祭山川，祭五祀，岁遍。大夫祭五祀，岁遍。士祭其先。"

　　孔子对鬼神的庄敬和谨慎已经可以概见，但是他平时对鬼神问题却缄口不言，弟子们的好奇心也被封杀。《述而》中说："子不语怪、力、乱、神。"鬼神之事，他平时不去说，或者是说得少，弟子们就不容易听到。《先进》中子路问事奉鬼神的事。孔子曰："未能事人，焉能事鬼？"子路又问："敢问死。"孔子曰："未知生，焉知死？"活人都没服侍好，怎能服侍鬼神；生的道理都还没搞清楚,怎么能够懂得死。告诫子路多尽人道,别在虚幻的鬼神和死亡等问题上费心力。

为什么孔子自己不谈也不准弟子们过问呢?孔子的学问本来多从人事日常生活入手,都是具体看得见而又切实可行的;而鬼神缥缈难明,不可捉摸,如何去"语"?如何去"事"?关涉鬼神的事,孔子从来不直接论述阐释,都是从祭祀斋戒丧葬等切实可见的生活常识来旁敲侧击,便于实践操作而不遁入玄虚空灵。我们将会看到,凡涉及纯粹理论的唯心式思辨,对于实践和生活修养毫无帮助的事物,孔子都不怎么理会,或者至少不怎么在弟子中间去讨论。这是孔子传道授业的原则,其实孔子自身治学对这些方面的研究或许还是相当多的。

也正是因为子不语怪、力、乱、神,所以有人误解孔子其实根本不相信鬼神的存在(如杨伯峻)。在这里我们也弄明白了:孔子相信鬼神,只是慎言鬼神而已。

弟子们要相信鬼神的存在,但是鬼神为什么存在,以什么样的方式存在,等等,可以不必过问,他们只要做到"敬鬼神而远之"就行了。《雍也》记载弟子樊迟问"知",孔子说:"务民之义,敬鬼神而远之,可谓知矣。"专力教人民怎么办,敬事鬼神又和它保持距离(近则黩,轻慢也),可说是知了。南怀瑾《论语别裁》说:"鬼神是天道的问题,离我们很远。我们现在活着都是人道——'人道迩',政治、教育、经济、军事、社会都是人道的事,不要以鬼神为主,所以敬鬼神而远之。"孔子对待鬼神的全部态度,其实就是这六个字——"敬鬼神而远之"。他的人生重点在尽人事,听天命,一切全靠自己努力,而不指望鬼神的眷顾和施舍。孔子自己是这么做的，他要求弟子们也能够这么做。

〔附：孔子称赞冉雍时说："犁牛之子骍且角，虽欲勿用，山川其舍诸?"（《雍也》）比之为耕牛之子（出身低贱）、但有着赤色的毛整齐的角，就算世人不用他做牺牲，难道山川之神会舍弃吗（用于神圣的祭祀，入于尊贵之堂）？"山川其舍诸"这话无疑证明孔子相信神灵的存在，因为山川无所谓取舍，只有神灵才会取舍。杨伯峻《试论孔子》中说："所谓'如在''如神在'，实际上是说并不在。"由此认为孔子怀疑鬼神的存在。其实，如果的确不相信世间有鬼神，也就不可能假设鬼神在场。孔子强调虔诚，无论鬼神是否在场，都应该一个样。正如君子处世，无论人前人后，都一个样。〕

第九节 正名

孔子的一整套完备的礼仪制度，还落脚到一个具体而微的施政措施——正名。孔子以正名为突破，来实现礼治天下的大理想，正名，本质仍在于正礼法。所以，我们必须认真地学习孔子的正名思想，来完成对他礼法追求的最后探索。

子路曰："卫君待子而为政，子将奚先?"

子曰："必也正名乎!"

子路曰："有是哉! 子之迂也。奚其正?"

子曰："野哉由也! 君子于其所不知，盖阙如也。名不正则言不顺，言不顺则事不成，事不成则礼乐不兴，礼乐不兴则刑罚不中，刑罚不中则民无所措手足。故君子名之必可言也，言之必可行也。君子于其言，无所苟而已矣。"

——《子路》

这段对话，集中说明了正名的意义。

先说什么是名，它是指称一切实事实物的名称、名分。这个名，必须符合所指称事物的真实情况，不可以乱用。口中称是个酒杯，它就一定是个酒杯，而不是拿个茶杯、漱口缸冒充；口中称礼乐，它就真的仁至义尽，绝非钟鼓玉帛云乎哉独有其表；口中称国君，它就真的符合国君的要求，而不是阿斗式的庸主或桀纣式的暴君。

墨子对名不符实的情况，曾经打了个形象的比方。比如盲人，说得出黑与白这两个词，自然也知道两者判然有别。但是拿一堆黑白混杂的事物给他，他肯定分不出来，因为他看不见啊。这便是知名而不能指实。墨子又推开来说：当今天下君子口中说的仁，完善得连大禹、商汤这样的圣人也不能有所修正。然而君子知道仁的名，却不知道到底怎么做才算得上仁。这也是认识停留在概念和名词上而不能实践的证明。

关于名实的问题，大概儒墨两家的认识根本上还是差不多的，只不过各有所用。他们都知道名实不符，后果严重。孔子就说了："用词不正确，则话就不能说得顺理成章；话不顺，事情就办不成；事情办不成则礼乐无法兴办；礼乐不能兴办，刑罚也就不能恰当运用；刑罚不能恰当运用，老百姓就不知道该怎么办。所以君子称名一个事物，必有其正当的理由说得出来，说得出来也必然做得出来。"可见，当名实不符时，名称不能确指实际，言语之所指成了说话者主观决定的东西，失去了客观性。

孔子的口中，正名和礼法直接相关，可见他在意的并非什么训诂注释类的准确性，而是礼仪、名分上的用词准确。由用词的准确产生政法的准确，产生执政行为的准确。

先秦各家大都比较重视正名问题，墨家的成就尤其显著，他们都不是追求纯粹概念或名词训诂（以惠施和公孙龙为代表的名家或可例外，其实他们也有自己的政治目的），都有着深刻的政治追求和社会理想。唯有荀子在政治伦理之外，"不得不有纯粹学术之内容，即现今之所谓逻辑学与语言学的意义在内"（《中国学术通史·先秦卷》），这是荀子刻意为之之事。正名的重要性，也在《吕氏春秋·审分览》中简洁地表述出来："至治之务，在于正名。"孔子一生追求重建一个完美的社会，正名是整个大事业的支点，绝不可能游离其外成为纯粹思与辩。

正是由于名实问题的重要性，所以孔子说他如果治理卫国，首先要正名。因为卫国当时礼法混乱，君臣父子关系被阴谋和私利割得支离破碎，孔子要正的正是君臣父子之名。当立的国君才立，当纠正的父子关系必须纠正，只有这样，才能风化全国，求得国家安定。关于卫国的情况，参见朱熹集注引程子的话："卫世子（太子）蒯聩耻其母南子之淫乱，欲杀之不果而出奔。灵公欲立公子郢，郢辞。公卒，夫人立之，又辞。乃立蒯聩之子辄，以拒蒯聩。夫蒯聩欲杀母，得罪于父，而辄据国以拒父，皆无父之人也，其不可有国也明矣。夫子为政，而以正名为先。必将具其事之本末，告诸天王，请于方伯，命公子郢而立之。则人伦正，天理得，名正言顺而事成矣。"全祖望《鲒埼亭集·正名论》又说：蒯聩世子身份未废，本该继任，其归国有名，而卫拒之无名。

孔子要正的,是他世子身份这个名,以教育卫君辄。历史事实云遮雾罩,扑朔迷离,我们但知孔子正名用意则可。

汉朝的马融不说正君臣父子之名,而总指"正百事之名",来个一网打尽,滴水不漏。不过孔子发此感慨,当有直接的导火线,所以宋以来的学者理解为正父子君臣之名,应得正理。

正名之大者,便是《颜渊》中齐景公向孔子请教政治,孔子说的"君君,臣臣,父父,子子"。君要像个君,臣要像个臣,父要像个父,子要像个子。如何就像了呢?君有君道,臣有臣道,父有父道,子有子道。合君道之君,方才是真正的君,其他也是同样的道理。所谓君君,其实就是以君道做君。只有这样,名和实才一致。名实要相符,天下秩序才能安定,各归其位。可见,正名,落到实处,首先要正的还是纲纪人伦之名,然后才能够延展至天下,解决天下问题。

当时天下混乱,时局混淆,孔子探幽发微,以小见大,说:"觚不觚,觚哉!觚哉!"觚,酒器。觚不像个觚,这是觚吗!这是觚吗!觚怎么就不像个觚了,古有不同说法,这里也不去计较,重要的是孔子的用意。拿一个小酒杯说事,言外之意犹如说:"这是当君的吗!这是当父亲的吗!……"不配那样叫,就别那样叫;不配做那事,就别冒那名。

《子路》中有段对话,是正名的典型例子:"冉子退朝。子曰:'何晏也?'对曰:'有政。'子曰:'其事也。如有政,虽不吾以,吾其与闻之。'"按当时礼法:大夫即使不在朝做官,也应参闻国政。故凡鲁国政事,作为大夫的孔子应该是能够听闻的,所以孔子说:"如果是国政,我也会知道。"孔子不知道,那说明这不是

149

国政，只是一般性事务或者是家臣私事。有的学者认为这段话虽为正名，但是其实并无微言大义之深曲：政只是指国家政治事务，事只是指一般性的事务，而冉有不分大小，拿来就用，孔子批评他用词随意，不顾忌名分。有的学者则认为，孔子的话深有含义，为君谋划则为政，为家臣谋划则为事；冉有在鲁的大臣季氏家做官，所谋者乃季氏家事，不配称为政，此话因此含有贬抑季氏专权之意。以孔子的春秋笔法，有此深意当不为怪。

《颜渊》中记载了孔子关于"闻""达"的辨析。闻，有名声，有声誉。达，通达，跟别人打交道、办事都行得通。二者关系密切，貌似一家。正是这种"貌合"，让子张看不到"神离"。他请教孔子："士怎么做可算是达？"孔子反问："是什么呢，你所谓的达？"子张说："在诸侯朝廷做事必定闻名，在卿大夫家做事也必定闻名。"可见，子张认为二者是一样的。孔子就严肃地给他纠正："是闻也，非达也。夫达也者，质直而好义，察言而观色，虑以下人。在邦必达，在家必达。夫闻也者，色取仁而行违，居之不疑。在邦必闻，在家必闻。"可见，达者品质正直，喜好道义，其谦逊的言行是和正直的内心一致的；闻者只是表面上喜欢仁德，纯粹沽名钓誉。二者表面上看起来都差不多，诸事可以通行无阻，其实内心本质是完全相反的，因此两个词是不可以随便混用的。孔子如此苛细地辨析这两个词语，实际也是警醒后学修行不可不出于诚心，同时也精辟地洞见了社会风气。

无论是关于名实问题的具体分辩，还是对于正名意义的直接阐述，都让我们看到其中明显的政治意义。而其最关键、最核心的意义正在于礼法的建立和合理归位。"君君，臣臣，父父，子子"是人伦的核心要求，礼仪的关键之处，也是正名的主要内容。只有赋予正名以礼法上的意义，它才有成立的价值。

第十节　赘语

"久矣吾不复梦见周公！"孔子的无奈哀叹，直击现实，同时也告诉我们，他的理想是恢复西周初年的荣光。周公制礼作乐，成为礼乐制度的象征，孔子作为后世倡导礼法的旗帜性人物，对周公的敬仰其实本质上是对周初那一套礼乐制度的宣扬。最美好的社会莫过于西周初年了，《八佾》中孔子说："周监于二代，郁郁乎文哉！吾从周。"孔子能言夏礼，能言殷礼，而周朝的礼仪制度兼采夏殷，文采斐然，礼仪完备，故他选择周礼。周初的光荣岁月已经被碾成齑粉，被历史逼进梦中。越是遥不可及，越是让人缅怀，越是美得让人伤心；大厦崩溃的声音穿破胸肠，风流人物在废墟上面载歌载舞，满目疮痍透过美酒折射出柔媚的气息，孔子身临幻灭，无力支撑，剩下的就只有梦，只有回忆。现实越残酷，回忆越美好，恢复周礼成了孔子眼中最完美的谢幕方式。

现实秩序的崩溃，说穿了还是人伦关系的崩溃，如果人与人可以保持互不僭越，安守本分，整个世界就能真的歌舞升平。所以孔子的礼乐制度，最强调的核心关键是"君君，臣臣，父父，子子"。这个纲领，统一了正名、慈孝、仁爱等核心精神，统一了个人、家庭、国家、天下等各个层次，理想的社会状态就是各色人等的完美归位。如果丧失了这个核心，而纯粹追求玉帛钟鼓、牲醴笾豆，或矫饰出一副恭敬庄矜的容色辞气，那也只不过是乡愿，徒然博得不屑和鄙夷；最终不是礼的光复，而是礼的腐朽。

我们发现礼有很多核心。和是核心，仁是核心，君君臣臣父父子子是核心，个人修养也是核心……这其实正是孔子学说融会贯通之处，它没有西方手术刀式的精确分析，它的各个方面都是浑然天成、无法割裂的。和是运动状态，仁是运动思想，君臣父子关系是运动结果。我们无时不追求最佳运动状态，无时不强调健康的奋斗思想，无时不渴望最好的竞争结局。仁是一颗虔诚的心灵的最好归宿，只有如此选择，方向才是善的；但是要实现我们内在的仁心，就须选择最好的方式，那就是"和为贵"；而仁心达成的社会结果，就是君君臣臣父父子子。至于个人修养，这是儒家思想的基础，一切伟大的经营都从个人开始。抽掉了这个基础，大厦将不复存在，一切无从谈起。

"君君，臣臣，父父，子子"这种完善的人际关系，可以维持旧社会永不坏死，它的核心就在于——将等级界限筑成不可逾越的铁门槛。尊贵者保持尊贵，卑微者恪守卑微，谁也不能越过红线。可以肯定，贵族自甘堕落和平民篡弑高升，都是孔子不允许的。对等级的强调，几乎到了刻板的程度，即使他本人已经丧失了大夫那尊荣的官位，也把大夫的体面看得比什么都重。所以他拒绝卖车买椁为颜渊下葬的理由是："以吾从大夫之后，不可徒行也。"（《先进》）大夫没车坐，这成何体统？再看看他在国君面前那副诚惶诚恐的样子，不也正是带头昭示等级的神圣不可侵犯吗？

这种对等级秩序的迷恋还是源自强大的血缘影响。可以说，到了西周时代，以血缘为基础的氏族组织还是社会的基层组织，西周的宗法制度也正是以此为基础，层层铺开，成为一张无边大网。血缘关系决定了父辈和长者的尊贵地位,他们不但成为家庭的领袖,同时成为氏族的领袖,再扩大成为部落领袖,最后上升成为国家领袖。血缘关系最后演化为国家的金字塔结构。强调家庭伦理,必然最终演化为强调国家等级,孝必然上升为忠,家国天下统一于血缘。

古希腊人相信万事万物都有各自的阵营,它们最终都不得不为不正义的互相侵凌付出代价。同时代的孔子在另一个时空,也窥见了同样的道理。

第七章 文质彬彬

第一节 文质彬彬

前面的叙述已经让我们很清楚地明白了孔子的两个基本主张。其一，道德理想国的建立，取决于个人的修养和自律，而不是完善的机构或管理。每个人努力的方向，是完善自己的人格和行为，一切崇高的事业皆发端于此。其二，每个个体，内心应该是真实虔诚的，内心实在的善质指挥表现于外的善行，内外一致，内外交融。

下面将要铺展开来的，都围绕个人、内心和行为的和谐一致这个中心。要谈这个问题，我们首先还得搞清楚《八佾》中这段对话：

> 子夏问曰："巧笑倩兮，美目盼兮，素以为绚兮。何谓也？"子曰："绘事后素。"
>
> 曰："礼后乎？"子曰："起予者商也！始可与言《诗》

已矣。"

素，白色。绚，彩色。"巧笑倩兮，美目盼兮"这句话存在歧解，各有精妙处，只是无关宏旨，所以姑且不论。问题在"绘事后素"，理解也存在分歧：其一，绘画先布众色以为彩，再以素色勾勒其间，绘完后再"素"；其二，先有素白的底子，然后在上面施以华彩。素为底，在前，绘事后于素。素对应着质朴的内在本质，绘对应着多彩的外在文饰，这层分歧直接关系两者地位。

第一种说法，存在一定困难。"素以为绚"等于"以素为绚"，以素粉来文饰华彩，后面的"礼"也就对应着"素"。以单纯质朴的素为绚之功用，并和郁郁乎文哉的礼相类比，有点矛盾，不合情理：凡做粉饰的，总应该是色彩绚烂、手段多样的，奈何以纯白涂掉春天呢？这是一种不解风情的类比。第二种说法则毫无格塞一路通畅。巧笑与美目，是清水出芙蓉，天生丽质，是淳朴的原始的真实，在这天生丽质的基础（素）上再加以胭脂水粉的妆饰（绚），此所谓"素以为绚"也。故孔子说："绘事后素"，实乃"绘事后于素"，先有淳朴素洁的本质，然后再施以五彩之文饰。而礼，是做给人看的外在的节文，正是所谓的"绘"。

摆明自己观点，再看前人论战。其实古人更多是赞同第一种看法。凌廷堪《校礼堂文集》之说很有代表性：绘画先布众色以为彩，再以素色勾勒其间，这是古代传统画法，也合于《周礼·考工记》"绘画之事后素功"的记载。素的勾勒方可使众色绚然分明，素为绚之纹理也。而人之仁义礼智信五性，犹绘之有青黄赤白黑五色。礼为五性之一，犹素白为五色之一。五性要礼来调节得中，五色也要白来勾勒成文。朱熹舍弃这种古人通行注释，另立第二种说法,受到了凌廷堪的责难;尤其朱熹引用了《考工记》,更被认为是曲解经典。但是全祖望又为朱熹撑腰,在《经史问答》中说:《礼记·礼器》有"甘受和,白受采"的记载,古人解说《论语》但引《考工》不引《礼器》,而解《考工》又反引《论语》,其实《论语》之说,和《礼器》之说才是一致的。杨龟山解《论语》始引《礼器》,朱熹合其说,而又误引《考工》。《礼器》的原话是:"甘受和,白受采;忠信之人,可以学礼。"甘味为百味之基,可以调和百味;白色是众色之基,可以承受众色;忠信是为人之基,这样的人才可以学礼(参见王梦鸥译文)。《论语》之素说的就是素的底子性质,而不是素的绘功,谓有质而后可有文也。而巧笑美目亦即人的底子,粉黛衣饰正是五彩的绘功。若以素为五彩绘功之一,则巧笑美目亦成人工粉饰、东施效颦之类了,此必不可通。程树德两相对比,也赞同全祖望之说。

这段话,告诉了我们外与内、"文"与"质"的关系:文饰后于本质。必得先有仁义之本质,然后饰以合宜之礼仪,所谓秀外而慧中,内外兼修。

确立了"质"的地位,并不等于说外在的"文"可以小看。《雍也》篇直接道出了两者水乳交融的关系,孔子说:"质胜文则野,文胜质则史。文质彬彬,然后君子。"

质,诸位学者多解为质朴,形容词。文,多解为文采装饰,兼有形容词和名词意味。彬彬,文质相杂之貌。其实,此处的质也正好对应着前面的"素",指天然本性、内在本质,多有名词的意味。"文"对应着前面的"绘",即指外在绘饰、礼仪节文,名词味道更重。杨伯峻先生在其《论语译注》中解为"质朴""文采"，在《论语词典》中则解为"本质，内容""文采，有文采"。刘宝楠正义也释"质"为"本"。无论以前的学者们怎么解释这两个字，根据孔子重内在修养和外在礼仪的思想实际来看，这里说的其实也正是内在修养（质）和外在礼仪（文）的关系。

内在本质的修养是混一的，不加雕琢修饰的。人如果确有这种浑金璞玉般的本质，但是缺乏外在礼仪的切磋琢磨，就会显得像个乡野小民，粗鄙不堪。玉石不经雕琢，看起来也就是一块碍眼的石头，正如亚里士多德云"一块大理石是一座潜在的雕像"。外在礼仪要求烦琐，规矩条条框框多得很，却可以经营出一种谦谦君子的风度。但是，外在光彩无论如何迷人，而内在本质均是糟糠，给人的感觉也只是像掌文史的史官，烂熟礼仪而修养跟不上，内在空虚，正如仿制宝石无论多精美也卖不了高价。只有节文和本质相互渗透，相得益彰，即有"彬彬"之状，才成就君子。一个有美德的人，当不会肮脏邋遢地出席宴会；一个举止优雅的人，亦会受过相当的教育，有高深的精神修养。正是这样，才算得上文质彬彬，才称得上君子。

刘宝楠从礼的角度谈二者的关系，可作参考："礼有质有文。质者，本也。礼无本不立，无文不行，能立能行，斯谓之中。失其中则偏，偏则争，争则相胜。君子者，所以用中而达之天下者也。"

子贡对这个问题有自己非常巧妙的比喻。卫大夫棘子成说："君子质而已矣，何以文为？"立即被子贡反驳，子贡这么谈文与质的关系："文犹质也，质犹文也。虎豹之鞹犹犬羊之鞹。"（《颜渊》）皮去毛曰鞹。文采如同本质，本质如同文采，都很重要，不可偏废。就如同虎豹之皮除去了有文采的毛，也就像犬羊之皮了，混在一起专家也分不出来。所以没有文采，本质也将淹没于苍白，君子难免混同于小人，看不出分别。显然，离了外在节文是不行的。今人说"人靠衣装"，其实颇可玩味，这是对当时一股逆潮流的思想认识的辨正。当时的社会潮流是过分重文采而忽视内在修养，风气浮躁，名利当先；一些看不惯受不了的人便走向另一个极端，干脆彻底推翻。棘子成的彻底推翻意识，其实在现代社会中也不少见。而子贡的话，不正是对"文质彬彬"的忠实再现吗？

《八佾》用比喻，文采斐然，《雍也》直接点题，一针见血。但是细心的读者可以发现，《八佾》的描述，文质两者是有先后的，而《雍也》的描述，两者是没有先后的。其实，两段文字，正好互为补充，把这个问题说圆满了：两者不可偏废，但有先后侧重。关于这个侧重，我们将在下面一节集中讨论。

第二节　吾从先进

本节我们将要对一段充满争议的话进行讨论，讨论结束，我们就清楚在文与质不能两全的情况下，孔子本人的取舍。

《先进》中孔子曰："先进于礼乐，野人也。后进于礼乐，君子也。如用之，则吾从先进。"关于这句话的含义，众说纷纭，真相扑朔迷离。分歧的关键就是"先进""后进"到底指的是什么？历代注释情况大体可分如下三类：

其一，以时代先后划分先进后进。或谓五帝（夏以前的传说中的帝王）以上为先进、三王（夏、商、周三代开国之君）以下为后进。或谓三代而上为先进,三代而下为后进。或谓殷以前为先进,周以后为后进。以上说法,周都是后进的君子时代。或谓文武周公时为先进,春秋时为后进。由于孔子时代礼法混乱,道德沦丧,先进后进都配不上,所以是"后后进",是堕落衰败的时代。焦循《论语补疏》:"五帝时淳素,质胜于文(为野人)。三王时文质彬彬,益野人而为君子。自时厥后,文益盛,文又胜于质,遽欲其彬彬还为君子不易得,宜以上古之淳素和之。……孔子时文胜质,既非先进,亦非后进,欲其仍还后进之君子,必先移易以先进之野人也。"孔子为了回归君子时代,先要来一剂原始粗朴的猛药拯救泯灭的本质,不惜把外在节文完全去掉,使得本质可以不受干扰注入灵魂,然后再对外在节文做恢复重建工作。以时代分先进后进者,理多同此。

这样的说法,我们明显感觉有瑕疵。先进是好的,后进是更好的,而堕落腐败的孔子时代划不进任何一个,只好以"后后进"自圆其说。这是一大不能自明之处。并且,按常情,拿来对比的事物,必定有相反相成的因素,一个好,另一个必有不好处。而选择的对象总应该是好的那一个。但是我们发现,上面的对比却是好和更好,而不是好和不好。同时,英明睿智的孔子作出的选择也不近情理,不选更好,反而选不尽好。强作解人又不能讲得让人信服:彬彬不易得,淳素岂易得?况且,孔子还明言"吾从周",今又不从,前后抵牾。思虑至此,凝滞不通,不能不怀疑此说的准确性。

其二,何晏、邢昺注疏说:"先进,谓先辈仕进之人,准于礼乐,不能因世损益,而有古风,故曰朴野之人也。……后进,谓后辈仕进之人也,准于礼乐,能因时损益,与礼乐俱得时之中,故曰君子之人也。"由此,将"进"与"仕进"联系起来,表示做官。以前做官的人和后来做官的人,虽俱有良善之质,但是在礼乐表现上大有差距。这也面临和第一个说法类似的矛盾,孔子时代必须排除在外,且孔子同样让人难以理解地作出不明智的选择。

杨伯峻又说:"先学习礼乐而后做官的是未曾有过爵禄的一般人,先有了官位而后学习礼乐的是卿大夫的弟子。"杨的说法,比较的对象不再是节文和本质,而是先学礼还是先做官。他不再涉及本质,只是单纯地强调学礼的重要。但是结合上节"质胜文则野,文胜质则史",同样说到"野",明显是在讲文与质的关系,杨氏专讲文而不涉及质,亦恐不妥。

其三,皇侃疏:"先进后进者,谓先后辈人也。"朱熹集注:"犹言前辈后辈。"由时代划分转化为对先后学人的划分,虽然也有时代之争,但是逐渐模糊了时代的影子。程子曰:"先进于礼乐,文质得宜,今反谓之质朴,而以为野人。后进之于礼乐,文过其质,今反谓之彬彬,而以为君子。盖周末文胜,故时人之言如此,不自知其过于文也。"郑汝谐《论语意原》也说:"夫子之从先进,非从其野也,当时之人以为野也。不从后进,非不从君子也,当时之人自以为君子也。"

此说的一个显著特点是反其意而用之。孔子是在转述当时流行的观点,实际上所谓的野人并非野人,君子并非君子,这是一个颠倒错乱的价值观。孔子很鄙视这种世俗观点,表明自己的态度:你说先进很野,我就选择先进,总比时下所谓的"君子"强多了。

三种说法权衡对比,应该说,都有其合理性,都可以说得通。但是,真相却只能有一个,我们只能选择漏洞最少的。根据孔子本人思想主张,基本可以断定,第三种说法可能更接近真实。但是由于《论语》本身言辞简约,年代久远,后人无论如何推演论证,始终也只是设想。本书所下断语,也不过是一种自认为合理的设想。

孔子强调"如用之,则吾从先进",毫不避讳"野"的嫌疑,所以他怕的不是"质胜文",而是"文胜质"。一旦文质彬彬的理想状况不得不打破,孔子是愿意野一野的。正如《朱熹集注》"质胜文则野,文胜质则史"条中杨氏曰:"文质不可以相胜。然质之胜文,犹之甘可以受和,白可以受采也。文胜而至于灭质,则其本亡矣。虽有文,将安施乎?然则与其史也,宁野。"应该说,这也是良知未泯的人们的共同思想:我们宁做荷蓧丈人而不做衣冠禽兽。孔子身处乱世,群魔乱舞,正义堕落,他只能以自己的声音高扬纯真的情怀,以期旗帜还能够继续飘扬,淳朴的精神不至于失传。

[附:对于先辈后辈,邢昺、刘宝楠、钱穆等具体到孔门弟子的先后辈,此论过分实指,暂不敢从。此外,由于"野"本指"郊外、乡野",一般就用"野"来对应看起来没文化、没教养的人。但是,针锋相对的解释也横空而出,认为"野"对应的恰是有文化有修养的人。因为周战胜了殷,就把殷族迁到乡野住着,而殷是先进于周的,这样,野人反而成了有文化有修养的殷民。先达到礼乐文明的是殷民,孔子自然选择殷。即使对孔子"吾从周"的态度视而不见,这种说法也仍然难以成立。历史事实是,

战败的殷民族并非全部发配到农村,仍然有很多住在城里,继续参与国政,甚至还被分封为诸侯,如微子启所建的宋国。而乡野自然不可能住的全是殷民,还会有很多其他人。孔子本身是宋微子后人,是住在城里的殷遗民,更不可能以"野"代指殷遗民。此论不是主流,故未列入三大说法。]

第三节　君子道者三

孔子强调"文质彬彬,然后君子",说明成为君子的先决条件,就是做到文质彬彬,内外兼修。故孔子讲修身进业,内与外、文与质合而为一,犹如一段配合默契的双人舞。一切哲理,都放下尊严,身着布衣,抛却神圣的殿堂,入驻日常的生活。生活,包括日常生活、政治生活、社会生活等,成为完美融合内与外、文与质的舞台,我们品味生活,正等于品味人生,正等于品味真理。生活,如同音乐,内在的思想、外在的音符都通过一种形式——旋律,或者说美,流注我们的心胸。

所以孔子讲孝、仁等诸种美德,一方面揭示其本质和核心意义,一方面诉诸我们的视觉,引领我们的行动。他用行动来考核内心,又把行动全部纳入生活。比如讲孝,三年不改父道,生死以礼相待,保持和悦之容色等,都是用具体可感的生活形式来推进我们的内在修为。比如讲仁,强调"泛爱众"的本质精神,但是很快就讲到忠恕、克己复礼等具体可行的操作层面,繁难的哲学命题摇身一变成为日常生活。孔子讲外在的节文表现,我们也可以分明感受到内在使命的焦灼逼促。比如讲礼,看似纯粹外在的礼仪节文、制度规范，却深刻地包含着内在的仁义精神和"和为贵"的玄妙意旨，甚至神圣的文化使命感——对断裂的西周文化锲而不舍的追求。

孔子讲仁时要求能够实行的五要素——恭、宽、信、敏、惠（详见本书第五章），子贡总结孔子获取知识的手段——温、良、恭、俭、让（详见本书第八章），以及孔子自己的心得——"三戒""九思"（详见本书第八章），都以一种整合的姿态，彬彬而至。后面我们会花较多心思来思考的《论语》提到的诸种德行，如忠信、勇敢、庄敬、谦逊、谨慎、内敛等，亦呈现如此特点。所以，今天我们潜心读《论语》，亦不必横生枝节，而要分清内外虚实。现代思维往往动辄条分缕析，以为如此可以洞察入微，其实却破坏机体。

但是有一句话，孔子的重心分明在强调本质。《子罕》中孔子说："知者不惑，仁者不忧，勇者不惧。"《宪问》中孔子说："君子道者三，我无能焉：仁者不忧，知者不惑，勇者不惧。"知、仁、勇，君子必须具备的三大要素，犹如空谷幽夜的三声钟鸣，刻进脑海。这就是复杂表象背后的简洁本质，千流万派、千辛万苦终归汇集于此——知、仁、勇。其表达的简洁，令我们印象深刻，从此不再有隔着纱窗看晓雾似的朦胧不清之感，知道了要干什么，该干什么。

当然，如此简洁的表述，很难完全网罗复杂人性的万千气象。单一个仁字，除了爱这个核心意思，就几乎可以兼指各种美德善行，后面将说到的忠信、谦虚、谨慎、庄重等，以及要讲到的人际关系、处世原则等，几乎都是源自仁这个道德本源。有了仁才凝聚起这一切，没了仁，一切都将风吹云散。"仁者不忧"，因为仁者才能兼具诸德，仁是美德的通行证，掌握此证，何来忧愁？这里的仁，可以看作所有美德的象征，是仁德的省称，而非仅指狭义的仁爱。

当然，"不忧"还有另外一层意思：胸怀天下、珍藏大爱者，不受个人私利困扰，活得大气，活得潇洒，自然很少忧愁。我们的大部分忧愁，不都是来自私欲吗？能够放下私欲，自然可以逍遥许多。

知，本指知识，知识广博了便能提高智慧，所以又兼指智慧。见多识广，便能明道识理，脑海中的明灯可以驱散一切幽暗。我们平常所受到的诓骗，多源于自身知识贫乏、经验欠缺，从而阻塞了判断力，上了骗子的道。我们遇到困难，无从下手，下手就搞砸，也在于知识贫乏、经验欠缺，既不知借鉴，也不能创造。欲更上层楼，驰骋千里，则必须充电进修，用知识来武装头脑。总之要明晰万事万物，必须要掌握广博的知识、具备非凡的智慧。

勇，更多指的是勇气，精神上排除万难、坚决前进的气质，而不是指勇力，不是指大力士和武林高手。所以，手无缚鸡之力的文弱书生，也可以成为万夫不当的勇士。具有这般英雄气质，无所畏惧，才能坚持真理，毫不动摇，否则，任你有万般智慧、千般仁德，也可能懦弱而倒在半路上。

得知，则明道；怀仁，则守道；有勇，则行道不移。得此三德，可得道义，可坚守道义，可坚持不辍，可渐臻于圣境。所以此三者，文质彬彬之质也，君子之志也，为学之基础也。

我们看到，知、仁、勇存在的意义在于它们对道的服务功能。

根本的根本，还是在道——这是中国哲学当中最核心的概念，也是最难以说清楚的概念。道是外在的，存在于天地当中，统摄万物运行，也常驻人性深处（详见本书第二章）。君子毕生的目标，便是得道，和道合一。《述而》中孔子说："志于道，据于德，依于仁，游于艺。"德，是得道的途径，为求得道而须遵循的一切规范要求。立志于道，道是人的终极理想；以德为根据和约束；靠着仁、按照仁的要求行事；游乐于健康纯正的六艺（礼、乐、射、御、书、数）。道是天理法则，即使它深藏于人性，也不能轻易为人所认知，所以它不在人的本质当中，仍然是站在人的对立面的客观事物。人需要历尽磨难，才能认清道。这就需要人文质兼备，秀外而慧中。我们看见德、仁、艺三者已经将内与外、文与质完全融合，共同为"道"服务。德侧重讲心中的原则，却又兼指外在的道德规范；仁侧重于仁的行为，却又天然受命于仁的内心；六艺，正是来自心灵的选择，否则人大可以选择六艺之外更广阔的世界。三者不但强调了内在本质上的约束和要求，也直接联系到日常言行等外在活动。

我们可能会觉得，前面知、仁、勇并列，后面德、仁、艺并列，看起来好像都是基本要求，为何偏偏自相出入。原因大概有二：其一，知、仁、勇纯就本质而言，德、仁、艺兼言文与质；其二，孔子说话的时间不同，听众不同，侧重点自然不同，因材施教是他的一大特色，只要内涵上并没有冲突，大可以变化组合，以施教于不同的对象。

第四节　知

孔子讲知，同时决不落下仁。仁的神圣而强大的气场完全笼罩了知的领地。子曰："里仁为美。择不处仁，焉得知？"（《里仁》）"住的地方，要有仁德才好。选住处不挨着仁德，怎么得到智慧呢？"这一句话，立刻让知成为仁的附属和派生；聪明才智若没有仁的沐浴，则是无水之芙蓉，灭绝生机，灭绝光华。

知者沐浴仁性，却永不能和仁者比肩而立。孔子两次对比两者，层次高低判然有别。

《雍也》中孔子说："知者乐水，仁者乐山；知者动，仁者静；知者乐，仁者寿。"知者尽知天下玄机，顺理如水流就势，总有他恰到好处的发挥。这已经让人高山仰止，但是山外有山，仁者更在山外之山抚慰星月长天。仁者已经和天理交融，自己就是天理，根本无需顺应天理（详见本书第五章）。

《里仁》中孔子说："仁者安仁，知者利仁。"仁者安心处于仁之中，自得其乐，完全超越功利；知者是看到仁有利，所以选择了仁，本心还是功利的。可以说，知者虽然圆通世事，却还在生活之中，而仁者却已经跳出生活，周游于更广阔的天地。

由于对教育的重视和因材施教的现实需要，孔子对人的智识程度有过划分，对不同水平的人有过研究。

孔子相信智慧到了极致处，教育就不再发生作用，《阳货》中说："唯上知与下愚不移。"最上等的智慧和最下等的愚蠢是改变不了的。何谓"上知"？何谓"下愚"？大体可归为两种说法：其一,《汉书·古今人表》:"可与为善,不可与为恶,是谓上智。可与为恶,不可与为善,是谓下愚。"其二,孙星衍《问字堂集》:"上知谓生而知之,下愚谓困而不学。"前说把智慧的层次和品德的层次混为一谈,于字面上就有不妥;并且贤愚之分本出自天命,岂有愚者皆恶之理,愚人当中亦有好心人。后说则有一定依据。《季氏》中孔子说:"生而知之者上也,学而知之者次也;困而学之,又其次也;困而不学,民斯为下矣。"困,困住了,行不通的意思。此章旨在劝学,却也正好作"上知""下愚"的注脚。生而知之者,是最上乘的境界,不过恐怕世上也没有,那只是理论上的假设。孔子曾说"我非生而知之者"(《述而》),大概意在反讽那些自以为生而知之的人。

《雍也》中孔子说:"中人以上,可以语上也;中人以下,不可以语上也。"所谓"中人",便是上知下愚之间的层次。他们可以教化(详见本书第三章)。但智慧程度决定着受教层次,要更上层楼,须苦练脚力,力争突破中人界限达到"以上"水平,方可别有洞天。

孔子对知这个本质问题,也多从外在表现来探讨,很少为理论基础作形而上的建造。应该说,既不系统也不圆满,多是根据具体情况因材施教。

《为政》中孔子教诲子路:"知之为知之,不知为不知,是知也。"子路好勇斗狠,凡事不甘人后,盖有强不知以为知的时候。所以孔子告诉他真正的聪明智慧是知道就知道,不知道就不知道,要求子路抱着老实诚恳的态度求学。

《雍也》记载樊迟问"知",孔子说:"务民之义,敬鬼神而远之,可谓知矣。"专力教人民怎么办,敬事鬼神又和它保持距离(近则黩,轻慢也),可说是知了。刘宝楠认为此语专论如何治理民众,应是樊迟已经做官以后。这是讲用事。

《颜渊》记载了樊迟另一次问知的情况。孔子回答:"知人。"樊迟还不太明白,孔子又说:"举直错诸枉,能使枉者直。"就是告诉樊迟要善于鉴别人,把正直的人提拔起来,能够使不正的人变得正直。这是讲用人。《卫灵公》中孔子说:"可与言而不与之言,失人;不可与言而与之言,失言。知者不失人,亦不失言。"该和他交谈而不和他交谈,会错过人才;不该和他交谈却和他交谈,则是浪费口舌。知者就知道什么时候该说,什么时候不该说,既不会错过人才,又不会浪费口舌。讲的也是用人的问题。

关于"知者不惑",如何才算"不惑",孔子和弟子们也讨论过。《颜渊》中子张问"明",正等于问"不惑"。孔子的回答即为"知者不惑"的具体阐释:"浸润之谮,肤受之愬,不行焉,可谓明也已矣。浸润之谮,肤受之愬,不行焉,可谓远也已矣。"渐渐浸润渗透的谗言、肌肤亲受的诬告,就是说,慢慢熏染的危害和迅速而明显的伤害,在我这里都行不通,算是明白了,也算见识很远了。朱熹集注:"毁人者渐渍而不骤,则听者不觉其入,而信之深矣。愬冤者急迫而切身,则听者不及致详,而发之暴矣。二者难察而能察之,则可见其心之明,而不蔽于近矣。"(或谓肤受如蒙尘,久乃见其脏,也有渐进之义;此解乃与"浸润"相重,不合适。)这是谈自己能够从容避免外在加于自身的伤害。《宪问》有段话又说:"不逆诈,不亿(臆测的意思)不信。抑亦先觉者,是贤乎!"孔子说:"不预先怀疑别人欺诈,不胡乱猜测别人不信实,却也可以先发觉,这是贤人啊!"能够避免虚假而混乱的无谓猜测,又能准确无误地预见真相,就很能干了。这是从自身对外在的认识来谈知,刚好和前面那句话互为表里,构成一内一外两个不同的出发点。两方面都做得很好,便可以算"知者不惑"。如此的不惑,需要丰富的学问和见识,需要对学问和社会有深刻的理解和认识,即需要一个刻苦认真的求知的过程。此后,方能对天地间的一切了然于胸,是非邪正,洞然于心,潜慝之事无机可乘,无隙可入,行事方可不偏不倚、不被蒙蔽、不犯糊涂,精准而恰到好处。

其实,知的核心本应该是如何用智改变世界,如何谋略,如何运筹。孔子却几乎回避这个大问题,反而更多地去讲仁,去讲有关教育的原理,偶尔涉及知的表现问题,几乎也没有讲到谋略筹划这类问题。在孔子看来,诚敬的内心和心性修养才是君子应该着力的方向,而计谋和机心并不在他关注的范围。《泰伯》中孔子说:"如有周公之才之美,使骄且吝,其余不足观也已。"又骄矜又吝啬,即使有周公之美才,也不值一看了。此所谓才,乃经世治国之才,正是大智慧大谋略;此骄吝,指中心之品德。大才干超越周公,而人品却卑微如鄙俗,孔子是很看不起的。所有的才干,没有仁厚作为基础,都将受到蔑视。

第五节 见义勇为

君子道者三之三,便是勇。勇士无所畏惧,刀山火海该闯就闯,毫不犹豫。孜孜以求仁道,而没有勇敢精神,半路上一声狼叫就令其魂飞魄散，仁道将只是高悬的空中楼阁。《宪问》中孔子说："仁者必有勇，勇者不必有仁。"仁者一定具有勇敢的品质，因为没有勇敢品质，根本不可能成为仁者，早已半途而废。

所以孔子要求君子要勇，"见义不为，无勇也"（《为政》）。看见合宜的（该挺身而出的）而不做，是无勇懦弱的表现。这句话犹如冲锋陷阵的勇士口中咆哮的"冲啊！""杀啊！"让人感受到热血喷涌的激情，和孔子一贯谨慎内敛的风格颇不协调，犹如层层阴霾之中一道雪亮的闪电。孔子在《宪问》中讲怎样才能成为完人，其中一个重要的条件就是，要有"卞庄子之勇"，要能"见危授命"，敢于拿出性命来匡救危难（详见本书第十章）。"见义不为，无勇也"，其如虹气势和超绝胆魄，成为"见义勇为"传统精神的起源，哺育了一批又一批正义的斗士。

但是，孔子对"勇"的鼓吹也就到此为止，我们在《论语》中所看到的，绝大部分时候，孔子都在告诫那些勇敢的斗士，要保持头脑清醒不要乱来。从"勇者不必有仁"已经可以嗅出"勇"的双刃剑性质。成就仁必须要有勇，而有勇不一定就能成就仁。

《泰伯》中孔子说："好勇疾贫，乱也。"《泰伯》中孔子还说："勇而无礼则乱。"《阳货》中孔子谈"六言六蔽"，其中一言（实指一种德）"勇"之蔽："好勇不好学，其蔽也乱。"从三句话中我们可以看见：勇的最大问题，便是容易导致作乱。勇敢者痛恨贫穷的生活，就会恶从胆边生，剑走偏锋，以为暴行可以换取幸福。勇敢者如果不守礼法，不守约束，便什么都敢做，捋虎须，逆龙鳞，大闹天宫，横扫幽冥。喜欢勇力又不爱学习，自然智识程度有限，缺乏判断力，助纣为虐，还以为在替天行道，闯大祸的时候还以为在立大功。勇敢者所在的地方，人人觉得危险，所以加在勇敢者身上的限制最多。

孔子谈"六言六蔽"，也谈到"好仁""好知""好信""好直""好刚"等，没有"好学"作支撑，都会失去中和，出现偏差，但是都不如一个"乱"字了得：勇几乎被打上犯上作乱的烙印。诸种弊病，唯"乱"最可怕，对于孔子的礼教学说，是毁灭性的打击。

其实，局面如此危险，转危为机的关键，都在一个字上——义。《阳货》中孔子师徒一问一答可作解释：

> 子路曰："君子尚勇乎？"子曰："君子义以为上。君子有勇而无义为乱，小人有勇而无义为盗。"

"义以为上"，"义"才是至尊，心中懂得什么该做什么不该做，"勇"的刀锋才会劈在最佳处，否则砍错地方：君子犯上作乱，小人偷盗掳掠。这句话，和"见义不为，无勇也"意思其实是一样的，但是效果却大为不同。"见义不为，无勇也"这句话，也包括了"义"这个先决条件，但是强调的重点落在了"勇"上，故读来荡气回肠，热血上涌，培养出古今多少侠义勇士。而孔子回答子路的话，"义"得到过分强调，"勇"受到过分压抑。"义"以泰山压顶之势镇得"勇"大气不敢出一口，这样，"勇"其实也不成其为勇了。

孔子重"义"，故在更多的场合中，重点落在"义"上，谨慎的权衡、诸方面利弊的斟酌，迅速扼杀一往无前的勇气。

子路在孔子诸位弟子中，最以勇敢为人称道，故遭受孔子的说教最多。

《公冶长》记载孔子对子路的评价："由也好勇过我，无所取材。"子路勇而好义，冠于诸弟子，孔子都甘拜下风。但是孔子并不褒扬他，反而说他"无所取材"，即没什么可取之处（"材"字有歧解，详见本书第十二章）。为什么呢？因为，光有勇，而不知道多考虑，多权衡，多节制，光凭一股热情而缺乏深思熟虑，也办不成事。

《述而》中子路问老师："假如你带领军队，找谁共往呢？"孔子答："暴虎冯河，死而无悔者，吾不与也。必也临事而惧，好谋而成者也。"徒手搏虎、徒步涉河，死而无悔者，一副勇往直前的钢铁战士形象，他老人家却不想与之共同战斗。他喜欢的是这样的人：面临任务，恐惧而谨慎，深思熟虑而后成功。子路好勇，得了这个答案，心中一定不满意，但是在孔子看来，他的确是为自己的勇标榜过头了。孔子要求的不是一味地冒进勇武，而是谨慎、考虑周全，说穿了就是别轻举妄动，看准了再下手，求个万无一失。我们看到，孔子对于要合作的对象，只字不提"勇"字，这还是说带兵打仗，要是其他事情，大概"勇"更没有所长了。

《先进》记载：子路曾经鼓瑟于孔门，"有北鄙杀伐之声"（朱熹集注引《孔子家语》），皇侃疏："子路性刚，其鼓琴瑟亦有壮气。"子路过于刚勇而缺乏中和意境的特点通过鼓瑟表现出来。这样的音乐在孔门响起，孔子很反感，所以委婉地说："由之瑟奚为于丘之门？"你干吗到我这里来鼓瑟呢？言下之意，我这里不欢迎这样的音调，你还是换个地方吧。对子路的刚勇，孔子也有过预言："若由也，不得其死然。"（《先进》）像子路这样，怕不得好死吧。《左传·哀公十五年》记载：子路死于营救自己上司的恶斗中。死之前还要把帽子的带子系好，把帽子戴端正，其视死如归的气概足以折服万众。看到这番遭遇，觉得孔子的话真成了谶语。

孔子知道勇的价值，但是对勇的宣扬却非常慎重，这正是他中庸思想的体现。勇是最易于走向极端、最易于造成大危害的品质，在君子三德中最需要拿捏准确。孔子用心良苦，但他奉劝最多的子路，最后仍死在勇上。

第六节 忠信

君子三道"知、仁、勇"，似乎和忠信了无关系，突然来说忠信似乎唐突。其实，仁道和忠信有密切的包容关系。稍后我们会看到，令尹子文三仕三已，孔子理解为忠，而子张立刻联想到仁。子张问老师子文的行为是否够得上仁，此问并非唐突，而是确实看到仁的光辉。如果把仁理解为一切美德的代称，则忠信自然属于仁的范畴。在对仁的讨论已经占有相当篇幅之后，应该对忠信问题有个交代。而且，忠信问题，在《论语》一书中，确实得到了高度重视。

《学而》《子罕》《颜渊》中反复出现孔子旗帜鲜明的宣言："主忠信。"忠与信，如孪生兄弟，形影相随。忠，真诚无私，尽心竭力。信，诚实不欺，重信用，言出必行。孔子教育学生有四种基本内容："文、行、忠、信。"（《述而》）即文献、实践、忠心、信实，前两者讲的是基本手段，后两者讲的是基本品质。四者乃孔子教育的基本内容，便可见忠信品质乃初学求道者首先要通过的考核。

《学而》篇中孔子的学生曾子的话,是《论语》第一次提到忠信:"吾日三省吾身:为人谋而不忠乎?与朋友交而不信乎?传不习乎?"传,朱熹谓受之于师,但更多注家谓传之于人。曾子每天随时扪心自问的,唯在"忠""信"两字,力求不失,则可以无憾,睡得安稳觉。陈禹谟《谭经菀》解曾子的话说:"下虽三事,只是忠信。传者传此,习者习此耳。"所谓传者习者,皆是忠信的内容,更是把忠信提到至高的地位。此解是否符合曾子原意,值得商榷,但是曾子日夜萦怀又谆谆告诫的,确是忠信问题。

孔子对"忠信"的强调则显得更加"过分",何止日三省,几乎是无时不省。《卫灵公》中谈到"言忠信,行笃敬",孔子要求"立则见其参于前也,在舆则见其倚于衡也,夫然后行"。站着仿佛看见它们在前面,坐在车里仿佛看见它们倚在车前横木上。随时都笼罩在阴云之中,须臾不可造次;只有这样,做事才能畅行无阻,"虽蛮貊之邦而行矣",即使到了野蛮落后的地方也可以行得通。曾子日三省,孔子刻刻参于前,师徒两人战战兢兢深恐有失的,都在忠信而不言其余,可见忠信在君子道德修养的征程中所具有的神圣地位。

这地位从何而来?最根本的还在于对德行的提升作用。《颜渊》中孔子说:"主忠信,徙义,崇德。"心中以忠信为主,又能随时唯义是从,可以提高德行。这句话说得很简单,一针见血,忠信正是因为这种对君子修养的推进作用而有意义。

单独说忠的时候,几乎都是用在下对上、臣对君的场合。《八佾》中孔子说:"君使臣以礼,臣事君以忠。"君臣之别昭然,君对臣以礼相待,不怠慢不侮辱,臣对君竭尽忠心,不欺诈不戕害。《颜渊》记载子张问政治,孔子就说:"居之无倦,行之以忠。"居官不知疲惫,执政常怀忠心。这个"忠"自然是为上级统治者服务的。何晏、邢昺注疏引王氏说:"行之于民,必以忠信。"认为是对人民表忠信。忠君的同时又能利民,自然是儒家的理想追求,但首先还是忠君,这是前提,是基础。再来看看孔子对忠的一个特定的说法,《公冶长》中记载:"子张问曰:'令尹子文三仕为令尹,无喜色;三已之,无愠色。旧令尹之政,必以告新令尹。何如?'子曰:'忠矣。'曰:'仁矣乎?'曰:'未知,——焉得仁?'"子文三次当令尹,无喜色;三次被免职,无怒色。新的令尹上任,他必定把自己的政令告诉新人。对这样的行为,孔子下的注脚是"忠"。为什么是"忠"呢?这种能上能下、心平气和的人从古到今都不多见。能够不以官位高低而改变心性,可见对个人得失并不怎么计较;对接任者还详述政令,可见不管在位与否,心中想的还是公家的事。这就是一心为公的好官员,用今天的眼光看,很像人民的公仆。如此忠于国家之事,自然当得起一个"忠"字。

我们必须要强调:子文之忠,事实上也是忠君,把君交给他的事情办好,交接好,是自己应尽的责任。在先秦时期,国家观念并不强,人们眼中所见到的也就是自己的家、诸侯的国。忠于国家事实上就是忠于当家的那个诸侯。推而广之,就是忠于周天子。

关于忠君思想,《学而》中子夏的话可为证据:"事父母能竭其力,事君能致其身,与朋友交言而有信。"侍奉父母尽力就行了,而侍奉君主却需有拿出性命的气魄,比对待父母所要牺牲的可多得多。曾子在《泰伯》中说的话，可为"致身"作注："可以托六尺之孤，可以寄百里之命，临大节而不可夺也。君子人与？君子人也。"六尺之孤，幼小的孤儿。百里之命，诸侯国（钱穆谓大国）的命运。国家面临危难，可以把遗下的孤儿和残破的江山都托付给你，而在生死紧要关头，受托者决不变节屈服，能够至死效命。此正所谓"事君能致其身"，不敢私爱其身而可无畏于赴难，这是忠君表现的极致，忠的最高形式。

单独说"信"的时候，多为平等阶层的交往或者是上对下的态度。曾子说"与朋友交而不信乎？"子夏说"与朋友交言而有信"，孔子说"朋友信之"，都是强调平辈之间必须讲诚信。而对于统治者，孔子也非常强调信用，因为取信于民是执政的关键。

信的伟大意义有两个方面。其一，在于立身。《为政》中孔子说："人而无信，不知其可也。大车无輗，小车无軏，其何以行之哉？"輗、軏，都是车上套牲口的关键零件，不可或缺。人不讲信用，还能做什么呢？好比车无輗、軏，不能套牲口，自然走不了。其二，在于立国。《颜渊》记载：

> 子贡问政。子曰："足食，足兵，民信之矣。"
> 子贡曰："必不得已而去，于斯三者何先？"曰："去兵。"
> 子贡曰："必不得已而去，于斯二者何先？"曰："去食。自古皆有死，民无信不立。"

孔子认为，立国之基在于有充足粮食、充足军备，以及人民相信政府。人民的信任成为国家最后的堡垒，可以吃不饱，可以打不赢，终不过一死；而没有人民对国家的信任，国家是根本立不起来的。这很好理解,得不到信任的政府,其政令根本推行不下去,权威根本无法维持,诸事不能成立,一切出了宫门就消失于无形,最后只能是灭国。

所以,取得人民的信任,是治国的一大要求。这首先要求统治者自身要有信用。《学而》中孔子说:"道千乘之国,敬事而信……"治理有一千辆兵车的国家(当时已经不能算是大国,当是泛指诸侯国,无论大小),要严肃认真地对待工作,诚信不欺骗。春秋末期,世事纷乱,孔子特别强调信用,也反衬出当时"信"之缺失。程树德集释引黄氏:"信者不用权诈,不朝更夕改,惟此真确之诚,表里如一,始终如一。"算是对国君的信用的通俗解释。

君信则民信,老百姓总是以德报德的。《子路》中孔子说:"上好信,则民莫敢不用情。"统治者讲诚信,则老百姓没人敢不拿真情相对。"情"字用得很好,足可见其真实而出自肺腑。《子张》篇记录子夏的话:"君子信而后劳其民,未信则以为厉己也;信而后谏,未信则以为谤己也。"厉,祸害。为官一方,先得取信于民,才可以使役民众,否则人民以为你要折磨他们;先得到上级的信任才去进谏,否则会以为你要去毁谤他。强调为官必先取信于人,才能行使自己的意志。箕子、比干极谏昏君,为奴剖心;子产执政,民欲杀之,都是因为不能取得信任,故横遭劫难,枉费了赤胆忠心。

第七节 贞而不谅

"贞而不谅"很大程度上是对忠信品质的一个关键性的调节。

"言必信,行必果",这样的人,可谓忠信界的标兵。说了就必定做,做了就必定有结果,多么斩钉截铁、义无反顾,这种重承诺、重信用的姿态孔子应该高度赞美吧?其实不然,在孔子看来,只当得"硁硁然小人"(《子路》)的层次,也就是普通老百姓——只不过有石头般的坚定品质罢了。这可与孔子要求的高度相去甚远。为什么呢?看下面这两句话。

《颜渊》中孔子说:"主忠信,徙义,崇德。"《学而》中有子说:"信近于义,言可复也。""义"像一个精神领袖似的立于忠信的中庭,制约着忠信者的言行举止。朱熹集注:"义者,事之宜也。复,践言也。"前句是说:中心主忠信,还要以义为准,才能对德行有裨益。后句则说:所守信约符合道义,是该守的信约,说的话就能兑现;言下之意,如果不合道义,则言不复也理所当然。《孟子·离娄下》:"大人者,言不必信,行不必果,惟义所在。"话说得直接干脆,是非分明,"义"才是真正的核心和关键。

小老百姓但知忠信,不知道义,故不管三七二十一,即使为虎作伥,也莽撞猛进;君子大人者忠信于心,而明白道义,有所为有所不为,故行动有取舍。"义"作为一个先决条件,决定着匆匆来者境界高下。因为对"义"的推崇,故后来"信"与"义"、"忠"与"义"也就常常连在一起说,成为固定的词语"信义""忠义"。这标志着"义"的不可或缺。唯其义在,"为虎作伥"之类,爪牙、狗腿之流还有浪子回头的机会,否则"信"将处于尴尬境地。而君子大人才可以随时警惕,强自修行,渐臻于完善。

南怀瑾把"信近于义"的"义"解释为墨家的带侠义精神的"义",搞成了"路见不平,拔刀相助"的义气,正好把信降低到了"硁硁然小人"的层次。

对人忠心，同时要坚持道义，不能愚忠。《宪问》中孔子说："忠焉，能勿诲乎？"忠于他，能不教诲他吗？此教诲，正是因为听从了心中的义，而纠正别人的不义。没有符合道义的教诲和劝诫，我们的忠心有可能堕落成助纣为虐，成为杀人放火的武器。具体到臣对君、下对上，那就是进谏劝善。《白虎通义·谏诤》说："臣所以有谏君之义何？尽忠纳诚也。"尽忠的表现形式之一，恰好就在于进谏，止君之昏聩，止君之暴虐，止君之淫亵，以道义拉君回正道，此乃真忠诚，朱熹所谓"为忠也大矣"。阿谀如虢石父之于周幽王、赵高之于秦二世，巧言令色，无不讨君欢心，最终陷人于万劫不复。这类人，貌似忠诚绝无二心，实在祸害深远，可是往往最易得人欢心，集万千宠爱于一身。真正的忠诚，实在不是容易的事情，搞不好就会遭受赐死的下场。

忠也好，信也好，无义居间调节，都很容易走火入魔，背离德行。所以，君子要深明大义，以义为准绳指导自己的行为。《卫灵公》中孔子说："君子贞而不谅。"此为忠信大原则下的重要修订细则。贞，正也。谅，信用，此处指拘泥于小信用。君子行正道，不必拘泥于小信用。再详细一点说：君子心中必有正道，必须一以贯之，坚持不懈，所以无论忠信，都须经过自己心中的"贞"来过滤，来衡量，过不了关就得委屈"忠"与"信"，在小节上有所违背也没关系。这个"贞"字，其实也就是"义"字，"诲"人的动机，也就出于心中的"贞"。我们通俗说"行大事不拘小节"，将孔子的话套过来就是"行大义不拘小信用"。为了贞正的道义，君子在小的忠诚和信用上是可以有回旋余地的。

杨伯峻译注表述"贞"乃"大信",以对比于"谅"之"小信",可能误解了孔子本意。其实"信"无论大小,都贵在遵行,只有背离正义的情况下,才会选择"不谅"。没有内在的正义精神,空谈大信小信又有什么意义?在强调了"忠""信"为一个人最起码的道德品质之后,孔子要求君子达到更高的层次,即贞正、道义。我想,孔子大概不会抛弃道义追求而纠缠于大信小信的精准划分上。

第八节　内省不疚

司马牛问君子。子曰:"君子不忧不惧。"

曰:"不忧不惧,斯谓之君子已乎?"子曰:"内省不疚,夫何忧何惧?"

——《颜渊》

疚,病也。司马牛请教有关君子的问题,师徒两人展开了这番对话。核心在于"内省不疚",就是反省内心不觉得有什么问题,也就是问心无愧。这仍然是着眼于内在本质修养的,"内省"是反思我们心中最本质的东西。我们内心最本质的、最真实的东西,都一一经受住拷问,没有缺陷,没有罪过,如此便能"不疚",什么都敢面对,什么都不害怕。这几乎是一种完美的体念。世间红男绿女,或多或少都有缺陷,都有隐藏的邪恶念头,都有良心上过不去的经历,一旦内省,总有不能坦然处。

《述而》中孔子说的"君子坦荡荡,小人长戚戚"和"内省不疚"可相互表里。荡荡,宽广貌。戚戚,迫促貌,或谓忧惧貌,当以前者为是。心怀坦荡者不受私欲和邪念纠缠，什么事情都拿得起放得下，敢亮出来摆出来给人看。没有私人欲望纠缠心灵，故无忧；没有干过见不得人的坏事，没有对不起天地良心，故不怕，晚上睡觉也踏实。心怀坦荡者自然"内省不疚"，"内省不疚"者自然心怀坦荡。小老百姓并无内省的习惯，只是局限于私利当中，患得患失，不内省而已颇忧惧。连李颙这样的大儒也在《四书反身录》中坦陈"余生平多疚，初冥然莫知自省"，更何况智识未开的小民呢。倘能突然启开内省的窗户，说不定心灵的光辉反倒驱散黑暗，日渐成长到无忧无惧的境界。

"君子不忧不惧"，很容易让人想到"仁者不忧，勇者不惧"，刘宝楠也正如此作解。但是在这场特定的对话中，有没有上升到这个高度，现在也不好遽然决断。而且，君子道者三之知者不惑，自始至终没有参与进来，也成为刘宝楠观点的一个不能圆通处。仅仅从字面上来看，仿佛孔子并没有要联系到仁和勇上来告诫弟子的意思。此处的"不忧""不惧"可能就是指的一般心理状态，没有什么特定的话外音。正是这样的泛指，才说明"不疚"的绝对意义。

这里，我们注意到，孔子的第二个回答，有点答非所问。不知道是否文字有脱漏，各家也没提出疑议。如果本就是孔子故意偏题，则可说明两点：其一，不忧不惧还不能算君子，这只是君子应有的属性，此外还有其他属性（比如不惑），故孔子避而不答；其二，孔子故意强调"内省不疚"，因为这个内在的心理体念是非常重要的，没有这个体念，则意味着我们提升修为还有很多工作要做。

另外，诸家多认为孔子对司马牛说这番话有特殊背景，因为当时司马牛之兄桓魋将要作乱，故司马牛念及兄弟之情，心怀忧惧。此解也有不通处。司马牛如果是因为兄弟情而心中不安，孔子自当知道，当巧为疏通，起码应该有关于兄弟伦常的暗示，这才符合孝悌为仁之本的主张，而不是要司马牛放宽心（别牵挂自家的兄弟，别为了兄长之事而忧惧）。从谈话内容，我们感觉到，确是就君子论君子，没有他指。

并且，此司马牛和彼司马牛是不是一个人，也值得怀疑。《论语》中有司马牛，孔子的弟子；《左传》中也有司马牛，桓魋的弟弟。他们或许本来就是两个人。《史记》写孔子诸弟子，写到司马牛，并没有采摘《左传》的记载，或许太史公本就认为是两个人。把两者等同起来当作一人，始于孔安国。孔安国又说司马牛名犁，而《史记·仲尼弟子列传》说名耕。可见，《论语》中的司马牛到底是不是桓魋的弟弟，尚难断定，故司马牛问君子的背景就更难确定了。

第八章 内敛的风格

第一节 谦逊

我们还要继续探讨君子修为，上章总说文质彬彬，并探讨了侧重于内在的诸方面品质，这一章，我们则着力于偏向外在的一些品质。不过需要再次强调，孔子在探讨人生修为时，从不会刻意去区分什么内和外，他总是将各个方面融会贯通，内中有外，外中有内，而又通过可见的日常行为表现出来。我们说偏向外在，也只是相对上章而言，并且《论语》也的确更多从外在表现来说明这些品质。

首先要说到谦逊。孔子有很多言论均是劝导弟子们谦逊为人。

《述而》中孔子说："文莫吾犹人也。躬行君子，则吾未之有得。""文莫"，程树德集释引唐以前古注："燕、齐谓勉强为文莫。"黾勉的意思。"文莫吾犹人也"说孔子认为自己勤勉的精神和别人差不多。今不采此说，暂从杨伯峻之说，解为"文献"和"大约"两个词。关于书本知识，我和别人大概都懂得差不多。但身体力行地当好一个君子，我则还没有成就。抛开前半部分的分歧，单看"躬行君子"，孔子其实已经是当时的标兵，杰出的榜样，但他尚且自谦"未之有得"。《宪问》中孔子又说："君子道者三，我无能焉：仁者不忧，知者不惑，勇者不惧。"君子应该具备的三种品质，我还不行，还做不到。这是一种真诚的冷静和自省、平和而静谧的自剖。当然，在弟子们看来，君子三道孔子可以当之无愧，故子贡说："夫子自道也。"所谓君子道者三，说的正是他老人家自己啊。

孔子的谦逊，不只是口头上说说，生活中他虚怀若谷，容受一切。"子入太庙，每事问。"（《八佾》）若非秉持谦逊的态度，断无这样的心情，断无这样的习性。毕竟孔子少年知礼，"鄹人之子知礼"，他熟悉宗庙礼仪，这个说法已经广为流传。《述而》中记载："子与人歌而善，必使反之，而后和之。"孔子和别人一起唱歌，如果人家唱得好，一定要让人家再重复一次，自己跟着和。可见孔子好善之心常在，谦逊之态常在，诚恳真挚。为求得善道，他老人家就像个没听懂的学生似的，请求再听一次。唯其如此，才能尽得真义，容涵万物。

颜回是孔子最满意的学生，正在于其为学的态度和躬行的精神。曾子也曾赞扬他的品行，"有若无，实若虚"（《泰伯》），深藏若虚，虚怀若谷。刘宝楠正义引《中论·虚道篇》："人之为德，其犹虚器欤！器虚则物注，满则止焉。故君子常虚其心志，恭其容貌，不以逸群之才，加乎众人之上。视彼犹贤，自视犹不足也，故人愿告之而不倦。"或许此正为儒家重谦逊的内因。

子贡有一回也得了表扬，因为他慷慨坦承自己不行，还差得远。《公冶长》记载：子贡认为颜渊闻一知十，而自己闻一仅能知二，自愧相去悬殊，不敢望颜渊项背。子贡的谦逊，孔子听了很满意，不能不对他有所赞扬："弗如也；吾与女（汝）弗如也。"我赞许你所说的不如啊！

这句话歧义众多，关键在于"与"字。与，有的解为同意，有的解为和，有的解为赞许。解为同意，看不出什么价值取向，说了等于没说，这不符合孔子微言大义的作风，更何况还有可能让子贡暗自气馁。老人家说话不会这么没水平。解为和，是说孔子为了劝慰子贡以免其惭愧，故也自谦和子贡一样不如颜渊。这却有点巧言令色的虚伪作风，孔子向来反对，并且孔子很重视师生长幼尊卑，盖不会随意发此言。因此，以赞许义为佳，对于子贡的谦虚精神给予充分肯定，通过这种肯定达到劝人谦逊的目的，这也最符合孔子的春秋笔法。

对于解为"和"，再赘述几句。据程树德集释《考异》，唐代以前古著引《论语》此句，皆有"俱"字，如"吾与女俱不如也"。故疑后世所传，脱漏了"俱"字。若旧《论语》确有此"俱"字，则"与"的意义明确无争议，应该为"和"；可惜现在看不到这个"俱"字，有"俱"的都是出自转引，不得正本原貌。这是怎么回事呢？到底是汉儒穿凿，擅加"俱"字，还是后人擅自删改？汉唐旧注多训"和"无疑，也许"俱"字只是汉儒心中已经先有"和"的意念，故主观上不自觉地上加了"俱"字。到后来如朱熹等少数注家，才拨乱反正，重新认识原句的本义。朱熹集注引胡氏言："夫子以其自知之明，而又不难于自屈，故既然之，又重许之。"盖得正理。"重许之"才是孔子的目的；没有这层意义,整个这段对话将失去教育意义。

当子贡表现出不够谦逊的态度时,孔子的挖苦就很是辛辣。《宪问》中记载,说子贡喜欢评论人,也就是对别人说三道四,评长论短,这下孔老先生就变脸了:"你就很能干吗?我可没这闲工夫去评论人。"自己不老老实实地加强修养,还到处去指指点点,正如朱熹集注所说"心驰于外,而所以自治者疏",怪不得老人家会不高兴。

下面再说第三个因为谦虚受到表扬的弟子。《公冶长》记载孔子让漆雕开去当官,漆雕开却说:"我对这个没有信心!"孔子听了,很欢喜。他高兴不是因为弟子不够自信,而是弟子足够谦逊。诸家皆谓漆雕开志存高远,热衷学问,不以名利为意,故孔子赞赏他。然而漆雕开答以不自信,殊有忠厚拙笨相,也正深刻蕴含着的谦逊品质。这也正是深合孔子心意的地方。

孔子自己喜欢说"我不行",也喜欢听见弟子说"我不行"。其实,当他决定让漆雕开去做官,就已经肯定漆雕开能行。但是不管行不行,都应该表现得谨慎而低调。孔子说:"三人行,必有我师焉。"(《述而》)几个人一起游学,其中定有我可以学习取法的人。一个人无论多么优秀杰出,总有不如人处。不过,自视过高的人,自然看不见别人的光芒,只看见自己像太阳一样有无穷的能量,足够馈赠给世间万物,滋润天下苍生;而太阳从来不需要鲜花的回报和飞鸟的赞美。

第二节 谨慎

关于谨慎,孔子说得最多的是慎言。《学而》中孔子说:"敏于事而慎于言。"勤敏做事，谨慎言语。他最讨厌夸夸其谈者，"巧言令色，鲜矣仁"（《学而》）。巧，好。令，善。花言巧语，面目伪善，这样的人没几个是好东西。

孔子深深知道言语的杀伤力，一不小心还会招致灭国。《子路》中孔子和鲁定公讨论一句话可以产生的重大后果，中心思想就是"一言而兴邦""一言而丧邦"。当国王的如果知道做君王难，就会谨慎小心，以天下为怀，说出来的话自然是金玉良言，可以兴国利民；当国王的如果只知道自己说话没人敢反对，肆无忌惮地发号施令，那就会丢掉江山社稷。一国之主，每句话都事关天下黎民苍生，不可儿戏，说话怎么敢不小心谨慎呢？

君子仁德至上，而夸夸其谈却是仁德修养的敌人。孔子说"巧言乱德"（《卫灵公》），花言巧语惑乱心志，混淆是非，败坏德行。说得越花哨，败得越厉害，堕落越急速，背离德行越遥远。

所以，考虑到话太多的可怕后果，君子仁者话都是比较少的。《颜渊》篇孔子说："仁者，其言也讱。"讱，难也，难以说出来。意思是仁者言语迟钝。为什么会这样呢？再言："为之难，言之得无讱乎？"仁做起来就很难，说起来能不难？俗话说"说起来容易做起来难"，这是一般小民的识见。小人通常是语言的巨人、行动的矮子，漂亮话说了，却可能永远也干不成漂亮事，君子很以为可耻。《宪问》中孔子说："其言之不怍，则为之也难。"大言不惭，必定难以实行。说话不掂量掂量内在能力，脱口而出，光会夸海口，这样的人，能力不够，心无诚意，并且心气浮躁，多半办不成事。孔子向往的是古代的贤人，《里仁》中孔子说："古者言之不出，耻躬之不逮也。"耻，以为可耻。躬，亲自（实践）。

古人之所以话不说出口，是因为怕行动上做不到，那是很耻辱的事情。说了办不到，诚信尽失，"人而无信，不知其可也"，君子的形象便都轰毁。

其言之讱不等于就干脆不说，孔子对于怎么说话有个要求——"辞达而已矣"（《卫灵公》）。言辞足够表达意思就行了。《论语》的思想丰盛绚烂，而《论语》的文采却质朴无华，正是"辞达而已"的现实注脚。

关于言和行的关系，孔子要求"先行其言而后从之"（《为政》），先实行，然后才说话。《宪问》中孔子又说："君子耻其言而过其行。"说得多，做得少，君子以之为耻。《里仁》中孔子又说："君子欲讷于言而敏于行。"君子希望语言迟钝而行动敏捷，总之是要实干，不要空谈，多做事少说话。

除了慎言，自然还有慎行。慎行最典型的表现，还在于《述而》中孔子对子路的说教（详见本书第七章）。在刀光剑影、险象环生的战争中，孔子不要"暴虎冯河，死而无悔"的勇士，而要"临事而惧，好谋而成者"。这里的惧，不单指害怕，实则多有谨慎意味：临大事不草率，谨慎策划，周全布局。越是紧要关头，越显得谨慎比勇武更有价值。所以孔子不要武夫的体力而要智者的头脑。

慎行有两个要诀。《里仁》篇孔子曰："以约失之者鲜矣。"约便是其一。约，就是约束自己的言行欲望。约束言行，则作风简约，不张扬，不横生枝节。约束欲望，则淡泊名利，使心灵不受污染荼毒。做到了约而有错失的很少。《卫灵公》中孔子说："小不忍则乱大谋。"忍是其二。忍，就是忍受。小的方面不忍受，大的方面就会被搞乱。朱熹集注谓"妇人之仁""匹夫之勇"都是"小不忍"的表现。君子应做到眼光长远，顾全道义，能够权衡轻重，不为眼前的刺激而迷惑或冲动，任何时候都要保持理智，懂得取舍。小处忍，是因为权衡之后当忍；如果不忍既不会伤害道义，也不会伤害自己，又何必忍？可见，忍还是不忍，是需要准确的判断力作前提的。

慎行自然要慎思。没有缜密的思考，所谓谨慎的行动就是空话。所以孔子和弟子们都很强调思考。曾子日三省乎己，孔子要求"见贤思齐焉，见不贤而内自省也"（《里仁》）。对于思考的强调，为了方便记忆，孔子还编了个顺口溜，即所谓"九思"——"君子有九思：视思明，听思聪，色思温，貌思恭，言思忠，事思敬，疑思问，忿思难，见得思义"（《季氏》）。这九思，几乎把人身各个方面都囊括进去了，真是无处不思考。

孔子主张谨慎，于此已经了然。所以子张学做官，孔子唯教以谨慎之道。《为政》记载："子张学干禄。子曰：'多闻阙疑，慎言其余，则寡尤；多见阙殆，慎行其余，则寡悔。言寡尤，行寡悔，禄在其中矣。'"本句大意：子张请教为官求俸禄之道。孔子说："多听，存疑，谨慎地说出其他（有把握的部分），则能少犯错；多看，存疑，谨慎地执行其他（有把握的部分），就能少后悔。言语少错，行动少悔，官禄就在其中。"孔子大概不喜欢弟子来就谈什么做官拿俸禄，目的性太强，所以避谈如何做官，而谈如何处世。其中关键就在一"慎"字。既能多见闻，又能慎言行，自然禄在其中，何必刻意钻营？

孔子欣赏谨慎的人，南容（即南宫适，字子容）是个典型。

因为南容的谨慎，孔子把哥哥的女儿嫁给他。南容把《诗经·大雅·抑》中关于白圭的句子反复念诵（见《先进》）。句子是这样的："白圭之玷，尚可磨也；斯言之玷，不可为也。"是说白圭的污点还可以磨掉，这言语中的污点便没办法去掉了。南容百般玩味这句话，显然是提醒自己言语上必须谨慎。正是因为谨慎的品质，所以南容能够在复杂凶险的官场中求得太平：官场有道自己能够尽职，官场无道自己又能免于刑戮（详见本书第九章）。

第三节　庄敬

《乡党》一章，惟妙惟肖地再现了孔子的一举一动，在第六章第五节已经介绍过，这里我们再简单琢磨一番。君王召见时，"色勃如也"；经过王位时，"色勃如也"；拿着象征国家重任的圭，"勃如战色"。入公门，"鞠躬如也"；提着衣摆上堂叩拜，"鞠躬如也"；拿着圭，"鞠躬如也"。前面说脸色都变了，后面说恭敬得像鞠躬行礼一样。其实，色勃如也并不是害怕，鞠躬如也并不是奴颜媚骨，只是孔子认为：对上，礼当如此敬重而畏惧，如此庄严而肃穆。孔子在日常生活中，也有很多一丝不苟的讲究。在今天看来，孔子似乎刻板到不近人情。其实，这正是孔子对人生、对神明的忠实笃敬。贯穿于其中的，就是对生活、对权威的恭敬庄重的态度。这种态度，是孔子时刻不敢懈怠的。《卫灵公》中谈到"言忠信，行笃敬"，孔子要求"立则见其参于前也，在舆则见其倚于衡也，夫然后行"（详见本书第七章）。一个人的言行，不是被人盯着，就是被神盯着。稍有闪失，人神共知，谁还敢有苟且之心呢！

　　孔子的榜样作用，弟子们看在眼里，记在心里，非常感佩。《述而》中弟子们形容老师："子温而厉，威而不猛，恭而安。"而孔子在告诉子张五个美好的德行时，恰好说到"泰而不骄，威而不猛"（《尧曰》），可见老人家言出必行，说到做到。又温和又严肃，有威仪又不凶猛，既谦逊恭敬又安详泰然，两种相反的品质无缝交融，合为一体。这句话本在强调圣人内在修为的高度融合，正如王弼所说："此至和之调，五味不形，大成之乐，五声不分，中和备质，五材无名也。"（见程树德集释）却也实在地反映出儒家的风范，正是端庄肃穆，见证内心修养的静穆平和。我们今天的人可能觉得从外到内都过分平静木然，缺乏冲动和激情，而儒家恰好以此为理想境界，它不但反映了人格修养的平衡完善，而且正是中庸这一儒家精髓的体现。

　　什么样的心理准备才够得上庄敬，孔子有个见微知著的形象表达。《颜渊》中仲弓问仁时，孔子说："出门如见大宾，使民如承大祭。"外出办事像要会见贵宾，役使老百姓像承当重要的祭祀。会见贵宾和承当祭祀，都是非常紧要的大事情，务必恭敬而虔诚，战战兢兢、小心在意。总之，见的无论是大人物还是小人物，办的无论是大事还是小事，为求万全，都须高规格接待，都须在"敬"上面下苦功。

　　孔子非常欣赏郑国的子产，理由就是他"其行己也恭，其事上也敬"（《公冶长》）。恭，谦恭，或曰恭顺；敬，谨恪，即谨慎恭敬。《说文》："恭，肃也。"《尔雅释诂》："恭，敬也。"两者意思其实都差不多，恭中必有敬，敬中必有恭。蔡清《四书蒙引》：

"恭敬分言，则恭主容，敬主事。单言恭则该敬……单言敬则该恭……"恭主自身容貌颜色，出入起居、升降进退等无一不表现出"恭"；敬主行事，对待上面的人，不但跪拜逢迎皆须恭敬，其"陈力就列，不能则止"（《季氏》）亦是"敬"的当然内容。子产这方面做得很好，孔子称其为"有君子之道"。

我们常常说"庄重"，是连在一起的，这里分别谈一谈"庄""重"这两个词。《学而》中孔子说："君子不重则不威，学则不固。"重，朱熹、钱穆解为厚重，何晏解为敦重，杨伯峻解为庄重。总之就是够分量、够沉，再大的场面都镇得住，没有任何漂浮不稳的感觉。如何可以让人觉得"重"呢？陆陇其《松阳讲义》说："重即整齐严肃之意。'正其衣冠，尊其瞻视，俨然人望而畏之'，是'重'字注脚。"陆氏所讲，专指对人产生心理震慑力，侧重外在的视觉效果，也正是"庄"的意思，庄就是重，重就是庄。《卫灵公》中孔子谈治国，说："知及之，仁能守之。不庄以莅之，则民不敬。"庄即威严之义。包咸解作"严以临之"，李充又云"更莅以威"（见程树德集释）。这不正是"俨然人望而畏之"的状态吗？如果一定要说两者的分别，则重作用于人的心理，是压在心头上的；庄作用于人的视觉，是直观的相貌。有了庄的样子，才会有重的效果。庄在前，是因，重在后，是果，故我们说庄重，而不说重庄。

上面这两句话，也阐明了庄重所具有的意义。

外在轻浮，内必不坚实，故不会有威仪，学到的东西也不能巩固（有别解："学"前为句号，断为两句话。曰：学习不固陋拘泥）。此处的重，一定是发自内心的、真实的，而不是假面具。凡言外在的重，必实指内心的重，如此内外兼修，才是孔子所说的"重"，才真正具有威仪。南怀瑾讨论"不重则不威"的时候，将外在和内在割裂开来，以做作的、装样子的重作为讨论对象。这种所谓的重自然无法立足，从而推翻传统解释，将"重"讲成自信心，完全偷换了概念。

君子重而有威，才镇得住人，说出来的话别人才不敢不听，要求办的事别人不敢不办。所以，对于号令天下的统治者，庄重是必不可少的一个表现。没有这一点，老百姓就不会敬重你，对你不敬，自然不把你的要求放在眼里。如此这般，政令无法推行，或者变相"推行"，国家机器的运行必将受阻甚至停滞。卫懿公好鹤，把大夫们的公务专车拿给鹤坐，儿戏国柄；袁世凯想过皇帝瘾，玩的是欺上瞒下骗天下的卑劣手法。二人皆不自重，断送自家性命，还连累国家。可惜半部论语不入衷肠，古往今来多少旧事！

有子在《学而》中说："恭近于礼，远耻辱也。"对恭敬的态度加了一个调节手段——礼。如果不以礼行，则难免遭受耻辱。善摇尾巴的哈巴狗式人物是可耻的，过分的谦恭演变成奴颜婢膝；道貌岸然望而生畏的人，庄重过度，拒人于千里，背后也会遭人戳脊梁骨。没有礼参与调节，恭敬的态度就可能偏离正轨而走向极端，面临的都是耻辱。在礼的调节下，"恭"的态度便接近"中和"，不卑不亢，赢得人的尊敬和爱戴，又不会让人畏惧。

庄、重、恭、敬、威等词语，其内在意思都是相通的，其实都在强调严肃、谦逊、谨慎等意思。这严肃、谦逊和谨慎，是互相交织、密不可分的。

孔子也并不是任何时候都恭敬庄重如铁板一块，他还是有放松的时候。比如一个人闲居在家，没有社交应酬也不面对神灵时，孔子"居不客"(《乡党》)，不像接待客人那般或者自己做客那般庄重。这时他"申申如也，夭夭如也"(《述而》)，放松得很。申申、夭夭有多种解释，或曰容舒、色愉，或曰整饬、和舒，或皆解为和舒之貌。申申、夭夭记录了孔子闲居时放松适意的样子。当然，以孔子对自己的高要求，无论如何放松，他也不会放肆，故训"申申"为"整饬"也合乎事实，强调他的合礼中节。

在和同朝同级别的下大夫闲聊时，他"侃侃如也"，和外国官员闲聊时，他"愉愉如也"(《乡党》)。侃侃、愉愉，都是和乐的样子。总之不是公事，和别人身份级别又差不多的时候，孔子还是可以很放松、很愉快的。

孔子的和乐放松，《论语》记载不多，更多的都是记录他严肃甚至刻板的一面。可以说，孔子总体上是个严肃的人，只有在完全私下的场合才会显露另一面。而这样的私下场合，弟子们是不能多见的。就好像一贯西装革履的人，总不容易见他穿拖鞋。

第四节　内敛

无论说谦逊、谨慎，还是庄敬，我们都发现一个共同特点：内向。这正是孔子所致力提倡的人格方向。他极力向个体内心探索，期待心灵的一场革命，而不屑于像求偶的鸟儿那样卖弄华丽的羽毛和聒噪的嗓音。内心的富有才是理想国的通行证。

孔子曾说："能行五者于天下，为仁矣。"哪五者呢？——

"恭、宽、信、敏、惠"(《阳货》)恭,恭敬,庄重;宽,宽厚;信,有信用,诚信;敏,敏捷而精当;惠,好施惠于人,有爱心。恭、宽,是态度,信是心志,敏、惠是行为,办任何事能做到这五者,就可以算仁。子贡说孔子总能获得知识,靠的是"温、良、恭、俭、让"(《学而》)五德。这五个字,朱熹解为"和厚、易直、庄敬、节制、谦逊",何晏如是解:"敦柔润泽谓之温,行不犯物谓之良,和从不逆谓之恭,去奢从约谓之俭,先人后己谓之让",钱穆译为"柔和、易善、庄顺、节制、谦逊",杨伯峻译为"温和、善良、严肃、节俭、谦逊"。综合起来说,就是温和、善良、恭敬、节俭、谦逊。以此五者,孔子走到哪里,学到哪里,无往不利。

这几种品质,都具有内敛和自律的属性,都主张向内心进军,把自我淬炼到极限。它们并没有一个客观的外在的作用对象,需要战胜的、需要征服的都是自己的黑暗面。用恭敬战胜傲慢和轻浮,用宽厚战胜刻薄和褊狭,用诚信战胜虚伪和乡愿,用敏捷战胜迟钝和笨拙,用恩惠战胜私利和贪婪……内在的交锋,一旦正面的、积极的因素得胜,自我便完善而强大,不可征服。如果天下人皆能直视自身,改造自己,各个追求自我完善,则世界早已大同。这些内在属性起根本性的决定作用,因此孔子轻视很多外向型的品质。比如现代社会的流行词汇——拼搏、进取、冒险、开拓、激情、张扬……这样一些品质更侧重于对外在客观世界的征服,而不是内在个体的修炼。它们强调与客观世界的矛盾、冲突,并在这种冲突中靠勇气、手段、毅力决胜。在孔子的思想体系里,这种和客观世界的矛盾被转化为自我内心的矛盾,每个人的自我矛盾的解决必然导向客观世界矛盾的解决。所以，诸多外向型的品德素质，由于其指向客观世界的属性，而不受孔子重视。

孔子对客观世界抱着冲淡平和的态度，使他并不注重向客观世界作展示。他一门心思地闭门修养，并不担心能否得到认可。孔子说："不患人之不己知，患其不能也。"（《宪问》）不担心别人不知道我，担心我自己不行。老先生虚名薄利不关愁，曲度新声掌中酒，但忧芬芳不沐衷肠，赚得好皮囊，腹中还是草莽。时间都用来为心灵熏香沐浴，自然没工夫关心面子工程，没时间粉饰太平。现在一些人非常重视的"公关"，在孔子看来，一文不值。

对于孔子的内向态度，"木""讷"两字概括最到位。木讷一词，表示朴实迟钝不善言辞，典型的内向。今天说人木讷，绝对不是赞美，而颇有不满意的意味。但是孔子用这两个字，却是褒扬，一般人受不起。《里仁》中孔子说："君子欲讷于言而敏于行。"《子路》中孔子又说："刚、毅、木、讷，近仁。"都是君子所应取、仁者所应有的品质。刚，强志不屈。毅，果断。木，质朴。讷，言语迟钝。洪迈《容斋随笔》："刚毅者必不能令色，木讷者必不为巧言……"坚强而能决断，斯能成仁事；质朴而慎言语，斯能保仁心。四种品质，皆绝于粉饰和表现欲，皆绝于进取和冲锋，纯粹是返璞归真以求赤子之心。唯刚毅，也是外向者必有的品质，但是孔子的刚毅却从来不是指向侵略和征服；而只是用来为内心修养保驾护航而已。

第五节　实与名

孔子深藏不露，娴静从容，让人觉得他老人家真的是视名利如浮云，完全不在意。其实，孔子并非不重名，只是不重虚名，不浪得虚名，要求名实相符。

《卫灵公》中孔子说："君子疾没世而名不称焉。"君子痛恨到死时名声都不被人称道。有此为证，显然孔子还是非常爱惜名誉的。康有为《论语注》对此铺排珠玑，异彩纷呈："名在则其人如在，虽隔亿万里亿万年而丰采如生，车服为之流连，居游为之慨慕，辑其年谱，考其起居，荐其馨香，颂其功德，称其姓号，爱其草木，其光荣过于有身时万万，故没世无称，君子以为疾也。名盖孔子大义，重之如此。"他的论断代表着一种认识：圣人以名立教，非常重视死后的名誉。

然而康有为的铺陈渲染，未免昧于字面，并未看到孔子的真正用意。其实孔子的重名，反映的却是他深刻的"重实"思想。实至才能名归，名归象征着实至，只有真正行善、行仁义，跳出平庸，才能得到真正的名。君子痛恨的表面看是"名不称"，实质是"实不至"。王肯堂《论语义府》："君子之疾，非疾其无名也，疾其无实也；非疾人之不见知也，疾我之无可知也。"此乃透过现象看本质的中肯见地。

关于名声，子贡还有说法，《子张》中他说："纣之不善，不如是之甚也。是以君子恶居下流，天下之恶皆归焉。"纣的坏，并不是说的那么厉害，是因为君子都憎恶居于下流，天下的大恶名都会归到他身上。子贡并非要为暴君纣翻案，其意在强调：千万珍惜名誉，洁身自好，谨慎小心，一旦作恶，则十倍的恶名都会加于自身。子贡这一句话，说得极富睿智。

后面紧接的也是他的话："君子之过也，如日月之食焉：过也,人皆见之;更也,人皆仰之。"君子的过失,如同日食月食,人人看得见,其改正错误,也会为人们所仰望。君子"言为士则,行为世范",本就是人们关注的中心,正所谓"名人效应",所以有一点错误,则天下共知;自以为捂得滴水不漏,其实漏洞百出,人民群众眼睛是无比雪亮的。一旦真的犯了错,一定勿惮于坦然改正,还有个亡羊补牢的机会,若躲躲藏藏、遮遮掩掩,那只能败坏再叠加败坏。子贡再度精辟地洞悉社会情理。名人的苦恼就在于名声太大,越是太大,越是不能不在乎、不能不小心。

孔子和子贡对名声都有各自的言论,而他们要求的名,都是真实的名,是靠自己的德行修为挣来的,不是骗来的。对那种靠欺骗盗取名位的人,他们非常厌恶。

孔子说:"乡愿,德之贼也。"(《阳货》)足可表达他对伪善家们的厌恶之情。何为乡愿?《孟子·尽心下》有对"乡愿"的具体解释:乡愿者无非是做什么说什么都只为取悦大众,没有真心。这样的人,看起来像个楷模,到处都得人欢心,实际金玉其外,败絮其中,由于欺骗性大,故对德行的损害也大。孔子看得心惊肉跳,不由惊呼:"德之贼啊!"败坏道德的贼人啊!"乡愿"二字,杨伯峻译"没有真是非",是观照其本质;钱穆译"一乡之中全不得罪",是观照其表象。《子路》篇子贡所谓"乡人皆好之"者大概有乡愿的重大嫌疑,故孔子以为"未可也!"对这类人,孔子就要求"众好之,必察焉"(《卫灵公》),一定要观察清楚到底是哪副面孔。

孔子很看不起一个叫微生高的人,大概这个人正有点乡愿的作风。《公冶长》中孔子说:"孰谓微生高直?或乞醯焉,乞诸其邻而与之。"谁说微生高正直不欺呢？有人向他讨点醋，他自家没有，但是他不说没有，而跑到邻居那儿转讨来给人。何晏、邢昺注疏引孔曰："乞之四邻，以应求者，用意委曲，非为直人。"区区一点醋，何必如此曲意矫情呢？你有就说有，没就说没，偷偷去借别人的来讨人情，这算是"直"吗？大概微生高当时以正直闻名，否则孔子不会有此设问。而微生高的"直"，却是靠这种伎俩曲意博取的，下得了心这样干的人，只可能是徒好虚名愚弄观众的人。

巧言令色，更是乡愿的升级版。乡愿者虽不能坚持道义，但好歹还顾忌是非曲直，不会干出什么大奸大恶的事；巧言令色者儿戏是非，玩弄道德，是伪善中的大恶，什么坏事都敢做，而且做之前别人绝对看不出来。《公冶长》篇孔子曰："巧言，令色，足恭，左丘明耻之，丘亦耻之。匿怨而友其人，左丘明耻之，丘亦耻之。"足，手足之足，以足之动作状态代指恭敬之态，又引申指便僻貌。（另，此处的左丘明，疑非《左传》的作者，孔子应该不会把同时代或稍后的人放在前面。）耻之，以之为耻，是不能两立的鲜明态度。匿怨而友其人，隐藏对他的怨恨，还假装和他交朋友。这正是巧言、令色、足恭的典型表现。这样的人，比微生高要可恶得多。

伪善者对于善，只是利用，永远不会追求，善只是成就恶的手段。以善的名义、善的形象出门办事，总是要顺利得多。乡愿者因此而乡愿，巧言者因此而巧言，令色者因此而令色。当虚名的光环照亮黑暗，人们就以为没有黑暗；孔子的讨伐，正是希望真正消除黑暗。

伪善者的最直接表现就是口是心非、阳奉阴违。《季氏》篇孔子说："君子疾夫舍曰欲之而必为之辞。"不说想要而找各种说辞，以证自身高风亮节。《子罕》中孔子曰："法语之言，能无从乎？改之为贵。巽与之言，能无说乎？绎之为贵。说而不绎，从而不改，吾末如之何也已矣。"法语，合礼仪法度的正言。巽与，恭顺赞许。说，通"悦"。绎，分析推究。正言相告，听是听了，头也点了，可是并不改正，以后还是这副德行；阿顺之言，一听到就满心欢喜，也不仔细分析别人说的真不真。前者是一种乡愿与伪善，把德行修养看得很轻，却假装非常重视。后者是一种浅薄愚蠢，毫无德行根基却喜欢浮名，自欺欺人。人到这种份上，君子能不恨吗？

《颜渊》中孔子告诉子张"闻"与"达"的区别："夫达也者，质直而好义，察言而观色，虑以下人。在邦必达，在家必达。夫闻也者，色取仁而行违，居之不疑。在邦必闻，在家必闻。"达，通达，行得通。闻，闻名，这里是求取虚名的意思。质直而好义，品行正直不矫饰，对人讲道理，做事合宜。直的具体内容常常被认为就是忠信。察言观色，多分析别人的言语，多看别人的脸色，见机行事。虑以下人，是说对人谦逊、卑以自牧。色取仁而行违，居之不疑，是说表面看起来爱好仁德，实际上行为却违反，还安然以仁德自居毫无怀疑。我们看见，前者，无论为诸侯还是为大夫做事，都可以行得通；通达无滞，关键在于真诚、谦逊和谨慎、智慧。后者，无论为诸侯还是为大夫做事，都只会沽名钓誉，并不在实际修养上面用心；虽然其内在空虚无物，却也成功博取名声，关键就是令色善媚。

孔子作出这番辨析，是因为子张"闻""达"不分。连子张都会犯糊涂，可见伪善与真善，在表面上的确是"真假美猴王"。伪善的危害性，也正借着莫须有的美名长盛不衰。

第六节　义与利

关于"君子""小人"我们已经说了很多，有必要对这两个词作一个说明。本节的阐述将在君子和小人的对比中展开。《论语》当中所说的"君子""小人"，和我们现在一般理解的含义是有区别的。所谓"小人"，并非我们现在通常说的品德卑鄙之人，而是多用于指地位卑微者。一般的农民、手工业者等，都属于小人一类。所说的君子，也并非都指德行高尚的人，常常指贵族、统治阶层。小人必须通过劳动获得财富以求得生存，否则必然挨饿；他们生活的中心自然是利，对德行、道义之类精神追求无暇深究。君子吃穿用度自有别人源源不断地供应，无须亲自动手，所以他们就不应该再追求物质利益，而应该在道德方面扮演先行者，引领全社会进入道德的理想国。由于这样的分工，君子便常常和义、小人便常常和利联系在一起。

所以，真正的君子，不单是地位的高贵，还在于人品的高贵。否则就是伪君子。君子和小人的区别，最根本、最核心的就在于孔子说的"君子喻于义，小人喻于利"（《里仁》）。君子懂得如何做才适宜，小人懂得如何做才有利可图。君子为义可以抛弃利，小人为利可以抛弃义。如此一来，君子和小人的境界，不单在地位，即在人品，也是高下立判。

《卫灵公》中孔子说:"君子固穷,小人穷斯滥矣。"这句话有两种译法。其一,君子受穷也会固守(道义),小人一穷,就胡作非为,毫无原则。其二,君子固然也会受穷,但小人一受穷就放肆乱来。其实第二解也包含着第一解的意思:君子再穷也是不会乱来的。为什么呢?正在于"君子喻于义,小人喻于利"。君子追求的是道义,不是物质财富,丢了物质但不能丢掉精神,道义会命令他一切依义而行。小人心中无道义,物质财富就是他追求的全部,没了利就等于失去全部,自然会想尽办法挽回财富。

"君子喻于义,小人喻于利"这个核心的本质,演绎成君子、小人在不同状况下各种截然不同的表现。

《里仁》篇孔子曰:"君子怀德,小人怀土;君子怀刑,小人怀惠。"怀,或谓"安于",或谓"怀念"。杨伯峻译文:"君子怀念道德,小人怀念乡土;君子关心法度,小人关心恩惠。"君子怀德、怀刑,说明他重规矩,重礼法,不乱来,正是为了言行举止合"义"。小人怀土、怀惠,说明安土重迁、善财难舍,都是为着自家生活的安适,财物的富足。当然,朱熹所说:"君子小人趣向不同,公私之间而已。"也是本句话应有之意。君子求道义,本就不仅仅为自己,也是为天下求道义,故私心而外,公心高悬。

这句话,本是两层并列关系,意在对比君子与小人的不同表现,但是也有理解为因果关系的,认为是君子的行为导致了小人的行为。皇侃说:"上之化下,如风靡草。君若化民安德,则民下安其土,所以不迁也。人君若安于刑辟,则民下怀利惠也。"(见程树德集释)俞樾著《群经平议》的观点也差不多:人君若能行德政,行仁政,则老百姓自然安土重迁,乐于接受人君的德政;

人君如果看重刑罚,动辄以刑罚惩治民众,则老百姓会归向别的仁君,逐利而去。这种观点,正是受了孔子"君子德风,小人德草。风行草偃"(详见本书第十五章)的影响。不过,考虑到《论语》中多处对举君子、小人,都是并列关系,明白晓畅,似不必故意迂曲而求新解,这样做很有曲解孔子的危险。

《为政》中孔子说:"君子周而不比,小人比而不周。"王引之《经义述闻》:"以义合者周也,以利合者比也。"周,谓以道义来团结人。比,谓以暂时的利害关系来拉帮结伙。君子之"周",出于公心,尊贤容众,嘉善而矜不能,其大爱延及全体,居乡则泽被乡里,居国则利及天下。小人之"比",溺爱徇私,党同伐异,以个人私心来开展人际交往,居乡则危害一方,居国则祸国殃民。其区别只在一点,君子重义,小人重利。

《子路》中孔子说:"君子和而不同,小人同而不和。"和,如五味调和,五音和谐,声味各不同,杂处而恰到好处。它看起来有各种不同,在本质上却实现了和谐、交融。同,是看起来相同,似乎没有异议,本质上却各怀鬼胎。尊重你,理解你,同时当面表达我的声音,坚持我的立场,并和你真诚地交流,以期互相取法,这便是君子;当面对你称赞有加,背后却咬牙切齿,这就是小人。

《宪问》中孔子说:"君子上达,小人下达。"朱熹集注:"君子循天理,故日进乎高明;小人殉人欲,故日究乎污下。"君子求的是天道仁义,故不断接近高明神圣的境界,而小人求的是私欲财利,故逐渐沦落卑下。可见,人的上进与卑下,趋向不同,仍在道与利而已。这里的"下达",不一定必指道德修养卑下污浊,也可能指成为无关道德的工匠手艺人之类。

《述而》中孔子说："君子坦荡荡，小人长戚戚。"君子何以能胸怀坦荡？是因为心怀仁德而无一己私心，视利欲轻若浮云，又乐天知命，能顺应天理而不以人力强求。小人何以心胸狭窄，常怀忧戚？是因为太看重个人利益，患得患失，又不知天命，常在小事上争胜负。君子、小人因为心怀不同，故外在气象也判若云泥，君子宏阔洒脱，小人局促鄙陋。

《子路》中孔子还说："君子泰而不骄，小人骄而不泰。"在安泰闲适和虚骄傲物方面，君子、小人态度相反。根源在于：君子求道而循理，不在乎个人得失，不计较个人名利，故安泰而不骄傲；小人看重名利，唯恐不能占有，占有则沾沾自喜，以为是大成就，故以骄傲凌人而不能安泰舒心。

《卫灵公》中孔子说："君子求诸己，小人求诸人。"君子对自己高要求，小人对别人高要求；君子通过自己的努力来实现目标，小人却总想踩着别人的肩膀前进。故君子遵循正道，信守节义，并孜孜不倦；而小人无视道义，只求便利和捷径，不能踏实认真地做人做事。

《子路》中孔子说："君子易事而难说也。说之不以道，不说也；及其使人也，器之。小人难事而易说也。说之虽不以道，说也；及其使人也，求备焉。"和君子共事容易，讨他喜欢却难。取悦他不以正道，他不会高兴的；他用人的时候，却都能够根据才能品行恰当任用。和小人共事很难，取悦他却容易。取悦他不以正道，他也会高兴；他用人的时候，却是要求你做到完备无瑕疵。（或解"说"即一般的"言说"，君子慎言以道，小人胡言乱语，无论道义。）

以上种种君子、小人截然不同的表现，都分明贯穿着一个本质——"君子喻于义，小人喻于利"。当我们知道君子懂得道义而小人不懂，君子轻视财富而小人看重，则一切表象就很容易理解了。

我们知道君子、小人境界悬殊，却不一定看得清楚。在太平时代，君子、小人未经考验，高下难辨，都能各自修整，检点行止，顺应教化。这个时候，大家的表现都差不多。而在乱世，风云变幻，磨难和考验接踵而至。小人无定节，故随俗而下，世乱则志乱，礼义廉耻皆成泡影。君子品质高洁坚定，面临考验或者诱惑，心志不移，乃显高尚德行。正所谓"士穷见节义，世乱识忠臣"（《朱熹集注》），磨难方显真品质。《子罕》中孔子说："岁寒，然后知松柏之后凋也。"内中意蕴，不正在此吗？

第七节　富贵如浮云

君子喻于义，小人喻于利。君子的人生，乃是求道义的人生，个人财富、富贵对他而言无关紧要。君子的眼界和心胸，超越财富，在更高的精神世界优游。

《述而》中孔子说："不义而富且贵，于我如浮云。"不遵道义得来富贵，孔子把它看得像浮云一般轻淡虚无。这道明了君子对于财富的态度：义为前提，不义则不求；视之如浮云，对财富采取超然的态度。

《子路》中记载，卫公子荆对财富无追求，孔子称赞他，认为他善于居家过日子。孔子说公子荆："始有，曰：'苟合矣。'少有，曰：'苟完矣。'富有，曰：'苟美矣。'"苟，或训为"诚"，"诚然、确实"之意；或训为"聊且""将就苟且"。应以"诚"更贴切。刚刚有点儿，就说："确实够了。"增加一点儿，就说："确实完备了。"再增加一点儿，就说："确实尽善尽美了。"面对财富可以如此超然，他虚静的心胸必定在为真正纯美的理想世界做准备、留地方。

漠视财富，还能不卑不亢，子路的表现最典型。《子罕》记载孔子的话："衣敝缊袍，与衣狐貉者立，而不耻者，其由也与？'不忮不求，何用不臧？'"穿破旧棉袍，与穿狐貉皮衣的并立一处，而不会觉得羞愧，怕只有仲由（子路）吧？《诗经》上说："不嫉妒，不贪求，有什么干不好的呢？"子路不嫉妒别人的财富，不贪图富贵；不以富贵为尊，不以贫贱为卑。所以在子路的破棉袄面前，貂皮大衣也没什么了不起的，羞愧之心又从何而起呢？"贫而无谄，富而无骄"（《学而》），贫穷的时候不巴结奉承，富裕的时候不骄傲轻慢。这是子贡自认为很不错的一种境界，大概正适用于子路。人很难不被财富左右，所以常人处世，常觉为难，横竖受掣肘，正在于"忮""求"太多，一路都是绊脚石。

子贡以"贫而无谄，富而无骄"问孔子"何如"，大概他自己是达到这个程度了，而且还自以为做得不错。孔子答曰："可也；未若贫而乐，富而好礼者也。"孔子的回答更上层楼，山外有山。不卑不亢固然已属不易，然而终究未忘贫富，还在财富观念之中。故孔子说"可也"，却未尽也。贫穷还能快乐、富裕还能谨守礼仪却是更佳状态。其实"贫而乐，富而好礼"更像是互文，说的是无论贫富，我都快乐，我都好礼。孔子的要求，其实是忘记贫富，彻底抛开贫富对心灵的影响，真真正正按道义而行。所乐者何？道也。古本《论语》，"乐"字后面多有"道"字，作"贫而乐道"。郑玄注《论语》，虽未据其他版本在"乐"下添一"道"字，却也说："乐，谓志于道。"可见，这"道"是不言自明的东西了。

颜渊的境界，便在这山外之山上，孔子在《雍也》当中赞曰："贤哉，回也！一箪食，一瓢饮，在陋巷。人不堪其忧，回也不改其乐。贤哉，回也！"一笼饭，一瓢水，偏居陋巷，普通人难以忍受，牢骚满腹，颜渊却还能自得其乐。乐不在于简陋贫乏的生活，而在于探求道义所带来的精神享受。孔子亦有言自喻情愫："饭疏食饮水，曲肱而枕之，乐亦在其中。"（《述而》）吃粗糙的粮食，喝清凉的流水，弯起胳膊当枕头，乐在其中。朱熹集注引程子："非乐疏食饮水也，虽疏食饮水，不能改其乐也。"正是对安贫乐道的再次强调。

孔子说："贫而无怨难，富而无骄易。"（《宪问》）贫而无怨，是颜渊的写照；富而无骄，是子贡的写照。陈天祥《四书辨疑》："察天下之贫者，万中实无一二无怨；观天下之富者，十中须有二三无骄。"其间境界高下，已自分明。

前面已经指出，君子之忧乐，在道义不在贫富。孔子反复强调了这个意思。《卫灵公》中孔子曰："君子谋道不谋食。耕也，馁在其中矣；学也，禄在其中矣。君子忧道不忧贫。"耕田务于求食，却不免受饿；学习为了道义，却往往得到俸禄，可以兼得衣食。不过，君子为学，求的是道而非俸禄。"君子忧道不忧贫"是一个指针，指明了君子人生的方向。

孔子的叙述很朴实，孟子则有一段很浪漫的铺陈："堂高数仞，榱题数尺，我得志弗为也；食前方丈，侍妾数百人，我得志弗为也；般乐饮酒，驱骋田猎，后车千乘，我得志弗为也。"（《尽心下》）对富贵荣华、声色犬马皆一哂，意象豪迈，浩气冲天。

《学而》中孔子也说："君子食无求饱，居无求安，敏于事而慎于言，就有道而正焉，可谓好学也已。"君子不求吃饱喝足，不求安稳舒适，并非不准过好日子，而是要求别把心思放在这上面，因为心思应该放在"有道而正"上——去有道之人那里匡正自己。"士志于道，而耻恶衣恶食者，未足与议也。"（《里仁》）孔子认为：这种以吃得不好、穿得太糟为耻辱的人，心思还在衣食物欲上面，不在道上面，故不值得和他讨论什么。用心于此，必疏忽于彼。求道乃需全情投入之事，一旦物质欲望太甚，求道之心必挫。孔子几乎是将对财富的追求和对道义的追求对立起来，两者不能并存，所以君子一定要压抑对财富的追求，以保证求道的纯洁之心。钱穆解说"士志于道"说："盖道关系天下后世之公，衣食则属一人之私，其人不能忘情于一己衣食之美恶，岂能为天下后世作大公之计而努力以赴之？"

孔子要求君子对财富无所用心，不用为衣食饱暖浪费心力，其实还是建立在小人劳力、君子劳心这个基本规则上的。有了稳固的物质基础，君子自然不应该还束缚在物质欲望当中，而应该追求更加高远神圣的目标。唯有探究天地真理，拯救人类灵魂，谋天下之福利，才是君子的本分。

君子不以财富为意，但是不得不面对财富。求财总还是生活的一部分。非得求财之时，该如何求财？原则有一个：不违道。

《述而》中子曰："富而可求也，虽执鞭之士，吾亦为之。如不可求，从吾所好。"财富如果可以求得，就是拿着鞭子当差役我也干；如果不可以求，还是随我喜欢的吧。以孔子的修养，当不会刻意研究财富可不可求，也不会专以求财为目的。他在这里，只是说一般情况下一般人应该怎么面对财富。这里，孔子对财富的态度应该说随和多了，亲切多了，不再是刻板而避之唯恐不及的样子。为求私利的行为也争得了一点合法的席位，求私利若不背叛道义，儒家并不反对。

　　但是如何算可求，如何算不可求？《述而》中这句话没有说明，且看《里仁》中孔子如何讲。他说："富与贵是人之所欲也，不以其道得之，不处也；贫与贱是人之所恶也，不以其道得之，不去也。君子去仁，恶乎成名？君子无终食之间违仁，造次必于是，颠沛必于是。"贫贱富贵的得和去，都需要坚持道，不以其道，富贵不可得，贫贱不可去。可求不可求，就看是不是合于道。这里所谓的道，就具体化为用正当的方式求得。一旦采用不正当的方式，那就违背了仁的要求，而君子在任何时候、任何细节上都不可以违背仁道。

　　如何算以道得之？《论语》通篇都在讲道，凡孔子提倡的品质和行为，都是道。不只是求财，诸事都在道的控制之中。诸事按孔子的要求来办，求财也不例外，这便是合于道。

第八节　与其奢也宁俭

　　对财富的态度，是富贵如浮云；消费财富的方式，是"俭"。

后世人们对孔子抨击最甚者,无疑是他那一套礼仪制度的烦琐铺排,浪费时间,浪费人力,浪费钱财。孔子对于礼,确有近乎刻板的坚持,然而即使最烦琐的礼节,他也厉行节约原则。在坚持礼仪不走样、不变味的原则下,他还是希望能省则省的。

《八佾》中孔子说:"礼,与其奢也,宁俭。"正是因为宁俭勿奢,所以孔子又说:"麻冕,礼也;今也纯,俭。吾从众。"(《泰伯》)纯,黑色的丝。用麻做礼帽,合乎传统的礼。现在大家的做法是以纯做礼帽,工艺更简单,因而更俭省。尽管以纯代替麻做帽子,有悖传统礼仪,但是孔子认可了,也表示自己要遵循大家的做法。

礼的奢华或俭朴,只表现在形式上。在祭品陈设、程序安排、物质消耗上,无论怎样讲究,怎样完备,终不过是形式。我们知道,孔子更在乎的是心灵的在场和虔诚,形式上甚至有所怠慢都可以原谅,但心灵决不能有半点虚伪。形式上的布置,只要不损害心灵的表达,都是可以的。奢侈无助于传递真心,俭朴无损于表达虔诚,同时,但凡有公心为天下者也都知道奢侈可恨,那我们何不能俭朴?一方面并不损害礼,另一方面还照顾到了整个社会。

同时需要强调:礼贵中和,过分的奢华和过分的俭省都是不对的。俭是孔子倡导的美德,但是有一个底线:不可过俭而导致影响本质的表现。只是在物质条件实在无法照顾到礼仪的正常施行时,我们才不得已而尽量节俭。在物质财富充裕的情况下,我们应尽之礼都需尽到,不必过分克扣,但是一定不能奢侈。

孔子有一句话讨论了奢侈和俭朴,他说:"奢则不孙,俭则固。与其不孙也,宁固。"(《述而》)这就是为什么可以俭而绝对不能奢的理由。孙,逊也,不孙,不谦让;固,固陋,寒碜。两者俱失之中和,但如果非得做个选择,孔子宁愿选过分俭而不是奢,为什么会这样呢?钱穆如此分析:"固陋病在己,不逊则陵人。"固陋只是害自己,而不逊还会害到别人,仁者自然不欲加害于人,故宁俭勿奢。这是在讲"己所不欲,勿施于人"。古代的皇侃这样说:"若不逊陵物,物必害之,顷覆之期,俄顷可待。若止复固陋,诚为不逮,而物所不侵。"骄奢而害物,终必为物害,灭亡之期不远矣。若止于固陋而不能前进,虽然的确不够,但是还不至于招致外物侵害,自然可以保全自己。这是在讲明哲保身。但是孔子有没有引申到害人害己的层次,实在不得而知。

也许孔子是在用一种特殊的极端的方式来守护道义。骄奢之风形成则不易改善,腐蚀人性本质,而固陋之习则易于调整得到中和;骄奢于名节危害大,常为君子所不齿,而固陋于名节危害则小,君子士人常表同情。更重要的是,骄奢成性,则易役于外物,做了物质的奴隶,汲汲于富贵名利,最终将道义挤出自己的身体,完全背离道义;固陋固然也会让人无暇道义,局限于方寸得失,但是人到底还是容易跳出物质的局限而探到道义的绳头,不至于完全臣服于物质。不逊害道义深,而固陋害道义则浅。君子总是站在离道义最近的地方,所以宁愿固陋,也要选择俭朴。

孔子讲人君治千乘之国,说"节用而爱人"(《学而》),自己要节约,对人要宽爱。这样的模范就是大禹。《泰伯》中孔子说:"禹,吾无间然矣。菲饮食而致孝乎鬼神,恶衣服而致美乎黻冕,卑宫室而尽力乎沟洫。禹,吾无间然矣。"孔子对禹找不到可以批评的地方，为什么呢？因为他自己恶衣疏食毫不介意，但是却敬事鬼神，礼仪上一点不马虎；他自己不修缮宫室，却致力于农田水利，造福于民。这正是节用爱民的模范，财富都用在国家大事上，而不是自己享受。

第九章 处世之道

第一节　中庸

子贡有一次问孔子:"颛孙师和卜商,哪个贤?"孔子回答:"师呢,过了头;商呢,还不够。"子贡又问:"这么说,师强一些啰?"孔子回答:"过犹不及。"(见《先进》)

颛孙师和卜商,也就是子张和子夏。子张才高意广,好为苟难,过了头;子夏笃信谨守,而规模狭隘,还差那么点功夫。一般人会认为过头总比不足好,起码是有本事的表现,子贡之所以又发问,是因为他的认识还没跳出一般人的桎梏。而孔子则看得更深,过头也好,不及也好,都差不多,都不好。他要求的是不偏不倚,恰在中间。

南宫适(字子容)就是一个持中的高手。《公冶长》中孔子道出理由,认为南宫适"邦有道,不废;邦无道,免于刑戮"。江湖险恶而能毫发无伤,同时洁行高蹈,不污名节,这就是南宫适的优异处。南宫适能够适应黑白两道而不自污,说明他心中有个原则，有个最精准恰当的中点。他总是知道中点在哪儿，总是知道如何把握，故能进退自如。

这就是中庸之道，太刚直必不容于无道之邦，太懦弱必不显于清明之世。那个微妙的中点，让我们几乎嗅到庄子所谓"材与不材之间"的味道。

《先进》记载，对于同样一个问题，"闻斯行诸？"——听到了，就干吗？孔子对冒进的、敢作敢为的子路说："父母兄弟还在呢（怎么能说干就干呢）！"对谨慎退缩的冉有，则说："听到了，就干起来（别犹豫）！"他自己解释何以对不同的人说出相反的指导意见："求（冉有）也退，故进之；由（子路）也兼人，故退之。"冉有做事退缩，太弱，所以要鼓励他；子路一个人有两个人的胆，太猛，所以要压制他。孔子如此因材施教，遵循的正是中庸之道。

《泰伯》中孔子说："人而不仁，疾之已甚，乱也。"这句话更明显地表明了孔子的中庸思想。对不仁的人，恨之太甚，也会出乱子。孔子本身主张"仁者能好人，能恶人"（《里仁》），这里又给出中庸式的附加说明。可以恨，但不可以太恨。太恨则置人于无复革新的绝地，灭绝人重生的希望。人绝望了最可怕，干脆就不仁到底。儒家以救世爱人为宗旨，自不愿绝人之路，更不愿刺激恶行。也只有中庸的思想，可以杜绝极端的爱憎。

《雍也》中孔子说："中庸之为德也，其至矣乎！民鲜久矣。"中庸也算最高的德了！至者，非谓至难也，而谓至高至广。中者，不偏不倚也，无过无不及也。"庸"兼有"用"和"常"的意思，用今天的话说，就是："常常做。"或者说："平常所做。""中庸"

就是"常常做到中和",正如《礼记·中庸》所说:"道也者,不可须臾离也,可离非道也。"办事情恰到好处,而又能常常遵行不违,贯彻于日常,习焉而不察,这便是应有之道。

中庸的德行,"民鲜久矣",为什么呢?毛主席说过一句很有名的话:一个人做一件好事并不难,难的是一辈子只做好事,不做坏事。其实中庸的鲜见,道理一样:一次做到中庸,容易,但是一辈子任何事都做到中庸,那真是太难了。如此高难度,当然鲜见了。立志仁道的君子,追求的是一辈子中庸行事,以之为追求永不放弃。这种追求,也属凤毛麟角。内在的追求,外在的表现,都在现实社会中难觅踪影,这不单是孔子那个时代,而是所有时代的共性。

《述而》记载:"子温而厉,威而不猛,恭而安。"温和,又严厉;有威仪,又不凶猛;非常恭谨,却又非常安适。诸种相反品质在孔子身上自然调和,天衣无缝。王弼曾评:"此至和之调,五味不形,大成之乐,五声不分,中和备质,五材无名也。"此正中庸之大气象。

第二节 进退之道

前面已经讲到南宫适处世的高明,无论世道如何沉浮,他总是可以屹立不倒。《论语》中还提到宁武子、蘧伯玉等,也是深谙进退之道的智者。他们都在国家清明的时候出来发挥聪明才智,国君昏聩的时候退隐自保,拿得起放得下,上得来下得去。

孔子对这些人是非常赞赏的,他认为君子的人生就该是这样的。《泰伯》中子曰："笃信好学，守死善道。危邦不入，乱邦不居。天下有道则见，无道则隐。邦有道，贫且贱焉，耻也；邦无道，富且贵焉，耻也。"坚定地相信，努力地学习，誓死守住、完善道义。这是表明对道义的誓死坚守。危险的国家道义面临沦丧，我们不进入；混乱的国家道义已经被冲乱，我们不住那儿。天下有道的时候，我们出来做事；无道的时候，我们归隐。如果国家有道，天下清明，人们生活幸福，而我不能厉行道义，那是耻辱；如果国家无道，政治黑暗，人民生活苦难深重，而我却心安理得地豪取爵禄，说明我背道而驰，没有可守之节义，那也是耻辱。此一进一出，一隐一现，一富贵一贫贱，皆表示永远追随道义。道在人在，道亡人亡。

南宫适等人的可贵，不只是因为来去潇洒，钟鼓馔玉不足贵，还是因为心中有道义，为伊可堪人憔悴。

孔子所处的时代，政治环境已经非常黑暗，腥臊并进芳草疏，诸贤高驰遁世去。孔子周游列国，一路遇见不少无道则隐的隐士，再佐以历史的传闻，他对隐逸者作了个分类。《宪问》中孔子说："贤者辟世，其次辟地，其次辟色，其次辟言。"避得最彻底的，当然是避世，和整个黑暗的社会完全隔绝，做世外的高人；次一点，则是去乱适治，择良木而栖；再次一点，则是察言观色，貌有不敬则速去；再次则是言语不合、话不投机则去。避世者最为贤，最有风格。孔子以无可无不可之心周游于昏聩的时代谋求清明的曙光，终身不曾隐逸，但是他对隐逸者却始终怀着尊敬，正是因为无道则隐本就是理所当然之事。

当然，孔子没有屈原式的愤世嫉俗，也没有义不食周粟的极端行为，他们为了殉道几乎不顾形体的残损和生命的终结。孔子的进退之道，还深刻包含着明哲保身的意味。这种自保的行为，不单是为了道义的纯洁无瑕，也是为了身体发肤的完好无损。南宫适免于刑戮，正是对道义和身体双重保护的典范。

儒家也讲"事君能致其身""见危授命"等话，看来是要拿出性命来效忠，这跟"危邦不入，乱邦不居"的精神显得很矛盾，哪里有丝毫明哲保身的意思呢？这个问题就需要辩证地看。

在孔子那个时代，尚且缺乏明确的国家观念，更多的是家族观念、君臣观念。一个诸侯国，只是一家的国，臣子效忠的对象是诸侯而不是国民。"事君致身""见危授命"的对象，如果真是一国之明主，知人善任，则我效死而无憾，这是合于道义的。但是如果侍奉的是一个昏君，一切道义皆被蹂躏，慷慨赴死亦无助于伸张正义，那么，正确的态度就是"不入""不居"。君子效死的对象始终是国君，是一个政权，而不是人民，所以他有选择的权利，他有出入的自由。所以，孔子才有了那些看似矛盾、实则辩证的说法。

朱熹在解说"危邦不入"的时候说："君子见危授命，则仕危邦者无可去之义，在外则不入可也。"其实，仔细揣摩孔子的原话，并没涉及什么"仕危邦者无可去之义"，"乱邦不居"本身就说明了危邦的可去。

第三节　德与世道

君子处世，中庸是要诀，那么这个不偏不倚的"中"以什么为圆心呢？自然是德，也可以说是道，因为德便是道赋予人生的表现。也可以说是义，因为义的基本特征就是合于道德。甚至可以说是仁，因为仁乃德之大者。

在不同的叙述场合，德的具体意义会有所转化，不尽都是指向最根本的最普遍的德行。

《子张》篇记载子夏的一句话："大德不逾闲，小德出入可也。"这句话怎么听都有"贞而不谅"的味道，其精神乃是一以贯之的。《韩诗外传》记载是孔子说了这话，《晏子春秋》又载是晏子先有近似的话。子夏并非原创。大德小德，此处乃指大节小节，当是面临考验时的具体表现。他是说："大节不能过界，小节上有出入是可以的。"

以儒家"慎独"主张，小节亦当恭谨持守；然而实际生活中，总难免有无可奈何之时。临大节身可死，头可断，气节不能丧；临小节则可隐忍一时，徐图长远，最终实现大节义。所以我们自处，当深明大义，不可为一些小细节而羁绊手足。文天祥当年羁縻北国，忍辱偷生，"予分当引决，然而隐忍以行"（《指南录后序》），以图后事，此即临小节；苏武羁縻匈奴，卧冰雪食野鼠，牧羊十九年不降，此即临大节。不单自己做人有此心胸，看待别人亦当有此眼光：大节上不能有回旋余地，不能打折扣，小节上则不应苛责求备，正所谓"躬自厚而薄责于人"。

李颙《反身录》认为君子自处小德亦不可逾闲，否则渐有放心，不能恭谨，此知其一不知其二。孔子说"君子贞而不谅"，意思已经很明白，无须在此处反生疑惑。

《宪问》中记载："或曰：'以德报怨，何如？'子曰：'何以报德？以直报怨，以德报德。'"德，此处指恩惠（何晏、朱熹、杨伯峻皆这样解释）。这句专讲如何处理恩怨。

以德报怨，用恩惠来回报怨恨，盖当时一种较流行的思想主张。这是一种看来大度隐忍的高尚德行，我们今天也常常引用来劝诫世人。可是孔子并不苟同，他反问："何以报德？"是啊，德行又何以为报？总不可能恩怨不分，并报以德吧，这对世人将是何种教育作用？对父母抱以德，对杀父母者也抱以德，又何以见公正道义，何以别君子小人？所以孔子要怀疑这个不现实的、空洞的，甚至有点虚伪的言论，而另立说法："用公平正直回报怨恨，用恩德回报恩德。"孔子要求用公正来对付怨恨，即使遭遇下流卑鄙的对手，也不是恶狠狠地针锋相对地回击，而是用正义来判决。而德是用来报德的，所谓滴水之恩涌泉相报，也正是因为感念于恩德，有恩德这个前提。

实际上，无论是怨恨还是恩德，予以回报的都是直，不过回报恩惠的"直"要求的正是恩惠。该下地狱则下地狱，该上天堂则上天堂，正义是万物的尺度，个人恩怨只是正义的臣仆。

孔子师徒的两段话，就是道——处世之道。君子以德为内在品质，与客观世界交锋，如何既不悖德，又能远害，此两条不可不深长玩味。

再来看看德行的外在客观一面。孔子尊崇德行，故尊崇有德的君子。颜渊之死，在孔子看来是道德的死，其悲痛摧心折骨，无法自持。由于哭得太伤心，弟子们都来劝他，希望他别太伤心。他说："有恸乎？非夫人之为恸而谁为？"真的太伤心了吗？不为这样的人伤心，还为谁伤心？他甚至呼天抢地："老天爷要我的命哪！老天爷要我的命哪！"（见《先进》）《八佾》中孔子曾经赞美到："《关雎》乐而不淫，哀而不伤。"这正是中庸之为德，凡事不过分。然而情到至真至纯，谁复顾及理性。对待颜渊之死，孔子确实哀伤过度，毫无节制，大背于中庸。千古圣贤，亦不过性情中人。诸弟子中，颜渊德行最高，孔子的悲痛，不只是因为爱徒，更是因为其代表的道德理想的榜样的消失。

《论语》记载孔子出格的言行，正是为垂范后世，为德行立一丰碑。

第四节 友其士之仁者

处世要求中庸，也就是强调"刚好"，这是对自己的要求。对朋友呢？最理想的朋友，自然也是做事刚好恰当的中庸主义者。

《子路》中孔子说："不得中行而与之，必也狂狷乎！狂者进取，狷者有所不为也。"中行，以中庸之道行事。狂、狷，包咸曰："狂者进取于善道，狷者守节无为。"朱熹集注："狂者，志极高而行不掩。狷者，知未及而守有余。"从这句话可以看出，最理想的交往对象，是中行者。然而中庸之为德，"民鲜久矣"，中庸恍惚若传说，其人岂是轻易见得到的。所以，最高理想开始打折，迎合世俗，于是孔子择狂狷者交之。狂者激进，有理想敢斗争，是为正义冲锋陷阵的敢死队；狷者坚守，威逼利诱他都不屈服。两者一进取，一退守，孔子觉得能和他们交往也不错。

《季氏》篇中孔子又从另一个角度告诉人们应该选择什么样的朋友。他说："益者三友，损者三友。友直，友谅，友多闻，益矣。友便辟，友善柔，友便佞，损矣。"谅，信也。正直、诚信、博闻者，乃有益的朋友。关于损友，朱熹集注："便，习熟也。便辟，谓习于威仪而不直。善柔，谓工于媚悦而不谅。便佞，谓习于口语，而无闻见之实。"总之，就是花言巧语，信口开河，谄媚逢迎，好摆花架子，其实心里、本质上完全是另外一回事。交这类朋友，是要倒霉的。这里从"益"与"损"的角度谈交朋友，也正说明了孔子的"道德功利"追求。

由此，我们引出一句很有争议的孔子原话："无友不如己者。"（《学而》）中行、狂狷之士，益者三友，显然不在"无友"之列。那损者三友，孔子唯恐避之而不及，显然就在"无友"之列。两句连起来，似乎"不如己"是专指道德人品，不是指个人能力、才艺。在道德人品方面比不上自己的，不和他做朋友。这是我们的初步推测。

古人很怀疑孔子说这句话的动机。因为你不和比不上自己的人交朋友，那比你强的人也依样画葫芦不和你交朋友，如此便无人可交；再者，不和比不上自己的人交往，则如何敦促不如己者慎自修行？社会责任感自此一笔勾销。所以《四书辨疑》解"如"为"似"，像自己的人，则自然相友好。那么，不像自己的呢？胜过自己的，以之为师；比不上自己的，可为之师。黄式三《论语后案》解"如"为"类"，并立即和"道不同，不相为谋"画上等号：不是同道中人，自然不相交往。如此一来，自然取消了优劣上的斤斤计较，该翻的坎貌似都翻过了。

但是我们看看孔子的整句话，却又觉得《辨疑》《后案》还有未解的症结。整句话是说："君子不重，则不威；学则不固。主忠信,无友不如己者,过则勿惮改。"以忠和信两种德行为主张,犯错不怕改正,前后内容,都在谈论德行信仰。整句话的思想应该是一致的,都指向道德修养,不至于中间突然岔开来另辟中心。《后案》是论道,《辨疑》是论人际关系,都抛弃了道德主旨,走上了岔路。这是不符合语法规范和表达习惯的。弯路上走一遭,回到正道,发现孔子说的就是不和比不上自己的人交朋友。

孔子这么说,表达的是见贤思齐的渴望,对道德信仰的憧憬。这种强烈的道德追求,使他说出了不甚周全的语言。以孔子和学生的关系来看,有亲密如父子的,却见不到以朋友相称的;如此,《辨疑》有可信的成分,只不过这句话的表达重点不在辨析师友上面。

至于"道不同,不相为谋"(《卫灵公》),前面第二章第七节已经说过。孔子和异端打交道的唯一方式是战斗、征服,不可能其乐融融地在一起喝酒吃肉,高谈阔论——不同道的人是根本不可能成为朋友的。孔子在《论语》开篇就说:"有朋自远方来,不亦乐乎?"朋,包咸解为"同门",朱熹解为"同类",杨伯峻解为"志同道合的人",其实都是一个意思。这本身就明示孔子择友的两个信息:一是积极而欢悦的态度,二是求志同道合者一起游学。不同道的人,自然拒之门外,否则不必单表一个"朋"字。

这本是很明白的一句话,但是刘宝楠又提出异议。他认为:孔子集大成,洞察各家之精微,融于一体,怎么可能狭隘地"不相谋"?"不相谋"者,是道的本体、本质,而非为学者;圣人的作用,恰在于"相为谋"。后世儒家才开始有异同之见而自以为是、互相攻讦,违背了老人家的初衷。

刘氏的逻辑也不可通：首先，道的本体，是宇宙天地的大本质，是唯一的，混一的，怎么谈得上同与不同？即便如朱熹所说万物各有"理"，这朵花的道和那碗水的道不同，所以不相谋——那不是废话吗？谋得了吗？况且，孔子本人对道的探究还没有精微到朱熹时代的万物各别之"理"和天地终极之"太极"，道的本体同不同，是否"相谋"，他还想不到这么细。再者，道本无言，谈何谋与不谋？谋者本人，关道何事？刘宝楠聪明的思辨误入歧途。

不同的人，对道的理解不同，都自以为见到真相，着急于解救受到蒙蔽的人，故著书发文，倡言立派，这才有所谓道不同。大家各执一端，激烈争论，这才有所谓不相谋。

《卫灵公》中孔子对子贡说："居是邦也，事其大夫之贤者，友其士之仁者。"和有仁德的人士交朋友。仁者自然是同道中人，自然是益友。这个最模糊的"仁"，其实有最宽泛的外延，几乎可以把"友其士之仁者"作为人际交往的座右铭。

最后需要再强调的是：孔子交友，没有物质功利心，但有非常强烈的道德功利心。交友的对象，一定是有助于进德修业的高洁之士，一定不能是拖我后腿、坏我德行的卑鄙之人。

第五节　观察之术

孔子曾经慨叹："论笃是与，君子者乎？色庄者乎？"（《先进》）我们总是赞许言论笃实之人，但是他到底是真君子呢，还是只是神情上假装庄重的人呢？言论的笃实也许出自肺腑，也许出

223

自伪善，真真假假、虚虚实实。孔子还说："有德者必有言，有言者不必有德。仁者必有勇，勇者不必有仁。"（《宪问》）呈现出同样的疑惑。有言有勇者皆驰名于外，安能辨别德乎仁乎？所以，我们虽然希望以仁者为友，和正直的益友、同道交往，却在现实面前陷入困境：人心叵测啊！

功夫就在"察"上。言行的清高或恶俗，名声的美善或龌龊，都须经得起考量。《卫灵公》篇孔子说："众恶之，必察焉；众好之，必察焉。"众人都厌恶的人，或许只是因为敢冒天下之大不韪，举世皆浊我独醒；众人都喜欢的人，或许只是乡愿派的好好先生，凡事都不得罪人。我能随大流同喜好吗？显然是不能的。否则很可能埋没了好人，放过了坏人。

子贡恰好就请教了孔子，如何从民意浪潮中披沙拣金，独见真理。《子路》中记载：

> 子贡问曰："乡人皆好之，何如？"子曰："未可也。"
>
> "乡人皆恶之，何如？"子曰："未可也；不如乡人之善者好之，其不善者恶之。"

这就把一个笼统而模糊的"察"给具体化了，一个疑难问题突然明晰轻巧了。当你觉得实在拿不准这人的人品到底如何时，就看好人对他什么态度，坏人对他又什么态度。一个人，如果好人都喜欢他，坏人都厌恶他，那么就可以断定他不错，值得交往。因为"唯仁者能好人，能恶人"（《里仁》），仁者的取舍总是接近正确的，我们大可以借他的慧眼观察人世。

但是，了解一个人，最根本还是要靠自己的直接观察和分析，不能总是指望别人的引导。一个人呈现在我们面前最直观的状态，是言行仪表。所以，对人的分析，还得从言行仪表入手。《尧曰》中孔子说："不知言，无以知人也。"《公冶长》中孔子说："听其言而观其行。"《里仁》篇中孔子说："人之过也，各于其党。观过，斯知仁矣。"分析他说的话，这是最简单的，最基础的，但是因为"有言者不必有德"，单靠语言不能断定人心，所以必须还要看他的行为。两者一结合，好多人就原形毕露。赵括纸上谈兵，赵高指鹿为马，都是语言天才，最后拿出行动来，则因自己的罪恶而身死国灭。

孔子还特别说到，人犯错，也各从其类，观其犯错的类型，可以知道他是什么样的人。这是个很新颖的角度，充分说明孔子研究人，颇有心得。朱熹集注引程子曰："人之过也，各于其类。君子常失于厚，小人常失于薄，君子过于爱，小人过于忍。"君子失之厚道，小人失之刻薄，君子过分仁爱，小人过分残忍。这都是观其行而得的经验总结。

听其言观其行，是最通常的做法，至今如此。但是，即使听言观行，也仍然不能保证万无一失。心里的东西，非到最后摊牌，不会水落石出。秦舞阳少年杀人，人人不敢逆视，燕国上下，皆以为勇士；即至秦廷，吓得面如土色，坏了荆轲的大计。王莽未篡位时，恭俭礼让，活像一个君子，历史却证明他是一个暴君。

所以，如何考察一个人，孔子在《为政》中有一句最全面的话，可为总纲："视其所以，观其所由，察其所安。人焉廋哉？人焉廋哉？"

廋（sōu），隐藏。这句话，有两种解释。其一，杨伯峻说：

"考查一个人所结交的朋友；观察他为达到一定目的所采用的方式方法；了解他的心情，安于什么，不安于什么。那么，这个人怎么隐藏得住呢？这个人怎么隐藏得住呢？""以"解作与，"由"解作"由此行"，"安"解作"安心"。即看他结交的朋友、采取的行为方式、安心于什么。其二，朱熹集注为：以，为也，做什么。由，从也，意之所从来，为什么这么做。安，所乐也，是否乐于这么做。关键在"以"和"由"的不同。朱熹认为是观察他所为、如此为的心意由来、是否安乐于这样为。

杨氏之说，仿佛三截各不相通的断头路横亘在前，逻辑上毫无延续和牵连。视其交友、视其方法，都是行事的具体而微的方面，既失之片面，又缺乏对心灵的深层观照。而我们考察一个人，根本的是想考察他的心灵，由此确定他的品质。朱熹之说逻辑上则顺流而下，由表及里，一环扣一环，层层递进。且各方面照顾全面，从行为、心意到价值取向都囊括其中，并且把对心灵的探讨放在了重要位置。我们认为朱熹的说法是正确的，而杨氏之说不可取。《逸周书·官人解》有"考其所为，观其所由"句，《大戴礼记·文王官人》有"听其声，处其气，考其所为，观其所由，察其所安"句。杨氏明知而不采纳，实非明智。

钱穆将"以"和"所"连在一起，断为一个词，即"所以"，做事的原因；"由"，某种途径，类于杨伯峻。总体上来说，和朱熹的说法差不多，但是前面两条的顺序则颠倒了。这种颠倒的处理也是不明智的。问题就在"视""观""察"三个字上。《穀梁传·隐公五年》："常视曰视，非常曰观。"皇侃义疏也说："视，直视也。观，广瞻也。察，沉吟用心忖度之也。即日所用易见，故云视。而从来经历处此即为难,故曰观。性情所安最为深隐,故云察也。"可见三个字表达的是一个由浅入深、由表象到本质的逐步深入的体察过程。人的外在行为是最容易直接观察到的,内在理由要仔细地观察,而内心真正的信仰和价值取向,则更需要深刻入微的观照。钱穆之说,则认为内在的心理比外在的行为更容易观察,这显然不合常识。

《为政》中这句话告诉我们:观察了解一个人,外在的行为、内在的想法、个人价值观,三者是缺一不可的。当然,内在的想法和价值取向,是很难直观了解的,最容易获得的还是外在表现。我们可以把"观其所以"的"以"理解为"为言为事",将说话和做事都包括在"以"字当中,那么,听言观行,则都在"观其所以"之中了。"观其所以"最直接最易得,所以最需要花工夫细心考察。

识别君子、小人,还需要辩证的眼光。《卫灵公》中,子曰:"君子不可小知,而可大受也;小人不可大受,而可小知也。"知,朱熹解为"我知之","小知"为小的方面可观;钱穆曰"被知于人",杨伯峻谓"小知"为"用小事情考验"。意思各有不同,核心意思还是一致的。但也有的认为"知"通"智",指智慧、才略等意思。"知"的意思不好准确界定,也不必拘泥。这段话的直译也比较麻烦,没有定论,只能说其大概意蕴:君子之道深远,在细节上或有不周,不必苛求,却可以承受重任;小人之道浅近,不能承受重任,却在小的方面有其可取处。这句话更重要的意义在于告诉了我们:君子有其不能,小人有其所能,对君子不可求全责备,对小人也不能一概否定。

孔子按照自己的识人之道，认定公冶长"可妻也。虽在缧绁之中，非其罪也"（《公冶长》），并把自己的孩子嫁给了他。缧绁，(léixiè)，捆罪犯的绳索，借指监狱。公冶长蹲了监狱，孔子还看好他，可见其眼光异于常人。孔子也有看错人的时候，《史记·仲尼弟子列传》记载孔子曾经看不起澹台灭明（姓澹台，名灭明，字子羽），但是这个人后来很有成就，于是孔子慨叹："吾以言取人，失之宰予；以貌取人，失之子羽。"

第六节　冲淡的态度

我们已经知道，孔子选择朋友，没有物质上的功利目的，但是道德功利的目的却相当强烈。朋友应该助我道德长征一臂之力，或我主动取法，或他主动给予，总之，我在他那儿学得到东西。这一条不能满足，就没必要花时间和他交往。

而道德修养，主要是自己的事情，强调的是主观的努力，即使圣明的言语萦绕不绝，也须我肯听肯接纳。所以，事实上，君子要求自己甚多，要求别人甚少。我们很容易发现，孔子似乎并不很在乎别人对我怎么看，是否了解我，他在乎的只是我自己做得怎么样。我做得好，自然会得到认可。《论语》多处记载他的言论，反映这样的思想。如《学而》："人不知而不愠，不亦君子乎？"别人不了解你，却不怨恨，不也是君子吗？本篇又说："不患人之不己知，患不知人也。"别人不了解自己，不着急，自己不了解别人才着急。《里仁》："不患莫己知，求为可知也。"不怕人不知道自己，加强自身修养，获得那些足以使人知道自己的本领。

《宪问》:"不患人之不己知,患其不能也。"不怕别人不了解自己,怕的是自己没本事。诸种说法各有不同而主题一致,可能孔子对很多弟子都强调过这样的思想。《荀子·非十二子》中有段阐发,承袭着一贯的精神:"君子能为可贵,不能使人必贵己;能为可信,不能使人必信己;能为可用,不能使人必用己。故君子耻不修,不耻见污;耻不信,不耻不见信;耻不能,不耻不见用。是以不诱于誉,不恐于诽,率道而行,端然正己,不为物倾侧,夫是之谓诚君子。"

众人谓在家靠父母,出门靠朋友,而孔子要求无论在哪儿,都要靠自己。所以,他对人际关系,透出冲淡的态度。他不会刻意讨好谁,也不会刻意避嫌,一切都奉行中庸原则。

《雍也》记载:孔子的学生公西华出使齐国,冉有为其请求粟米,孔子只答应给一釜(今天的一斗二升八合),数量太少,冉有请求增加,孔子又涨了一庾(四升八合),还是不够。结果冉有不听老师的话,兀自给了公西华五秉(合今天的十六石,即一百六十斗),数量暴增。老人家于是很不高兴,说公西华出使齐国,乘肥马,穿皮衣,已经够享受了,"君子周急不继富"。君子应该雪中送炭而不是锦上添花。但是对原思,孔子态度就变了。原思当孔子家的总管,孔子给他粟米九百,他推辞。孔子说:"别推辞了,有多的话就给邻里和同乡的穷人吧。"《四书集注》认为粟米九百,是常禄,是该得的。前后相比,可见孔子为人:当得的不会克扣,不当得的决不多给。不给则吝,多予则媚,都会害义。从中可体会孔子中庸的原则。

《乡党》中讲孔子的做法:"朋友死,无所归,曰:'于我殡。'

朋友之馈，虽车马，非祭肉，不拜。"殡，《说文》曰："死在棺，将迁葬柩，宾遇之。"殡，本有"宾"的意思。有人说孔子只是出钱为朋友打理丧葬事宜，有人说孔子让人把灵柩停在自己家。《礼记·檀弓》："宾客至，无所馆，夫子曰：'生于我乎馆，死于我乎殡。'"根据这句话来看，应该是停柩于自家，如生前的宾客待之。对朋友做到这个分上，一般人都是难以接受的，可见孔子重情重义，用心至诚。另一方面，朋友送的东西，即使是车马这样的贵重物品，只要不是用于祭祀祖先神灵的肉，就不行拜见礼。朋友因为道义志趣而走到一起，通财互助是应有之义，故可大方接受，这些都是理所当然的事情。至于祭肉，因为涉及祖先神灵，是很庄重严肃的事情，那另当别论。两种态度，一似过激，一似不足，其实都是在中庸的原则指导下，冲淡遵循的是"义"。

第七节　交往之术

君子相交，是为了在道德之路上携手共进，自己得道，自己亦推行道。

《颜渊》篇曾子说："君子以文会友，以友辅仁。"文，不单指文章，应该是概指一切学问。君子为什么要以学问来聚会朋友，以朋友来辅助我的仁德？《朱熹集注》中说："讲学以会友，则道益明；取善以辅仁，则德日进。"学问中含着道义，故讲学可以明道；好的朋友明道识理，故可以帮助我修行仁德。曾子从正面告诉我们拿什么和朋友交往，交友是为了什么——一切都围绕着道这个中心在展开。《卫灵公》中孔子说："群居终日，言不及义，好行小慧，难矣哉！"整天在一起，说不出一句贴近正理的话，只喜欢卖弄小聪明，这可难相处啊！孔子从反面告诉我们：聚会上，不能以道义相切磋，徒以小聪明互为苟难，这对于君子道德修养是难有帮助的。仍然在告诫人们切不可忘记了道义这个中心。

君子以文会友该是什么样的场景呢？也许孔子所说"朋友切切偲（sī）偲"（《子路》），是最恰当的描写。何为切切偲偲？钱穆、杨伯峻、何晏、皇侃皆解为朋友互相批评切责之义。是说朋友在一起要互相切磋琢磨、互相指正、互相批评，以共同提高。我们几乎可以想见一幅大家各怀坦诚、热烈讨论的画面，一切的矛盾都在善道之中求得和谐。

道是大家的共同追求，也是大家共同遵循的交往规则。君子的交往，从形式到目的，都必须符合道义。

子夏在《学而》中说："与朋友交，言而有信。"在《颜渊》中说："君子敬而无失，与人恭而有礼，四海之内，皆兄弟也。"强调忠信与恭敬的道德品质在人际交往上的重要性。《说苑·杂言》记载孔子曰："敏其行，修其礼，千里之外，亲如兄弟；若行不敏，礼不合，对门不通矣。"和子夏之语颇相似。或《说苑》本于《论语》，而误子夏为孔子；或另有所本，孔子本来有这样的言论，而为子夏所引用。

《颜渊》篇中孔子说："君子成人之美，不成人之恶；小人反是。""成人之美"是我们常挂在嘴边的话，也正体现了仁爱的精神。为人宽厚者自当成全别人的好事，而坏的事情则要竭力避免竭力阻止。凡合于道义、利于上进的，我们应当助以一臂之力；凡戕害道义、趋向堕落的，我们应该全力匡正。所谓美，所谓恶，全在于是否得到道义的认可。《季氏》篇孔子谈有益的三种快乐，其一便是"乐道人之善"，就是要多宣扬别人的好处，并以之为乐，这也正是成人之美的一种表现。《阳货》中孔子谈君子厌恶的人说："恶称人之恶者。"一味传播别人的坏处，这让人厌恶，因为这也正是成人之恶的表现。当然，道人之善，是因为人本有善，多为之宣扬乃是鼓励以期能够发扬；隐人之恶，是因为人多有恶，多为之隐瞒是出于宽厚并期待自新。

君子和人交往，还有很重要的一条："躬自厚而薄责于人，则远怨矣。"（《卫灵公》）孔子告诉我们：督责自己厚（多），督责别人薄（少），就可以远离怨恨。对自己要求很严格，德行上一丝不苟，而对人则常怀宽容，心胸开阔，这是君子风度；也正是因为对自己要求严格、一心崇尚德行的完美，所以无暇苛责别人。不过孔子强烈的心声正是源于在现实中的碰壁。韩愈在一千多年以后发出的感慨，仍只是孔子心声的回音，他在《原毁》一文中说："古之君子，其责己也重以周，其待人也约以轻。""今之君子则不然，其责人也详，其待己也廉（少的意思，表示要求不高）。"

为了不漏掉益友，不滥交损友，孔子还提出了语言上的要求："可与言而不与之言，失人；不可与言而与之言，失言。知者不失人，亦不失言。"（《卫灵公》）这是讲说话的分寸，是技巧性很强的东西。如何看对象说话，孔子有一句话可参考："中人以上，可以语上也；中人以下，不可以语上也。"（《雍也》）是为说话分寸的指南（详见本书第三章）。

君子待人，亦不忘劝善，这是一个很重要的方面，也是道义要求的应有之意。《宪问》中孔子说："爱之，能勿劳乎？忠焉，能勿诲乎？"爱一个人，能不使他劳苦吗？忠于一个人，能不教诲他吗？《国语·鲁语下》说："夫民劳则思，思则善心生；逸则淫，淫则忘善，忘善则恶心生。"劝人勤劳，正是催生善心的手段。勤奋之人必定有纯正向善之心，而淫逸之人必定有堕落腐败之举，这是一般的逻辑，故孔子教人勤劳不教人淫逸。而忠于一个人，也并非完全盲目地出死力捍卫他的尊严；要教诲他趋向正道，不走邪路，有此"诲"字，则劝善之情溢于言表。

句中"劳"字，古注或训为劝勉，或训为忧思、劳心。即说：爱他，我能不劝勉他吗？或：我能不忧心吗？钱穆、南怀瑾、杨伯峻等均释为"使人劳苦"，暂从后者。其他如《子路》"先之，劳之"，《尧曰》"择可劳而劳之"都作"使其劳苦"讲，也可作为旁证。《国语》之论，正可为注解。当然，这个"劳"，并不一定非得指向具体的劳动，正如南怀瑾《论语别裁》所说，是"要使他知道人生的困苦艰难"，对心志的磨炼也是其意。

颜渊曾讲"愿无伐善，无施劳"（《公冶长》），我们采用"不施加劳苦于人"的说法（详见本书第五章），似乎有点矛盾。其实，这里的"能勿劳乎"，并非就是要"施加劳苦于人"，而是要勉励、培养人民吃苦的精神。历代明君皆知轻徭薄赋，尽量减轻人民负担，但同时历代明君也都要求人民能够勤奋，能够吃苦，这两者是完全统一和谐的。

同时，我们劳之、诲之，不能太过分，过犹不及。孔子再度以中庸之道来调节言行。《颜渊》中孔子教导子贡："忠告而善道之，不可则止，毋自辱焉。"忠心地告诫，好好地引导，他不听就算了，不要自取其辱。《里仁》中子游还说："事君数，斯辱矣；

朋友数，斯疏矣。""数"有"太密而烦琐"的意思。对朋友言论劝导过分烦琐，反而会被疏远。孔子和弟子都反对过分的告诫和劝勉，认为那样会招来耻辱。也许他们认为：真正志同道合的朋友，是不需要不厌其烦地劝导的，言语一点，自然心领神会；说得繁复，正因为非同道人，既然不是同道人，强求一致，必然屈心中之道来迁就他者。如此强求，正如对牛弹琴，岂非有辱自身的高尚人格和纯正的大道？

以上种种，皆为君子处理人际关系的要领，不以此不能得中正的益友，不能维护纯正的友谊，不能从友谊中获取精神上的养料。

第八节　君子亦有恶

唯仁者能好人，能恶人。孔子交友如此慎重，自然会有相当一部分被淘汰出朋友的范畴。《阳货》中孔子对阳货的态度就是一例。

阳货，或曰阳虎，是鲁国大夫季氏的家臣。当时以季氏为代表的鲁国三大势力控制国政，而阳货却以家臣的身份控制季氏，甚至还拘捕了季氏，妄图取而代之。这在孔子看来是典型的犯上作乱、大逆不道。但是阳货却要找机会亲近孔子，想召见孔子。孔子不露面，他便干脆送来一只蒸乳猪（或谓猪蹄）。别人投桃，你总得报李，尤其是特别注重礼仪的孔子，这更是非回谢不可的。见面好像是无法避免的了，但是孔子很聪明，就打听到阳货不在家时去回谢。孔子的行为，已经表明他不想和阳货这路人打交道；

但是，恰好又在半路上碰到阳货了。阳货热情洋溢地讲了很多大道理，无非是想孔子出来帮他做事。但是孔子态度很冷淡，只求蒙混过关："好吧，我打算做官了。"以此草率的答复糊弄阳货。看起来孔子像个乡巴佬似的愚鲁憨直，其实正是大智若愚、深藏不露。对不喜欢的人，他懒得摆事实讲道理，能离多远就离多远，免得玷污了自身。当然，也不得罪，面子上还是照顾周全，以免损了君子的气度。

对朋友尚且只是点到为止，对非同道人更是敬而远之。此正所谓道不同，不相为谋。

但是，《阳货》又记载公山弗扰、佛肸俱以家臣身份发动叛乱，召见孔子，孔子又跃跃欲试。这一前一后，未免费解。《论语》讲出了孔子的理由："如有用我者，吾其为东周乎？""吾岂匏瓜也哉？焉能系而不食？"有人能够用我，说不定我还能使周道复兴；我又不是匏瓜，怎能光挂着不吃？这说明孔子心志在于行道，推行自己的政治主张，实现自己的抱负；他把公山弗扰、佛肸的召见看成实现梦想的一个机会，而不是认为这两个人值得共事。公山弗扰之事，史上没有定论。钱穆在《论语新解》中的说法可供参考：公山弗扰召见孔子时，还未真的发动叛乱，只不过坐观时局，已有叛相；而孔子欲往，不过是怀着挽回局面的妄想，乃知其不可而为之举；且公山弗扰为人异于阳货，当有可肯定之处，还不至于让孔子厌恶到不想理他。再说佛肸，是晋国范氏或中行氏的家臣，同时是中牟的县官。当时晋国内乱，六卿争夺激烈，各自挟持国君攻伐别家。赵简子挟持国君攻伐范、中行氏，则佛肸之叛，乃叛赵而护范、中行氏，自有其符合道义的地方。

佛肸也有其得人心的表现，《说苑·立节》记载当他据中牟而叛时，中牟之士皆归附之；对于这样的人，孔子还抱着幻想。

孔子拒绝阳货，体现了仁者能恶人；准备投奔公山弗扰、佛肸，完全是为了政治抱负。这两者的本质是不同的。

孔子曾经和子贡谈论君子厌恶的人。孔子说："恶称人之恶者，恶居下流而讪上者，恶勇而无礼者，恶果敢而窒者。"(《阳货》)即厌恶传播别人坏处的人（无仁），厌恶在下位而诋毁上位的人（无忠敬），厌恶愚勇而无礼之人（易作乱），厌恶鲁莽而顽固不通的人（易妄作惹祸）。子贡接过孔子的话补充："恶徼以为知者，恶不孙以为勇者，恶讦以为直者。"厌恶抄袭别人而自以为聪明的人（无智），厌恶毫不谦逊而自以为勇敢的人（无礼），厌恶揭发别人阴私而自以为正直的人（无义）。以上诸种恶行，内无仁道，外无礼仪，颠倒是非，混淆美丑，足以殄灭正义，扰乱天下。

当子贡问孔子君子是否"亦有恶"，即也有憎恨的事，孔子的回答是非常干脆的："有恶。"此后才是对诸种恶行的游街示众。这里也直接否决了前述对"苟志于仁矣，无恶也"的种种误解。《论语》全篇，孔子论述诸种德行、诸种为人，多有否定态度，甚至鄙夷之色溢于言表。对于色厉内荏的小人，患得患失的鄙夫，败坏德行的乡愿者，饱食终日无所用心的庸人，对于巧言令色、犯上作乱、追名逐利的人……义正词严的孔子焉能笑脸相迎？

第十章 最高境界

第一节 修炼的工具

要想达到天庭，必经流沙之野，必攀炎火之山，必涉弱水之渊，必闯恶兽之关，才可希冀天帝的接见。《山海经》所述众神的下都昆仑，乃人间到天堂的通道，凡人非经九死一生，非有石破天惊的气量胆魄，便永不可达到。

孔子理想中的最高境界，也是昆仑之巅的梦幻王国，精神优游于无极。普通人超凡入圣，必有漫漫长征，必有磨难重重。好在无须携带干粮，作苍茫阔别的远行，只是意念上的远征。一切的苦难其实都在日常生活之中，好比颜渊箪食瓢饮处陋巷、原宪茅草篷户连夜雨，水与火的考验都在眼前。

目标看来遥不可及，然而路在脚下，办法在身边。孔子会给我们唾手可得的工具，教我们感应天门的德行，培养我们气定神闲的精神。

是什么样的工具可以帮助我们呢？《泰伯》中孔子曰："兴于

诗，立于礼，成于乐。"兴起于诗，立足于礼，成德于音乐。兴、立、成是人生三部曲，诗、礼、乐助你每一步都走得优雅完美。理想和现实通过这三件普通的工具扭结在一起。

诗本身来自民间，在当时还没有专门的诗人、文学家。每个老百姓都可能是诗的创作者。即使相对高雅的雅、颂一类，也多为贵族群体创作，而非某个文学家的大手笔。诗的生命力也依赖于广大群众对它的青睐。诗名状大自然最原始的声音，是民风和人性最忠实的记录。这些诗歌，在民间广为流传，为普通人所习见，最易学易懂。通过这个途径了解天地万物，了解人性道义，沐浴天道的光辉，培养自身性格，是最便利最直接的，故"兴于诗"。

而礼涉及生活行止的方方面面，如洒扫庭除、待人接物、立身行事等，无时无刻不涉及礼仪。所以人要在社会上立得住脚，就必须学礼，必须懂礼，才能规范行止，端正辞色。故"立于礼"。

当初孔子的儿子伯鱼走过中庭，被孔子看见了，孔子只问一件事："学诗乎？"再过了一段时间，又被父亲当场发问，也只一件事："学礼乎？"（见《季氏》）独不问其余，可见诗、礼的基础地位和重要性（关于学诗，详见本书第二章）。

而音乐对于性情的陶冶和潜移默化的作用，先秦时代贵族莫不认可。古人相信：丝竹管弦、玉振金声，可使听者忘情忘我忘世界，唯见江心秋月白；而内涵意蕴早已灌注心胸，诗曰"此夜曲中闻折柳，何人不起故园情"。德行的最后完成，还得靠"乐"。程树德集释引《四书冀注》："太史公《乐书》谓：'闻宫音使人温舒而广大，闻商音使人方正而好义，闻角声使人恻隐而爱人，闻徵声使人好善而乐施，闻羽声使人整齐而好礼。'此自古相传之语。"音乐几成万能灵药。

前面说过，诗也是配乐的，是唱出来的，不是朗诵出来的。但是诗是民间的、通俗的，所以我们认为诗本质上是下里巴人式的通俗音乐。而乐则是高雅的，是阳春白雪式的、引商刻羽式的。其中隐含的幽微之义、崇高之德，是需要具有相当层次的人才能感受和领略的。故君子要成其为君子，必须懂得音乐，做音乐的行家；仅仅会哼几句小调，大家一起对山歌，那只是开始，只是"兴于诗"。

第二节　德行和态度

兴、立、成人生三部曲，诗礼乐做伴，君子气度在潜移默化之间蕴涵于内而氤氲其外。它们带来的是一种气质，一种观念，一种规范。但是如何运用我们的功力和万千世界过招，克服水火流沙，则不是一睹诗礼乐就可了然的。生活中、事业上，如何发挥、如何成就、如何避讳，需要很深的功力。

《卫灵公》中孔子说："君子义以为质，礼以行之，孙以出之，信以成之。"孙，逊也。君子做事情，以合乎道义为原则，在礼节的节制规范下实行，谦逊地表现出来，诚实地完成。这是孔子传给我们的心法要诀。我们自身具备的认识、德行和各种素质，如何在实战中协调运用，这句话就是执行纲领。

夏锡畴《强学录》："曰'义以为质'，又曰'礼以行之，孙以出之，信以成之'。上一截是骨子，无上一截则成同流合污乡愿一流人物；然无下一截，则有激讦之病，或致清流之祸，此圣人之言所以周全中正而无弊也。"君子不能走上邪路，否则就是伪君子，所以"义"是核心中的核心，是不可动摇的原则。无论世间风云如何变幻、个人生涯如何变迁，"义"始终不可放弃。"礼"不仅是外界赐给我们的工具，助我们规范行止，修养身心，是孔子授课的重要内容，也成为我们应对外界的工具，是我们自身品质修养的自然流泻。义为本质，礼为表象，如此则内外兼备。谦逊，是儒家强调的重要品质。因为谦逊的心虚静以待，才能够容纳万物，博闻强识；谦逊的人易得人心，人人愿与之相处，与之相交流；谦逊的表现最易为人认可，为人接受，可以通行无阻。而诚信才能换得诚信，所谓民无信不立，人们不相信你，你如何办得成事？要取得人们的信任，首先自己的表现应该值得人相信。

　　孔子以此四诀，提纲挈领，指导我们大端。而细细思量，实在还有好多枝叶——生活本身就很复杂。所以，孔子还有很多发言，照顾大大小小各个方面。《论语》全书其实都在告诉我们怎么做。以下摘录几条孔子自编的口诀，很朗朗上口，如《季氏》中"三友""三乐""三愆""三戒""三畏"等，就很方便学生记忆。关于"三友"，前文已经交代。何谓"三乐"？孔子说："益者三乐，损者三乐。乐节礼乐，乐道人之善，乐多贤友，益矣。乐骄乐，乐佚游，乐宴乐，损矣。"何谓"三愆"？答曰："侍于君子有三愆：言未及之而言谓之躁，言及之而不言谓之隐，未见颜色而言谓之瞽。"三戒："少之时，血气未定，戒之在色；及其壮也，血气方刚，戒之在斗；及其老也，血气既衰，戒之在得。"三畏：

"畏天命，畏大人，畏圣人之言。"

这几句话，除了益者三乐，其他多从反面来讲，以告诫君子随时小心在意，别玷污了自己的品行。益者三乐，讲的是人际交往念念不忘礼乐，实际就是君子之交，依礼而行。其他各句都意在警告：别耽于淫乐，别乱说话，别冲动别贪婪，常怀敬畏之心。其间多见"义以为质""孙以出之"的影子，只未论及"信以成之"。语言上的"三愆"（三种错误），成长中的"三戒"，皆本于"义"，因为心中有义，言行上才有可与不可。朱熹集注引范氏云："圣人同于人者血气也，异于人者志气也。"这所谓"志气"，就是贯彻始终的"义"；血气可移，而志气不可移。而君子"三畏"，不正是"孙以出之"的具体表现吗？谦谦君子，卑以自牧，而仰视万物，天命圣言实乃万物之尊，神圣之至，岂敢不敬畏？

孔子其实还编了很多这样的口诀，如君子道者三（详见本书第七章）、六言六蔽（详见本书第二章）、君子有九思（详见本书第八章）。弟子们学到这一招，也各有发挥。曾子有"君子所贵乎道者三"（详见本书第六章），《子张》载子夏有"君子三变"……以上都见诸《论语》。这大概就是儒家教学的一个特点，各有其妙用。

孔子（及其弟子）教给大家一套工具，告诫大家练成几种品质，他还告诉大家，应有弘毅的胸怀、坚韧的品质和勇敢面对错误的决心。一句话，就是一个健康而端正的态度。

曾子曾说："士不可以不弘毅，任重而道远。"前文已经有过分析。子张曾说："执德不弘，信道不笃，焉能为有？焉能为亡？"（《子张》）奉行德行不够开阔宏大，信奉道义不够笃厚坚实，这样的人，可有可无，无足轻重。胸襟不够开阔、眼界狭隘，则道德不能弘扬，不能行于天下；信奉道义不够笃厚坚实，则失之轻浮，不能深入，亦委坠于半路。江熙（皇侃义疏引）解释"焉能为有，焉能为亡"的意思："不能为损益也。"指对道德无所增益，毫无贡献。甚为合理。

其实，普通人心中也都有正常的道德观念和善恶标准，比如遵纪守法的道理人人明白、乐善好施的行为人人称道，可是轮到自己，却不一定做得到。再如好好学习人尽皆知，父母劝导起孩子来无不语重心长，可是轮到自己，却叫苦连天。非不懂道义，而是执德不弘、信道不笃。

再说坚韧的价值，就在于持之以恒、锲而不舍，西天取经需九九八十一难，哪一次坚持不住，就全盘皆输。《子路》中孔子说："南人有言曰：'人而无恒，不可以作巫医。'善夫！"古时南方湘楚大地流行巫术，治病也靠巫术，从业者众，故有名言：人没有恒心，就不能做巫医。巫医在孔子看来是技术工，是手艺匠，不是君子所当为；孔子重德行轻技艺，对巫医行当该是相对轻视的。其实是退一步讲，连从事巫医这样的职业都必须要有恒心。然后，孔子马上说出真正要表达的意思："不恒其德，或承之羞。"不恒守德行，就可能招致羞辱。君子谨守德行，一时的松懈或放弃将可能带来一个终身无法抹去的污点。

再说面对错误。孔子说得很明白："过，则勿惮改。"（《学而》）"过而不改，是谓过矣。"（《卫灵公》）人非圣贤，孰能无过，即使圣贤，也不敢以完美自居。犯错本身不是过，但要敢于改正；犯了错不改正，则又添一过。

孔子曾经说:"丘也幸,苟有过,人必知之。"(《述而》)当时,陈国的司败(官名,或谓人名)问他鲁昭公知不知礼,孔子不假思索地说"知礼"。司败逮着这个把柄,马上到孔子的学生巫马期面前说孔子的坏话:"我听说君子不会偏袒,难道孔子却偏袒吗?鲁君娶妻于吴国,两国同姓,有违同姓不婚之礼啊。鲁君都懂礼,谁还不懂礼呢?"巫马期告诉了孔子,孔子于是说出上面的话。孔子作为鲁国人,也不太好反复和人讨论自己的国君是不是知礼,这种讨论很有家丑外扬的味道,本身就是违礼的。孔子不解释真相,不否定错误,还说出万幸有人指点的恳切之语。可见他面对错误时的坦荡胸怀。

但是要求一般人如此坦然,那是非常困难的。《公冶长》篇孔子说:"已矣乎,吾未见能见其过而内自讼者也。"孔子感叹没见过发现自己有过错而能够自我责备的,那就更无从谈"勿惮改"了。《子张》中子夏说:"小人之过也必文。"小人犯错不但不改,还想方设法掩饰,朱熹集注曰:"小人惮于改过,而不惮于自欺,故必文以重其过。"

君子修行道路上,还须随时反省,否则不能发现差距,不能明察错失,无法探幽发微,不能洞见真理。曾子日三省,为的是忠,为的是信。《里仁》篇孔子曰:"见贤思齐焉,见不贤而内自省也。"追逐贤人的脚步,杜绝不贤的平庸,非思而不能深刻明辨。思考,是人生无处不在的事情。

以上两节,讲如何前进,以下,讲前进到哪里。

第三节　何如斯为士

子贡问曰："何如斯可谓之士矣?"子曰："行己有耻，使于四方，不辱君命，可谓士矣。"

曰："敢问其次。"曰："宗族称孝焉，乡党称弟焉。"

曰："敢问其次。"曰："言必信，行必果，硁硁然小人哉！抑亦可以为次矣。"

曰："今之从政者何如?"子曰："噫！斗筲之人，何足算也?"

——《子路》

朱熹集注："硁，小石之坚确者。""斗，量名，容十升。筲，竹器，容斗二升。斗筲之人，言鄙细也。"

士，属于统治阶层的最下层，再往下，就是被统治的平民、小人、奴隶。本段对话讨论怎么才算得上士人，可以看作对君子德行的最起码要求。万丈高楼从此始。

子贡问："怎么样可以称为士?"

孔子说："自己行为有羞耻心，有所不为，出使各国不辱没君命，可算是士啊。"

再问："敢问次一点呢?"

答："宗族称赞其孝顺，邻里称赞其尊敬兄长。"

再问："敢问再次一点的呢?"

再答："说话必定信实，做事必定果决（果，或谓期望一定有成果），像石头一样坚决的，这是小人（普通劳动人民）了。不过也可算再次一等的了。"

再问:"当今从政的人怎么样?"

孔子说:"咳!这帮器量狭小的人,能算什么呀!"

子贡善问,每每旁敲侧击,又能穷端尽变。子贡才高意广,此处本意或不在问何如斯为士,而在问今之从政者何如,子贡故为迂曲,揭露当今统治者的龌龊。子贡之问,又抽丝剥茧,层层铺展,孔子皆中正告之,这样,"何如斯为士"便昭然示众。

先看最次的、几乎等同于小人的"士"。他们对于是非道义,取舍进退,尚没有清晰的判断,但是"言必信,行必果",受人之托,终人之事,决不失信,决不退缩。这样只能勉强算士,实际已经属于小人的层次。这个层次,最重要的品质是信,行动上的果决也是因为信义的坚持,但是还没有原则,还不懂道义。

再好一点,便是奉行孝悌,孝悌为仁爱之本,诸德之源。为什么这个层次是更高的呢?大概正是因为有爱,爱是仁的精髓,一切美德,光源都是爱。

再好一点,也就是真正的士的层次:有羞耻心,做事情有所为有所不为,内在有道德判断的标准,是非道义观念已经形成;同时,还有很好的办事处世能力,周游斡旋,可以应对得当。这样内外兼修,秀外慧中,算是合格的士了。

子张也对士做了总结,《子张》中记录其言:"士见危致命,见得思义,祭思敬,丧思哀,其可已矣。"看见危险敢于豁出性命匡扶,正有"言必信,行必果,硁硁然"之态,这是最低一层;虔诚地祭祀、父母去世时能够真诚地哀伤,正合于"宗族称孝焉,乡党称弟焉",是高一点的层次;见到可以取得的,便先想想该不该得,正是"行己有耻"的一种表现,这是真正的士的品质。具备这几点,就够了,可以算是士了。子张的话并没有越出孔子的范畴,甚至还不及孔子的详备,但无疑是更简练的概括。

孔子对士的阐述,便是君子修行的起点,是最起码的要求。如果连这个层次都达不到,就只能被鄙视为"斗筲之人",连凑数的资格都没有。最不幸的是,当时社会的统治阶层,却正是连"硁硁然小人"都不如的"斗筲之人"。他们的品质比乡野的农民还差,却身居高位驾驭天下,孔子对之充满鄙夷之情。

第四节　何以为成人

我们已经知道作为统治阶级的下层,如何为"士"。那么,作为统治阶级的上层——君子,又当如何才配得起自己的身份?

《子罕》中孔子说:"知者不惑,仁者不忧,勇者不惧。"《宪问》中孔子说:"君子道者三,我无能焉:仁者不忧,知者不惑,勇者不惧。"孔子自谦还没达到的三个方面——知、仁、勇,正是君子必须具备的三个基本品质。知者知识广博、明了事理、富有智慧,能够拨开扰攘的云雾洞见世界的本质;仁者广有爱心,了却私欲,心怀天下,不为小我忧患;勇者不畏艰难困苦,为正义的事业可以排除万难。

这里需要再次强调一下:仁,不单是指爱,凡是一切美好的德行,几乎都在仁的范畴。所以,知、仁、勇三德,几乎可以概括君子内在应有的一切品质。

《宪问》又记载:

> 子路问成人。子曰:"若臧武仲之知,公绰之不欲,卞庄子之勇,冉求之艺,文之以礼乐,亦可以为成人矣。"曰:"今之成人者何必然?见利思义,见危授命,久要不忘平生之言,亦可以为成人矣。"

成人,人格完备的人。其实,对君子的要求就是人格完备,也就是要求他能够达到"成人"的层次。故《宪问》讲成人,实际是在讲君子。讲君子,实际也是讲成人。

"要","约"的意思,有解为信约,有解为简约穷困,应以"信约"为佳。

孔子的第一次作答,实际也是围绕仁、知、勇展开的,而又有新内容。孔子说:"像臧武仲那样有智慧(知),公绰那样清心寡欲(无私欲则有公心,表现出仁),卞庄子那样勇敢(勇),冉求那样多才艺,再用礼仪和音乐来加以文饰,也可以算完人了。"朱熹集注中说:"知足以穷理,廉足以养心,勇足以力行,艺足以泛应,而又节之以礼,和之以乐,使德成于内,而文见乎外。"在君子道者三之外,增加了才艺、礼乐,所增加者,外在节文也。如此则内外兼备,秀外慧中,够资格算成人。

这里,要注意"亦可以为成人"的"亦"字,表达了孔子很隐微的情感倾向:严格说来,这都还不是最到位的成人状态,只不过可以算是成人了。这个"亦"用在这儿,就好似我们今天用"基本"这个词:基本上可以了,基本上够格了……

但是,孔子很快又降低标准说:"今天的完人何必这样呢?看到有利的事情,就考虑该不该做;看到有危难之事,愿意拿出性命来匡扶;平日和人的约定,长久也不会忘记。这样也可以算完人了。"

这句话，我们怎么看，都像上节所讲的士。为什么会这样呢？钱穆在《论语新解》中说当时的世风："言利之风遍天下，偷生之徒满海内，反复狙诈不知羞耻者比比皆是。"理想主义情怀面临如此残酷的现实社会，不得不大打折扣，降低要求，以免过高的期许反而挡住来者的脚步。

孔子的让步，让我们看出了许多无奈。成人已经不可得，能得一士已足矣。而根据上一节的内容，即使一个合格的士，也不是轻易可以造就的。斗筲不足算的人把持上层，他们身上的毒瘤迅速蔓延，席卷整个社会，吞噬一切美德。所以，即使从士做起，也是面临重重困难的，需要决心和毅力。

有人认为"今之成人者何必然……"乃子路所说，此解殊无当。若是子路所说，那显然是对孔子的否定，不把孔子的主张放在眼里；其语气直接高亢，坚决肯定，但是格调大为降低。孔子的箴言面临如此高调的批判，而且是如此倒退的批判，孔子居然不置一词予以回击，显然不合常理。即便子路也是慨叹世事堕落，不得已而求其次，孔子也应有一字褒贬以引导后学作正确判断，不可以全无回应。怎么讲都觉得漏洞太明显，故不可能是子路的话。

第五节 春服舞雩

子路、曾皙、冉有、公西华侍坐。

子曰："以吾一日长乎尔，毋吾以也。居则曰：'不吾知也！'如或知尔，则何以哉？"

子路率尔而对曰："千乘之国，摄乎大国之间，加之以师旅，因之以饥馑；由也为之，比及三年，可使有勇，且知方也。"

夫子哂之。

"求！尔何如？"

对曰："方六七十，如五六十，求也为之，比及三年，可使足民。如其礼乐，以俟君子。"

"赤！尔何如？"

对曰："非曰能之，愿学焉。宗庙之事，如会同，端章甫，愿为小相焉。"

"点！尔何如？"

鼓瑟希，铿尔，舍瑟而作，对曰："异乎三子者之撰。"

子曰："何伤乎？亦各言其志也。"

曰："莫春者，春服既成。冠者五六人，童子六七人，浴乎沂，风乎舞雩，咏而归。"

夫子喟然叹曰："吾与点也！"

三子者出，曾皙后。曾皙曰："夫三子者之言何如？"

子曰："亦各言其志也已矣。"

曰："夫子何哂由也？"

曰："为国以礼，其言不让，是故哂之。"

"唯求则非邦也与？"

"安见方六七十如五六十而非邦也者？"

"唯赤则非邦也与？"

"宗庙会同，非诸侯而何？赤也为之小，孰能为之大？"

——《先进》

子路，亦即由、仲由。冉有，亦即求。曾皙，亦即点。公西华，亦即赤。

上面的长篇，气象万千，我们试为分析。

第一，儒家修行，乃为经世致用。子路、冉有、公西华皆有志于在政界施展拳脚。子路尚勇，治国专挑贫弱，不畏强邻，不怕饥馑，努力让国民有勇知义。冉有、公西华谨慎谦逊，气量稍弱，却也有抱负：使民富足，规范宗庙祭祀、会盟礼仪等。他们谁也没有说出光宗耀祖、雄霸天下、富甲一方之类的为个人或家族打算的话来。他们从政，求的不是富，不是贵，不是权，不是利，而是道——为天下人谋道。

第二，儒家注重内在修为，轻视外在表现，要求内敛和谦逊。你看子路，老师话音一落，他便轻率应对，锋芒毕露，雄赳赳气昂昂，视执千乘之国易如反掌。他那一番气吞山河的豪言壮语，只赢得老师一"哂"，不置可否的淡然一笑，实在很有讥讽和轻蔑的意思。孔子也不掩饰这种嘲弄，向曾皙解释了一"哂"的含义："为国以礼，其言不让，是故哂之。"而冉有、公西华出于谦逊，愿在小国为小相发挥小能量，孔子却多有赞许，正如他说："赤也为之小，孰能为之大？"公西华只能当小相，谁又能做大相呢？

第三，治国以礼，这是儒家的基本主张。子路崇尚勇力，故谈治国，亦以勇气盛，而不提礼法。冉有重礼乐，自谦还无法驾驭，故愿退位让贤，这是对礼的极端重视的表现。公西华极尽谦卑，然所谈者，宗庙祭祀，外交会盟，衣着穿戴，无不是礼。可见在他看来，治国的中心，乃是礼。孔子倡导礼法，自然抑子路而扬公西华。

第四，道，是儒家追求的终极目标；掌握道，结合道，实现和道的完美交融，物我不分，乃是理想主义的终点。儒家一切追求，无论是从政，还是修身，最终都是为了道。子路、冉有、公西华所谈从政，只是求道的手段，他们对于道的理解还不甚明晰。只有悠然鼓瑟的曾皙，他的心理追求、感情层次已经超越众生，直面终极道义。为什么这样说呢？"莫春者，春服既成。冠者五六人，童子六七人，浴乎沂，风乎舞雩，咏而归。"这是一种什么样的气象啊！暮春三月，穿着休闲的春装，五六个成年人，带着六七个小孩子，一起到沂河洗澡，一起到舞雩台吹风，唱着歌回去。这种潇洒和无忧的心态，完全超越了世俗的烦恼和纷扰，游离于我们习以为常的生活和奋斗状态，透出的是完全的精神信息，要求的是精神的极度愉悦，是精神的自我满足。只有天地交融、物我混同、不分彼此的时候，只有洞彻天理、看透人间的大彻悟者，才可以做到潇洒随意而不背离道义。曾皙一席话洞彻天理（道），天人合一，物我交融，而又发乎天性，任性而为，随心所欲。这正是"七十而从心所欲不逾矩"的状态，正是"无适也，无莫也"的状态。

曾皙此言，即使不能如实反映他个人风范，也可概见其深得孔学要义，知道为学修身到底是要干什么。故而孔子听完四位弟子的谈话，只说了一句："吾与点也！"

关于曾皙之志和孔子对他的态度。朱熹说："其胸次悠然，直与天地万物上下同流，各得其所之妙，隐然自见于言外。"程子又曰："孔子与点，盖与圣人之志同，便是尧、舜气象也。"但又有后学以为：曾皙不过一狂士，不当有如此高远的心胸，他的话，只是无心出岫的归隐派言论；并且孔子是喟然一叹而非莞尔一笑，显然心有隐忧和无奈，或许是曾皙之言使他想到自己大道难行，泛起了浮海居夷、曲肱饮水的遁隐情结。

其实，程朱固然有失，不过毫厘而已，后学则谬以千里。曾皙虽则距尧舜气象远矣，距天地同流邈矣，然胸中有此追求。前三位弟子俱以实事作答，情理之中，意象不高但切合实际，无不妥处亦无出彩处；而曾皙忽然摇曳开来，另辟蹊径，跳出实际的生活，指向理想的精神家园，意境豁然开朗。以曾皙狂士作风，说出超凡脱俗的话来，正在情理之中。孔子之所以喟然一叹，当是叹此境界难以达到，这"浴乎沂，风乎舞雩"难以实现。若说曾皙之论不过是避世隐形，而孔子又加以赞许，那归隐岂不成了儒家的追求了？并且，前三个弟子俱以从政作答，符合儒家本意，孔子不置可否（其后的赞许都是私下对曾皙一个人说的，其他三个弟子并没听到），反而给避世隐形的曾皙明确的肯定，那岂不是也给其他弟子一个诱导：大家都别积极仕进了，还是退隐的好。孔子知其不可而为之，主张积极从政推行道义，到此则成悖论，倘若如此，《论语》的呼吁和孔子个人的实际表现则全部陷入不可理喻之境。所以，曾皙不可能说出避世隐形的话来，更不可能说了还得到孔子的表扬。

第六节　从心所欲不逾矩

沐浴沂河水，吹风舞雩台，只是一个浪漫的文学化遐想，是一个隐喻。

《为政》记录孔子的名言:"吾十有五而志于学,三十而立,四十而不惑,五十而知天命,六十而耳顺,七十而从心所欲,不逾矩。"

这段话揭示了一个人在每个年龄阶段应该达到的高度,应该取得的成就。它不是物质上的,不是事业上的,也不是技能上的,而是心性上的。它要求的是灵魂的不断升华,并最终实现自由,达到人生的终极目标。

十五岁,有志于学问,即这个时候,开始真正向学问的领域探索,集中人生的全部精力去攀登学问的高峰。这个时候确立了人生的目标,是要求修养,追求道义,抛弃了求财富求名利的想法。

三十岁,学问修养已经达到一定程度,在社会上能够从容立足。谦谦君子,已然文质彬彬,内有仁德外有礼仪,心志坚定不移,周旋应酬游刃有余。

四十岁,面对很多知识、很多现象可以豁然开朗,知其所以然,不再迷惑,外界的各种表象已经不能干扰自己灵动的视线。比如迷乱纷扰的社会现实和人生百态、施诸己身的赞美或者打击,都不会干扰自己的判断力。自己已经掌握观察、了解、应对这个世界的方法,可以说,已经达到一个智者的水平了。

五十岁,掌握了天理运行的规律,已经洞见最高真理的光辉,比不惑更有了伟大的飞升。当然,这个时候还只是从道理上、从理性上认识到了天理的规律,而感性上受制于尘俗,还不能完全随顺天命。

六十岁，既知天命，则世间任何言语表象进入自己的感官，无有不通不顺之处。无论是与非，无论对与错，莫不有道之所存，行之所以然，洞穿了这背后的一切，心性便无不通顺，毫无凝滞。所以人世的是非真假便如一幕幕戏剧呈现眼前，其中的熙熙攘攘、起起落落、纷纷扰扰，都已看穿。天命在指挥人世，孔子则透过天命旁观人世。

　　七十岁，达到最高境界，洞见了真理，看穿了人世，顺应了真理，与真理交融，成为真理光辉的载体。一切凡俗的束缚至此冰消瓦解，人成为圣。故可以自由无拘，随心所欲，毫无检点管束；又因本身成为真理的一部分，故在完全放纵的状态下也不会违背真理。

　　朱熹集注引胡氏曰："至于一疵不存、万理明尽之后，则其日用之间，本心莹然，随所意欲，莫非至理。盖心即体，欲即用，体即道，用即义，声为律而身为度矣。"以此为"从心所欲，不逾矩"作注，盖不会有太大问题。

　　这是一个渐进上升的过程，一层比一层更高，一层比一层更接近真理，一层比一层更接近自由。这最高的境界，实际就是经历了艰苦而漫长的复杂修炼，洞彻了人间宇宙的一切真理，顺应了无所不在的真理之后，达到的纯粹的自由。在这种自由状态下，不再有概念和规矩的束缚，甚至不再有天命的束缚，概念已经消失，自己就是概念。正如天命不自觉为天命，无所用心而无所不在，无所以为准绳而为天下准绳。这种境界，与天命交融混一，不分彼此，就是天命的境界。

　　跟道家谈"无为"相比，甚至跟佛家谈"涅槃"相比，无论成圣,还是得道、成佛,最高境界在形式上基本趋同:泯灭概念,泯灭人为之心,顺应自然。最大区别在于,道、佛无欲,而孔子仍然有欲——随心所欲。无欲则灵魂已经出世,在人间之外,那是神仙的境界;而孔子总是入世的,从不抛弃人间,从不抛弃欲望,只不过这不是私欲,而是顺应自然的、谋求大众福利的欲。

从某种程度上说,孔子的随心所欲也蕴含着"无欲"的追求,所欲就是无欲,欲求自己无私欲。到了宋代,新儒家周敦颐直接提出修养的最高境界是虚静无欲,差不多和道家的"无为"、禅宗的"无心"相同了。

到七十岁戛然而止,孔子不再往下说。将来的岁月,可遇而不可求,谁也不知道还能活多久;七十岁之前的岁月,是我们可以把握的,是我们可以努力的。所以,最高境界的最后期限是在七十岁,不能再往后拖了,否则我们将可能永远不能达到。

最高的人生境界是从心所欲不逾矩,一种完全自由无拘的状态;但是我们都知道,孔子迷恋人间,决不肯拂袖而去,只要还在人间,怎么做得到随心所欲不逾矩呢?本书第五章第九节讲:"君子之于天下也,无适也,无莫也,义之与比。"意思是:"君子对于天下万物,没有一定要怎么,也没有一定不怎么,总是恰好相宜。"简单点说就是:无可无不可。这是对人生最高境界的另一种描述,和"从心所欲不逾矩"是互为表里、互相修正的,甚至就是一体的。随心所欲,是因为已经做到无可无不可。能做到无可无不可,是因为历经了不惑、知天命、耳顺等,已经穿透尘世,洞彻天命;人生唯一可求的,是随顺天命,其他的还有什么可强求呢,还有什么欲望呢?随心所欲,乃在于心中其实已经没有私欲，无可无不可，乃在于已经没有欲望值得强求。

这是一种神奇的生命体验，哲学家往往在最后走进这样一种只存在于虚幻的冥想世界。但是孔子自以为他确实体验到了这样一种生命状态——至少是在某些特定的方面。这一点，在《微子》中可以看出：

> 逸民：伯夷、叔齐、虞仲、夷逸、朱张、柳下惠、少连。子曰："不降其志，不辱其身，伯夷、叔齐与！"谓："柳下惠、少连，降志辱身矣。言中伦，行中虑，其斯而已矣。"谓："虞仲、夷逸，隐居放言，身中清，废中权。我则异于是，无可无不可。"

前列德行高洁的逸民，各有高下，皆存不足。伯夷、叔齐保全节义不受亵渎，为最高者，但不为任用，只好遁世隐形，甚至最终饿死；柳下惠、少连虽然言行合于德行道义，但是降志辱身，已经屈从于世俗、受制于世俗；虞仲、夷逸弃世隐形，不复谈论社会，自身清正，合于权智，但无言行可考，则又更次。其三者，"清风远韵，如鸾鹄之高翔，玉雪之不污，视世俗徇利亡耻饕荣苟得者，犹腐鼠粪壤耳"（王应麟《困学纪闻》），然都为世所制，有其苦于不能者，身处不自由之境，不是最高境界。只有孔子，一个"无可无不可"，气象便远在"鸾鹄玉雪"之上，超脱于限制，驰骋于自由之境，而又保持圣洁之心，保全尊贵之躯。

孔子自认超越了诸位前贤，相信自己无可无不可的造诣。其实，仔细一看，这是单就出处进退而言，孔子可仕则仕，可止则止，可久则久，可速则速，一点不拘泥，的确比诸位前贤从容自由。但是，当我们看到他的爱子伯鱼，爱徒颜渊、子路殒命给予他的重创，便可以知道，人情之纯真是很难被无可无不可或随心所欲取代的。

第十一章 政治

第一节 忠君爱民

孔子虽然有极高的政治抱负，可是一生大部分时间都被排斥在官场之外。屡屡受挫并未打击他的政治热情，他对政治始终抱着期望，亦有相当见解。关于政治，孔子有许多言论主张，他的修身学说，其实也都和政治密切相关。

下面我们就从人臣的角度谈谈如何从政。

要从政，第一个原则就是必须忠君，第二个便是必须爱民。这是为人臣的两大基本条件。

《八佾》中鲁定公向孔子请教君臣关系，孔子说："君使臣以礼，臣事君以忠。"《颜渊》篇子张问政治，孔子回答："居之无倦，行之以忠。"居官不倦息，行事以忠诚。要求忠心为君，永远不知疲倦。

那么，忠君应到什么程度呢？《学而》中子夏这句话做了回答："事父母，能竭其力；事君，能致其身。"要求能豁出性命，连命都不要,这就是一个人所能达到的最高程度了。事父母,只要求竭其力,所谓身体发肤,受之父母,却献给了君主。可见大丈夫踏入社会,忠君就比孝悌更具有现实意义。这句话不见孔子说过,孔子只说"见危授命",因此不好断定孔子本人是否也同意拿出性命来效忠国君。但是,后世儒家提升到这个高度,并广为传扬。

忠君没有理由,或者是儒家根本不讲理由,因为不需要理由。就像孝敬父母一样,是天经地义的事情。《微子》中子路有个类比:"长幼之节,不可废也;君臣之义,如之何其废之?"长幼之节乃天命所定,不可违抗,是命中注定的事;君臣之义比肩于长幼之节,也就上升到天命所定的高度,乃命中注定不可废弃。这样一来,君臣之义便是不需证明的真理,天生就该遵行。

我们知道,血缘关系注定了家庭伦理,这是人事无法改变而只能服从的事情。儒家往往将君臣之义和家庭伦理对举,巧妙地混为一谈,忠君也就成为只能服从的事情。孔子讲"出则事公卿,入则事父兄……"(《子罕》),讲"君君,臣臣,父父,子子"(《颜渊》),子路、子夏等人自然效法,觉得君臣关系果真和父子关系是一样的,怀疑不得,动摇不得,虔诚地遵循就是了。

南怀瑾将子夏所说"事君,能致其身"中的"君"释为有德的长者,并扩展指一般的称呼某某为某君的"君"。这样的解释,更使"君"接近于"君子",那孔子就该说"事君子能致其身",而不必省一个"子"字造成语意模糊。并且《论语》全书多处单表一个"君",从来没有这样的意思。纯就"君"的字义来讲,南怀瑾之说也成问题。"君"用来称谓一般人,是一种尊称。而子夏的原话，完全是一种中性陈述，前后都不用尊称，独此处用一尊称，不是很矛盾吗？

南怀瑾此言并不能为孔子及其弟子开脱。如果一定要为其辩护，似有如下理由：当时的中国，国家的概念并不强烈，所谓国，其实只是诸侯的家。为人臣者，效忠的对象只有诸侯的家，没有人民的国，所以除了忠君，无可选择。我们用两千年后的民主思想对先秦反攻倒算，似也不合理。

但孔子不仅强调忠君，也很强调爱民。

《颜渊》中孔子说："使民如承大祭。"对于君子贵族来说，祭祀是神圣而严肃的，战战兢兢、临深履薄。役使老百姓，如同承当重要祭祀，也是不能有半点马虎的。如同得罪不起神灵，统治者也得罪不起老百姓。

孔子很赞赏郑国的政治家子产，说他"有君子之道四焉：其行己也恭，其事上也敬，其养民也惠，其使民也义"（《公冶长》）。说子产有四种君子德行：个人言行仪态上谦恭庄敬，侍奉君主严肃认真，教养人民有恩惠，役使人民注意适宜。子产的四大闪光点，其中两点都体现在爱民上。惠，说明他爱民利民，很注意给人民实际的好处。义，说明他要求人民服役时很有分寸，有节制，不扰民不害民。《史记·郑世家》载："郑相子产卒，郑人皆哭泣，悲之如亡亲戚。"正是因为子产惠爱人民，孔子为之泣而曰："古之遗爱也！"《郑世家》记载："孔子尝过郑，与子产如兄弟云。"子产时代的郑国风雨飘摇，在诸大国的夹缝中生存，但最终赢得尊重和安全，颇赖子产不卑不亢的周旋。但是孔子对子产的政治手腕不赞一词，独称道其仁爱，并与之亲如兄弟，足见爱民在孔子心目中的重要地位。

对待人民的爱,甚至还波及对待罪犯的态度。《子张》中曾子对新任的法官阳肤说:"上失其道,民散久矣。如得其情,则哀矜而勿喜。"君上的无道,民心离散很久了。如果审得犯罪真情,应该哀矜而不应得意。人民有罪,是因为天下无道,失却教化,情非得已,或不知其罪。也就是说,人民之罪,根源还在于君上的治理无道,上失其道,故民失其道。就本性而言,谁也不想走上犯罪道路。所以,审得老百姓犯罪的实情,正应该反躬自省,闭门自思,是不是政府没有治理好,没有教化好,政府是不是要负很多责任。一般来说,官员总是以破案结案为喜,既惩罚了坏人,维护了社会利益,自己也有功可表。这样的态度,正在于对犯罪的根源不了解,对于民心的深处体察不够。所以,曾子逆潮流进言,要求对罪犯抱哀矜的态度,其对民的宽容和仁爱可想而知。

孔子谈了很多施政方略,多有治民之论,如尽量不劳烦民众、取信于民等,都深刻地表现着爱民思想。正是孔子对人民问题的重视,给了孟子后来发挥的土壤,如民贵君轻、诛一夫纣不为弑君,等等,都将民本思想推上了新的高峰。

第二节　官场进退

孔子从政的态度是积极的,不过,孔子做官,和今天一些人做官不一样;今天的一些人,是迷恋官位本身带来的荣誉和财富、权力和派头,而孔子对这一切却是嗤之以鼻的,他为的是道义,以做官的方式来推行道义。孔子道出想去公山处任职的原因:"如有用我者，吾其为东周乎？"（《阳货》）孔子委屈自己，是为了光复已逝的西周荣耀。蛟龙欲就池水，实为追求磅礴的大风雨。

为什么要积极仕进？子路说得很明白。《微子》中记载子路批评隐士不问世道，说："不仕无义。长幼之节，不可废也；君臣之义，如之何其废之？欲洁其身，而乱大伦。君子之仕也，行其义也。道之不行，已知之矣。"不做官是不对的。长幼的关系不可废弃，君臣的关系为什么又废弃了呢？想要洁净自身，却乱了更大的伦理次序。君子做官，是为了推行道义。而道义不能实行，是已经知道的了。这话包含着两层意思。其一，行君臣之义。这是人伦的基本要求之一，如同长幼、父子、夫妇、朋友之间的关系，这都是天命注定，不能逃避、不能破坏，须得尽力践行。其二，推行道义。即使大道难行，我辈仍当努力。这正有孔子"知其不可而为之"的弦音。

做官是为了道义，道义倾覆之际要能"见危授命"，抛头颅洒热血地捍卫——这是孔子"进"的态度。但是，我们知道，孔子的血脉之中，深刻地融合着中庸的用世态度，决不会作无价值的牺牲，所谓"见危授命"，在实际中很少运用。

我们就看看孔子要求如何卫道。

孔子很赞扬三个人的为官之道，在《论语》中都一一道来。一是南容，即南宫适，《公冶长》记载："子谓南容，'邦有道，不废；邦无道，免于刑戮。'以其兄之子妻之。"二是宁武子，《公冶长》记载："宁武子，邦有道则知，邦无道则愚。其知可及也，其愚不可及也。"三是蘧伯玉，《卫灵公》记载："直哉史鱼！邦有道，如矢；邦无道，如矢。君子哉蘧伯玉！邦有道，则仕；邦无道，则可卷而怀之。"这三个人都是一个类型，能够在复杂的世道中进退自如，既匡扶道义又明哲保身。他们在国家有道的时候，都能够出来做官，尽力发挥聪明才智；在国家政治黑暗的时候，都能够免遭祸害，优游人生。

和三位高士形成对比的是史鱼，无论时局如何，总是刚直如箭，宁折不弯。孔子赞赏史鱼，叹其"直哉"；但是，显然孔子更赞赏蘧伯玉，叹为"君子哉"，全面多了。朱熹集注："伯玉出处，合于圣人之道，故曰君子。……杨氏曰：'史鱼之直，未尽君子之道。'"史鱼如子路，有刚而易折之嫌，对于道义真理还没有参到最后那豁然洞开的一层。他所得一个"直"，只是君子作风的一个方面。蘧伯玉则更上层楼，参透世事，合于无可无不可之道。孔子不明言两者高下，实因不好明言，否则不敬史鱼，但是字里行间，用意明显。刘宝楠正义认为孔子视史鱼更贤，实乃误读。

有道进，无道退，这就是孔子的要求。《宪问》中孔子回答原宪关于耻辱的提问："邦有道，谷；邦无道，谷，耻也。"国家政治清明，就做官领俸禄；国家政治黑暗，还是做官领俸禄，则是耻辱。或言，无论邦有道无道，只知道做官领俸禄，这是耻辱。《宪问》中孔子还说："邦有道，危言危行；邦无道，危行言孙。"危有三种解释：一曰高峻，二曰厉，三曰正。于义皆可通。但是孔子生平主张中庸、正义、平和，前两种说法失之过激，故还是解释为正比较妥当。政治清明，正言正行以促进道义；政治黑暗，行为上保持中正，但是言行应格外谨慎。邦有道就归附，邦无道就离弃。

我们可以看出，孔子虽然是道德上的理想主义者，但也是政治上的温和派。孔子在回答季子然的问话时直接道出自己的主张："所谓大臣者，以道事君，不可则止。"（《先进》）大臣以正道事君，行不通，就退止。怎么做才叫止？或者辞职不干，或者停止劝谏，或者睁只眼闭只眼装糊涂（如宁武子），反正这个时候要"止"了，不能再强行往前冲了。大概这也正是他老人家总是面临幻灭而又总是能够自保的原因。

我们来看看孔子是怎么"止"的。这可以使我们更形象地感受孔子的进退策略。《宪问》记载：齐国大夫陈成子犯上杀了齐简公，孔子向鲁哀公报告，请求讨伐陈成子的不道行为。哀公无动于衷，且实权不在手上，就让他向当时专政的三位大夫季孙、仲孙、孟孙报告。孔子就去报告，三位大夫自然也不答应。孔子退朝下来说："我毕竟也曾忝居大夫之列，所以不敢不向君王报告。国君却叫我去向那三人报告。""我毕竟也曾忝居大夫之列，国王让我来向这三人报告，我不敢不告。"他所做的事，仅此而已。陈成子的不义之举，按儒家主张，应当讨伐。但是孔子并不强求，他只是在形式上照顾到自己的本分，认为应该报告。他并不认为自己还负有劝谏的义务，还应当做些争取工作。像当时那个样子，要逆势推行自己的主张，确实就很难。

子游大概最得孔子真谛，他说："事君数，斯辱矣；朋友数，斯疏矣。"（《里仁》）数，烦琐的意思，或为逼促太甚，其实都是一个意思，就是过分强求。国君不听你的意见，就算了，你还反复劝谏，喋喋不休，不达目的不罢休，只能自取其辱，箕子为奴、比干剖心就是前车之鉴。

第三节　君臣关系

君臣关系最简洁、最核心的表述是《八佾》中孔子的话："君使臣以礼，臣事君以忠。"君对臣，是上对下，不存在忠诚或背叛，但是却容易傲慢粗暴，或者过分狎昵，从而荒废礼数。臣对君，是下对上，态度上自然恭谨小心，礼数备至，但是却容易暗藏二心、心怀鬼胎。这种君臣关系是春秋的常态，齐桓公之于易牙、竖刁，夫差之于伯嚭，终以过分亲昵而酿成大祸。齐襄公之于连称、管至父，楚平王之于伍子胥父子，终因专横无礼变为仇敌，身死而国乱。孔子听多了，见多了，钩玄提要，其言也足为天下君臣之纲。君使臣以礼，方能换得臣下的忠心；臣事君以忠，方能换得君上的礼遇。

臣之忠心，如前所述，毫不倦怠，且不问理由。《卫灵公》中孔子讲："事君，敬其事而后食。"服侍君王，首先是要兢兢业业地工作，然后才说得上俸禄。他要求为臣者以道事君，举个具体的例子，就是《先进》所说："弑父与君，亦不从也。"季子然问孔子，是不是当臣的一切都要顺从上级。孔子就说了："杀父亲，杀君主，当然不依从。"可见，孔子要求的忠，始终道义至上，有道则尽忠，无道则卷而怀之，并不是永远追随君主做牛做马。李泽厚在《论语今读》中说："这与后世汉儒接受法家影响，强调'君为臣纲'（从董仲舒到《白虎通》）以及后世'天王圣明，臣罪当诛'（韩愈）的专制政制下的君臣关系颇有不同。"

下臣的尽忠，最经常表现在进谏上。这是智慧和王权的博弈，处理稍不慎，就有血光之灾。孔子不希望把国君逼得太甚，更不希望给自己惹来杀身之祸。他进谏的方式和态度已如上节所述——实为"万全之策"。但是他很少直接讨论如何进谏，只有一句："勿欺也，而犯之。"（《宪问》）这是子路问如何事君时孔子的答话，意思是说："不欺君，而当面谏诤。"

这句话，稍一咀嚼，就感到雾水萦头。子路以信实不欺和勇武过人著称，怎么可能欺骗君主，又怎么可能当谏不敢谏？孔子为何对他说这些话？因此，有的注家认为：这里只是一般地讨论事君之道，并非因材施教。但是再往深一层想，又觉未必然。孔子素来觉得子路冒进，对他颇多打压。勇敢的子路也许太激进，故谏诤之事必多，而在细节的周全和考量上未免疏忽，于是就有言过其实之事发生，这就是"欺"。我们都知道：事做得越多，犯的错越多。所以谏诤越多，言过其实的时候可能就越多。子路不自知，孔子的答语，正击中子路的要害。其实也正是因材施教的典范。

"勿欺也，而犯之"这句话，在这里是一个条件关系，而非并列关系。后者以前者为条件，为基础。首先做到"勿欺"，而后才敢"犯"。这就要求子路每次准备进谏前先小心检讨，有没有无中生有，有没有夸大实情，有没有歪曲事实。经过这么一番小心谨慎的自省，必然可以滤掉大量浮泛的假象，谏诤就更精准，当然次数就更少了。孔子强调的重点是"勿欺"，要求子路努力的方向是"勿欺"，因为子路曾经忽略的正是"勿欺"。如果理解成并列关系，就有两个重点，一方面是不欺君，一方面是敢于谏诤。孔子本身就是不怎么敢谏诤的人（如上一节所述），他如何要求弟子们激流勇进呢？而且如此告诫子路，真是文不对题。

所以，这句话，强调的只是"勿欺"，而最核心的思想还是忠君。

再说"君使臣以礼"，相关内容《论语》中似乎不多。它是国君以礼治国的一个缩影，不必专作铺陈。唯《微子》有一条记载略有阐发。即周公对自己儿子伯禽（始封于鲁国）所说："君子不施其亲，不使大臣怨乎不以。故旧无大故，则不弃也。无求备于一人。"施，或作弛，有遗弃、怠慢的意思。以，用。意思是："君子不怠慢其亲族，不使大臣抱怨不能被任用。老臣故旧没什么大过，就不舍弃他。不要求一个人完美无缺。"

第四节　君民关系

前面说君臣关系，多是要求臣子如此这般，对君王着笔甚轻。下面说君民关系，则反其道而行之，担子都在君王肩上，老百姓如何做，全看君王如何做了。

国君治理一个国家，最基本的要求莫过于民富国强。怎么让老百姓的腰包鼓起来，是执政的头等大事。

《子路》篇记载孔子到卫国，看到人口众多，于是感慨："人口真多啊！"

弟子冉有就问："人口多了，还该加些什么呢？"

孔子说："让人们富起来。"

"又该加些什么呢？"

"教育他们。"

吃饱喝足了，才谈得上赏花捉月。越穷的地方辍学率越高，教育质量越低，正是因为物质上的重压让人们无暇他顾。马克思谈经济基础决定上层建筑，孔子其实也有同感，所以他首先要求富裕起来，然后要求文明起来。管仲谓"仓廪实而知礼节，衣食足而知荣辱"，也是同样的道理。

孔子对于治国，主张用夏的历法（《卫灵公》），诸注家也多认为是夏历宜于农事，方便农业生产，是孔子富民政策的表现。

孔子视富贵若浮云，后儒言"饿死事小，失节事大"，都纯粹就个人修养而言。然而守个人之清贫，并不妨碍谋天下之福利，君子谋天下之福利而忘个人福利，这正是大仁大义。

除了"富"，孔子又提出"均"，甚至"均"比"富"更要紧。《季氏》中孔子批评冉有时说："丘也闻有国有家者，不患寡而患不均，不患贫而患不安。盖均无贫，和无寡，安无倾。"

有注家认为："寡"字本应为"贫"，"贫"字本应为"寡"，上下文意义才能相承。不怕穷，怕的是分配不均。不怕人寡少，怕的是不能安定。财富分配平均了，就无所谓贫穷，因为大家都一样；人们和睦了，能够团结一心，就不存在人少的问题，因为团结就是力量；人们和睦，社会自然安稳，国家就能够屹立不倒。

如此本顺理成章，但是由于《论语》本身的行文，便别生许多枝杈。如何晏、邢昺注疏："均"解为"政教均平"，不怕人少，怕的是政令不公平。朱熹甚至解释为由于大夫专权，鲁公不能分得应有的人数，是为"不均"。张甄陶《四书翼注论文》又有曲折的释文：寡乃指领土面积的少，贫乃指俸禄的少；天子诸侯卿大夫，各有等级尊卑，所得领土俸禄自然高下有别，如果都能安于其位,不贪图非分之地和非分之财,则就均而安了。

如此皆能自圆其说,但是到底增生曲折,勉强费力,不如对原文稍作改动来得自然顺畅。并且将"寡""贫"易位,也有所据,《春秋繁露·度制》引孔子的话:"不患贫而患不均。"现今钱穆、杨伯峻皆从此论。

我们可以把孔子的言论看作中国早期的均贫富思想。但是,孔子一贯以旧秩序辩护人的姿态亮相,以为旧的等级神圣不可侵犯,他的"均"不可能是全社会的绝对均平,而应该是一种相对的、和个人地位保持一致的"均"。刘宝楠正义引《春秋繁露·度制》的话:"使富者足以示贵而不至于骄,贫者足以养生而不至于忧。"这是对"均"字的最佳标注。

不过"均无贫"的提出,依旧是革命性的超前思想。孔子无论多么渴望重建牢不可破的旧制度,到底还是迸发了些微革命的星星之火。

首先让人民富起来,都过上好日子,这是一切大政方针的根本目的。这就要求国君心中有爱——对人民的爱。

《学而》中孔子曰:"道千乘之国,敬事而信,节用而爱人,使民以时。""爱"是本句话的一个核心。对于"人"字,杨伯峻认为是狭义的"人",与后面的"民"对比,应指官吏,似有偏颇;孔子讲"爱人",是指凡我治下生民,都应在我爱的范畴。

这里讲"爱人",具体说到了"节用""使民以时"两方面。国家财政来自民间,是老百姓的血汗,不能随意挥霍。"使民以时",是说役使老百姓,要错开农忙时节,在合宜的时候进行,一方面不误农时,另一方面使百姓不至于过分操劳。

取得民众的信任,是处理君民关系的又一大重点。第七章第六节我们已经讲了,民无信不立,没有人民的信任,根本没有立国的可能。"足食,足兵,民信之"三大执政要素,本都是万万去不得的,若非去不可,则先去兵,后去食,而信是永不可去的。去兵去食或等于缺胳膊少腿,去信则等于去命。

国君高高在上,其威仪老百姓无缘仰视,在外面迎来送往的,都是各级官吏,他们态度如何直接决定老百姓态度如何。所以争取老百姓对国家的信任,这个重担,事实上落在各级官吏身上。这就首先要求各级官吏自己要讲信用。《子张》篇记录诸弟子言语,子夏说:"君子信而后劳其民,未信则以为厉己也;信而后谏,未信则以为谤己也。"为官一方,先得取信于民,才可以役使动员民众,否则人民以为你要折磨他们;先得到上级的信任才去进谏,否则上级会以为你要去毁谤他。没有信用,好心遭受怀疑,好人变成恶人。反过来,《子路》中孔子说:"上好信,则民莫敢不用情。"在上的讲信用,则老百姓莫敢不以实情相对。真情换得真情,信用换得信用,所以,君民之间的信用关系,完全取决于统治者的态度。

最后,我们再来分析一下《泰伯》中孔子说过的另外一句话:"民可使由之,不可使知之。"意思是:老百姓,可以让他跟着做,不可以使他知道为什么要这么做。孔子素日强调诲人不倦,岂会让人囫囵吞枣麻木茫然?当我们结合另外一句话来理解时,就豁然开朗了:"中人以上,可以语上也;中人以下,不可以语上也。"(《雍也》)原来孔子相信:智力太下,不能够和他说高深的道理,说了他也听不懂。孔子因材施教,也得对方确是有材才教,如果完全是一块朽木，孔子是不教的。体现在政治上，那就是他对多数百姓的智识程度没有信心，够不上理解深刻的大道理，所以国君努力的方向不是让大家明白为什么，而是让大家跟着做什么。如果推行政令时要将大小事务都说明白讲清楚，道理上完全让人信服，恐怕只有天天开群众大会了，哪还有时间开展工作。好比爱因斯坦那些高深的理论，若务要每个人都搞懂，他也只好不做研究了。《易传》曰："百姓日用而不知。"很多事情，老百姓天天都那么做，却并不知道为什么应该那么做，而生活就这么风调雨顺地延续下去。

孔子讲"民可使由之"，用的是"可"字而非"必"字，就是要告诫统治者，多在诱导艺术上下功夫，让人们心甘情愿跟你走，别动辄就是简单的强迫式命令，这往往造成尖锐的官民对立。"不可使知之"，这个"可"字，也大可研究。或可说成"不让他知道"，把民蒙在鼓里，成为有意的愚民政策；或可说成"无法使他知道"，认为民众无法理解行为背后的原因。后一种理解正合于孔子素来主张。孔子并无愚民思想，他的"不使知之"，是因为他相信局面只能如此。是否看错局面，那是另外一个问题。

第五节　为政以德

"为政以德，譬如北辰，居其所而众星共之。"（《为政》）窃以为这句话是浪漫派鼻祖，文学造诣居《论语》之首，其间意象，浩瀚无穷，有千古登临之势。这句话，也是孔子政治思想的点睛之笔，千言万语凝缩其中，光彩熠熠。

以道德治国，自己就像天边的北极星，在自己的位置上，接受群星的环绕和拱卫。这是多么神圣的状态，多么宏大的气度！无论你用什么招法，礼也好，法也好，仁也好，孝也好，都包容在一个"德"字中间。一切烦琐的政治施为，都简化为一个"德"，唯能"德"，故能居其所，以静制动，教化天下。看透这一点，便掌握了政治上"一以贯之"的"一"，从此三杯两盏淡酒，五湖四海长天，以杯箸之小而裁决天下之大。

唯有德能使天下归心，故唯有德需明君淬炼。

德，皇侃疏引郭象云："万物皆得性谓之德。"朱熹集注："德之为言得也，行道而有得于心也。"何晏、邢昺注疏："德者，得也。物得以生，谓之德。"

文天祥曾说："天地有正气，杂然赋流形。"其实就是说：溟濛之中天道弥漫，万物都受天道附体。得性就是得道，得道才能得生。万物各安其性，各得其道，自然生长，如此便是德了，天下自然长治久安，一片太平。要让天下万物各归其性，首先要为君者能够得道。修身上的一切努力，都是为了得道，为了皈依道。

有人把这句话理解为道家无为而治。如何晏、邢昺注疏引包氏所言："德者无为，犹北辰之不移而众星共之。"又如陈祥道《论语全解》："北者道之复于无，无者，无为者也。辰者，居中而正乎四时者也。无为而正乎四时，则无为而无不为矣。"这种见解明显受了道家的影响，未必合原意。南怀瑾也以"为政以德……"这句话作为依据，认为儒、道最初是不分家的，都有无为的思想。其实，孔子在这里并不强调无为，而在强调为德，是有为的。此德者，正如北辰所居之处，是一切事物环绕的中心。《礼记·哀公问》记载:"君之所为,百姓之所从也。君所不为,百姓何从?"更像是对道家无为的抨击,更证实儒家不会持无为之政见。刘宝楠正义引李允升《四书证疑》说:"既曰为政,非无为也。政皆本于德,有为如无为也。"又说:"为政以德,则本仁以育万物,本义以正万民,本中和以制礼乐,亦实有宰制,非漠然无为也。"说儒家无为,只是观光客的走马看花。

"为政以德",志向高远,却难免失之空泛,如何落到实处?对于统治者来说,最浅近简易的,莫过于先做好自己。

《宪问》记载:

> 子路问君子。子曰:"修己以敬。"
> 曰:"如斯而已乎?"曰:"修己以安人。"
> 曰:"如斯而已乎?"曰:"修己以安百姓。修己以安百姓,尧舜其犹病诸!"

此处的君子,显然是指在上位的统治者,否则无从谈安百姓,更无从谈尧舜。刘宝楠正义:"君子,谓在位者也。修己者,修身也。以敬者,礼无不敬也。安人者,齐家也。安百姓,则治国平天下也。……凡安人、安百姓,皆本于修己以敬,故曰'君子笃恭而天下平'。"人,或谓臣也,或谓亲朋九族。一句"君子笃恭而天下平"道出了全部真谛,安人、安百姓,齐家治国平天下,都在于"修己以敬",此乃根源、根本。所以为君之道,首先还在于自己如何做人。我们在前面讲了那么多修身养性的话,诸如知、仁、勇、礼、信,诸如庄敬、谨慎、谦逊,诸如文质彬彬等,都是在讲"修己以敬"。从这里我们也看出"修己"的根本意义和根本目的是"安人""安百姓",是治国平天下。

修己而成德,昭示天下人,天下人自然望风而拜,靡不影从。《子路》中孔子说:"其身正,不令而行;其身不正,虽令不从。""苟正其身矣,于从政乎何有?不能正其身,如正人何?"端正自身,不发命令,政令也行得通;自身都不端正,发了命令人们也不会听从。假如端正了自身,执政又还有什么困难呢?不能端正自己,如何端正别人?孔子的话告诉我们:推行政令的关键,在于端正自身德行,这点做好了,一切都不费吹灰之力。

《为政》中鲁国权臣季康子问:"要使人民敬重国君,忠于国君,互相勉励,应该怎么办呢?"子曰:"临之以庄则敬,孝慈则忠,举善而教不能则劝。"用严肃认真的态度治理民众,他们就敬重您;对父母孝顺,对幼小慈爱,人们就忠于你;举用贤才而教化弱者,人们就会勤勉努力。你做的一切,老百姓看在眼里,记在心里,自有是非取舍、价值判断。这运用的也正是"其身正,不令而行"的逻辑。

一句话:良民才能教出良民。诸多美德,如诚敬、忠信、勤勉等,都需要国君以身作则,率先垂范。

因为强调德政,故孔子反对杀戮。季康子来问怎么行政,说:"如果杀掉没有德行之人,来成全德行,如何?"孔子答:"子为政,焉用杀?子欲善而民善矣。君子之德风,小人之德草。草上之风,必偃。"(《颜渊》)孔子对季康子的喊打喊杀表示反对,并告诫他:要成全德行,很简单,你自己有德行就行。《盐铁论·疾贫》说君子治国"急于教,缓于刑",和孔子的主张是一脉相传的。

第六节　治国以礼

先来看看《卫灵公》中孔子如何解读人君治国：

> 知及之，仁不能守之，虽得之，必失之。知及之，仁能守之，不庄以莅之，则民不敬。知及之，仁能守之，庄以莅之，动之不以礼，未善也。

句中的"之"字，当指天下，或天下人民；那陈述的主体即人君。程树德集释《考证》引《论语·稽求》："卢东元曰：'此为有天下国家者言。'"又引《四书纪闻》："得者，得乎天下国家也。失者，失乎天下国家也。"同时，"之"字也有解为官位的，也有解为"理"的（朱熹观点）。但是后两种解释都在"庄以莅之""动之不以礼"等处遭遇困难，故难以成立。整句话的意思是，在上位的人，其才智足以让他得到民众，却没有仁心来守住民众，得到了也会失去；才智让他得到民众，仁心也让他保有民众，却不能用庄敬认真的态度来临民（治理民众），老百姓就不会敬重你；才智足以得到民众，仁心足以保有民众，也用庄敬态度来治理民众，然而使民不依礼，仍然不算完善。

知，乃胸中韬略、腹中经纬，合理的政令来自满腹的才智。仁，乃爱民之心，今所谓"全心全意为人民服务"的宗旨。合理的政令没有仁爱的温馨和柔情，有可能演变为严酷或刻板，呵护演变为伤害，由此民心必失。知仁兼备，态度上却不够庄敬，就无法赢得人们尊敬。刘宝楠正义："'庄以莅之'，谓威仪也。《左氏传》北宫文子曰：'有威而可畏谓之威，有仪而可象谓之仪。君有君之威仪，其臣畏而爱之，则而象之，故能有其国家，令闻长世。'"就是强调领导要有威信，能镇得住部下，让部下唯马首是瞻。否则谁也不把你放在眼里，以儿戏亵渎天尊，君威扫地，国亦将不国。除了知、仁、庄三者外，还需要礼。何晏、邢昺注疏引李充云："夫知及以得，其失也荡；仁守以静，其失也宽；庄莅以威，其失也猛，故必须礼然后和之。以礼制知，则精而不荡；以礼辅仁，则温而不宽；以礼御庄，则威而不猛，故安上治民，莫善于礼。"李充看到礼对君主本身的中和作用，可以使君主所有表现都得体得当。这只是其一，还有其二：以礼正秩序，正家国，使上下相安，各守其道，互不僭越，互不侵害，君君臣臣父父子子，社会和谐不乱。礼的压轴出场，终于使一切完备无罅隙，功德圆满。

知仁蕴于内，庄礼发于外。其实，庄，也正是礼的一个具体要求，它的静态的仪表展现为整个言行礼仪的组成部分。但凡内在的品德智慧要俘获人心，必要恰切的文饰——礼正在此处充当主宰。上一节讲德，这一节讲礼，正是一内一外的关键。国君的一切政令施为一旦走出宫廷，面对民众，就必须加上礼的修饰。礼的失败，可能会意味着全盘失败。

孔子的弟子有若曾经说："礼之用，和为贵。先王之道，斯为美；小大由之。"（《学而》）先王尊崇礼仪，以最高的和为美，行事无不如此。先王是已逝的圣迹、今人膜拜的高峰，称赞先王，实际上就是期望时下的君主，凡事依礼而行。对先王，孔子最推崇者莫过于禹，也有这样的用意。他对禹已经"无间然"（《泰伯》），挑不出毛病，没有什么可批评的了。他谈了三个方面的表现："菲饮食，而致孝乎鬼神；恶衣服，而致美乎黻冕；卑宫室，而尽力乎沟洫。"一者至孝，自己吃得再简单也要保证鬼神吃好，对鬼神先祖态度恭敬而虔诚；二者至礼，自己穿得再破旧，祭服也要力保至美，祭祀礼仪上一丝不苟；三者至仁，自己住地卑陋，而致力于农田水利，放弃自己的享受而为民间谋福利。禹的楷模形象，正在于孝、礼、仁三方面的完美表现。无疑，孔子正力图通过对禹的宣扬，来倡导一种精神价值。

孔子面对一大批有潜在从政可能的学生，时刻不忘灌输礼治思想。《卫灵公》记载：

> 颜渊问为邦。子曰："行夏之时，乘殷之辂，服周之冕，乐则韶舞。放郑声，远佞人。郑声淫，佞人殆。"

颜渊问怎么治理国家，孔子的回答大半是礼的说教。要求用夏的历法，诸家解说原因，据说夏历很适宜射猎、农田、祭祀等人事。用殷的木车，此为行郊祭礼时的乘车，诸家解说，据说其很质朴而又能显示等级威仪，说明孔子重视本质性的东西。戴周的冠冕，此祭服之冠，非常华美，盖孔子不反对祭服的华美，朱熹谓华美而不奢靡，亦合中制；也有注家谓这种礼帽眼前垂玉串（旒 liú），两耳边垂小绵球（黈纩 tǒukuàng），寓意以正视听。音乐用舜时的《韶》，此尽善尽美之乐。舞有歧解，陈祥道《礼书》谓"乐之成也"，即配乐而生的舞蹈；俞樾《群经评议》谓即"武"，周武王时的正乐，亦可取。抛弃太过分而缺乏中和的郑的音乐，远离奸诈小人。

治理国家，千条万绪，岂止于此，孔子以小见大，教诲用意深矣。《阳货》记载：

> 子之武城，闻弦歌之声。夫子莞尔而笑，曰："割鸡焉用牛刀？"子游对曰："昔者偃也闻诸夫子曰：君子学道则爱人，小人学道则易使也。"子曰："二三子！偃之言是也。前言戏之耳。"

偃，子游的名字。子游治理武城，礼乐须臾不离，弦歌之声萦绕不绝。孔子戏之："杀只鸡嘛，干吗用宰牛的大刀！"但他很快就端正态度，对子游的主张表示赞同，承认自己只是开个玩笑。据说孔子戏言武城弦歌，其实自有用意：盖在于从反面启发诸位弟子——先抛出流俗之见，再作否定之否定。那些盲目哂笑的弟子们自然暗自惊醒，痛改前非。当然，也许孔子莞尔笑曰"割鸡焉用牛刀"，确实是随性之论，这也是生活中的常情；而后孔子意识到自己随口而出的话有问题，又诚恳地修正，坦率自然，可见其"过则勿惮改"的风格。

孔子谈礼，其中一个很重要的方面，是"让"——谦让。今天"礼让"成为一个固定的词语，也正是因为两者密切的关系。《里仁》中孔子说："能以礼让为国乎？何有？不能以礼让为国，如礼何？"何有，有什么难的。诸家皆谓，让者礼之实，礼者让之文。国君谦让，则天下谦让，可以去天下争利之心，让人各安其本分，不贪非分之利，没有非分之想，从而实现人人安居乐业的太平局面。执政者如果没有礼让之心、礼让之实，只会唱高调摆花架子，弄得再活色生香，也是无济于事的，故曰"不能以礼让为国，如礼何"。让，成为对礼的本质的一个规定，无谦让，不成礼。

《为政》中孔子说："道之以政，齐之以刑，民免而无耻；道之以德，齐之以礼，有耻且格。"格，或曰至，或曰正。至表示趋善，或表示归服于我，正表示正不正之心，都在于最终自动趋向理想的政治局面。用各种政治手段诸如法制禁令等限制人民，用刑罚措施整顿人民，人民固然也可以不去犯罪，却没有羞耻心，也就是说不是发自内心的服从，只是表面上被威服了而已；如果以道德来引导，用礼教来整顿，人们就会有羞耻心，真心服从。这句话，一方面表现出对刑罚的轻视、对礼仪的倡导，另一方面说明了礼与德互为表里、缺一不可的依存性质。

《颜渊》中孔子说："子为政，焉用杀？"《尧曰》中孔子又说："不教而杀谓之虐。"都有明显的反对刑罚的意思在内。杀，是刑罚最极端的表现形式，孔子好仁，重教化，自然会反对杀伐而推崇礼仪，希望可以用礼仪来逐步教化天下，变革人性。后来的商鞅主张"以刑去刑"，韩非主张"不务德而务法"，成为和儒家思想相反的另外一股势力。

实现礼的最有效途径：一在于国君、统治者的以身作则，"上好礼，则民莫敢不敬"（《子路》），天下人都会望风而拜；二在于教，以礼为内容教化天下人，重教育作用故轻刑罚作用；三在于礼制本身的完备科学，一切政治思维本着礼的精神推行。

第七节 劳民不扰民

孔子似乎谈"知"（智慧）的时候不多，即使谈，也几乎总是和德纠缠不清。我们可以理解为：知在他的理论体系中，占有明确的基础地位，但是在他所处的时代，知并不是最迫切需要关注和解决的问题，所以他有意无意地忽略对知的注视。

具体到政治领域，更可以发现，道德沦丧的同时"知"有泛滥的嫌疑。周天子威信扫地以后，诸侯们就冲上前台轮番抢戏，刀光剑影纵横驰骋。大国争锋，小国逢源；诸侯外斗，卿大夫内耗。诸侯间有春秋五霸的闪电雷霆，卿大夫则看齐晋鲁等国内部的翻云覆雨。每一场大事业，都聚集若干谋臣智士互相斗法。单就智慧而言，当时是不缺人才的。

所以孔子谈政治，对知也抑有一种似是而非的态度，每每以仁德厚爱武装灵魂。赤裸裸的智谋或权术，无论是为善服务还是为恶服务，都不在孔子推崇的范围。

《尧曰》中有段话比较集中地谈政治行为上的知，可见其明显的仁的特征：

> 子张问于孔子曰："何如斯可以从政矣？"
>
> 子曰："尊五美，屏四恶，斯可以从政矣。"
>
> 子张曰："何谓五美？"
>
> 子曰："君子惠而不费，劳而不怨，欲而不贪，泰而不骄，威而不猛。"
>
> 子张曰："何谓惠而不费？"
>
> 子曰："因民之所利而利之，斯不亦惠而不费乎？择可劳而劳之，又谁怨？欲仁而得仁，又焉贪？君子无众寡，无小大，无敢慢，斯不亦泰而不骄乎？君子正其衣冠，尊其瞻视，俨然人望而畏之，斯不亦威而不猛乎？"

子张曰:"何谓四恶?"

子曰:"不教而杀谓之虐,不戒视成谓之暴,慢令致期谓之贼,犹之与人也,出纳之吝,谓之有司。"

崇尚五种美德,屏除四种恶行,就可以从政了。

五美是些什么呢?其一,惠而不费,就着人们可以得到利的地方而使他得到利,自然就利民而无所花费。比如,使近水而居的老百姓发展渔盐事业,使山居的老百姓发展林木业,因势利导,政府便花不了什么钱。其二,劳而不怨,选可以役使的来役使,只要是适当的时间、适当的事情、适当的群体,自然没有怨恨。比如在农闲的时候才动员群众筑路修屋,一家兄弟不能都拉去服役,役使老百姓要考虑人家的具体情况。其三,欲而不贪,所欲在仁不在私利,图的是大家的利益,而又切实施行仁义,事情成了也不求回报,自然不会贪。其四,泰而不骄,端正安泰而不骄矜。殷仲堪语"接物以为敬,不以众寡异情,大小改意,无所敢慢",可为作解。"众寡""大小"所指颇丰,可谓势力、可谓财富、可谓权位等等,不必拘泥。其五,威而不猛,端正衣冠,端正视听,庄严自重,使人望而生敬畏,这便有威仪而并不凶猛。

四恶又是些什么呢?一,虐,残酷暴虐之政。不加以教育,别人自然不懂,责任并不在他,却把他杀掉。二,暴,凶暴蛮横之政。程度略浅于"虐"。不加申戒督促,就要别人拿出成绩,也就是先什么都不管,然后突然要人家把事情办好。三,贼,像是有意害人家一样,起先怠慢不当回事,临到头了突然要人家限期完成,毫不通融。四,有司,即说本来干大事业的政治家却表现得像个小官僚。小官分管财物出入,不敢自作主张,所以谨慎而犹豫，现在身居上位，却同样拿不了主意，就十足的小官做派。这个"吝"字，推开来讲，就不必专指予人财物之类，但凡该给不给、该赏不赏、该用不用、该做不做，犹豫不决、优柔寡断以致误事，都是"吝"。

惠而不费、劳而不怨，具体讲如何临民——治理民众。欲而不贪，是要求君主心中有仁。泰而不骄、威而不猛，是讲君主应有之仪态。四恶的内容，都跟临民有关，要求君主先自整饬，严谨执政，不可暴虐，其实也是要求仁政。我们可以看见，对待老百姓，是政治任务的重中之重，孔子关注最多。

我们前面讲过，喜欢一个人，就要使他养成勤劳的品质，这样才可以培养其纯正向善之心。具体到治理民众，是一样的道理。这里讲"劳而不怨"是一个很重要的说明，强调的正是"使民以时"。所以使民勤劳，不是盲目地增加民众负担，让人民无休止地劳苦下去，而是尽量因势利导，不扰民不虐民，用最合理、最科学的方式让人们变得勤劳。这样，"劳之"之中就辩证地含着"勿施劳"的用意。今天我们讲勤劳致富、艰苦奋斗，同时又尽量创造条件减轻人民负担，提高人民生活舒适度，道理也是一样的。

要培养人民的勤劳品质，孔子很强调统治阶层的模范带头作用。《子路》开篇记载："子路问政。子曰：'先之，劳之。'请益。曰：'无倦。'"自己先带头，并且使人民勤劳起来。欲使人民勤劳，先要自己勤劳，并且不知疲倦。自己起了模范带头作用，则老百姓自然会跟上，不需要再用苛繁的强制命令，正所谓"其身正，不令而行"。统治阶层的"先之"，非谓"天子躬耕、王后躬织"，实谓君王勤政无倦怠，以此风范在先，而后可以引领民众勤耕勤织。以此反观"四恶"之所以为"恶",不自整饬勤谨而求全责备于人,完全没有起好带头作用,此即最大原因。

劳民而不扰民,此平衡之术大概仲弓(即冉雍)比较善于驾驭。《雍也》中孔子说:"雍也可使南面。"可以面南背北做大官,"南面"两字,说得好有天子气派,可见其政治才能非常突出。朱熹分析原因在于:"仲弓(即冉雍)宽洪简重,有人君之度也。"朱熹许以"简重",大概来自后面的对话:

仲弓问子桑伯子。子曰:"可也简。"

仲弓曰:"居敬而行简,以临其民,不亦可乎?居简而行简,无乃大简乎?"子曰:"雍之言然。"

自处以庄敬而行之以简略,如此治理百姓,不是很好吗?自处就很简略,而行之以简略,那不是太简略了吗?孔子本来一个"简"字就无复有教,仲弓却有更深入的思考,深得孔子赞许。这就是说:执于内也敬,发于外也简。为什么要"居敬"?因为民生国事,千派万绪,纷纷扰扰,满眼望不穿,满心装不完,三头六臂也只是徒唤奈何。以我之藐藐迎它之皇皇,岂敢简易怠慢?为什么又要"行简"?朱熹语:"事不烦而民不扰",全在为了天下民生有一个宁静而平和的生活。先有"敬"的功夫,故能"洞察情形,而挈其纲领"(鹿善继《四书说约》),其后则可执要御繁,以四两拨千斤,达成"简"的妙用。简可以祛繁,而敬可以运简;仲弓看问题如此透彻,有更上层楼极目千里的味道。

第八节　远佞人，举贤才

《论语》多次提到用人的问题，一个基本原则就是：远佞人，举贤才。孔子对颜渊说："远佞人。"（《卫灵公》）对仲弓说："举贤才。"（《子路》）佞人摇唇鼓舌，阿谀奉承，颠倒黑白，如同郑国淫靡的音乐，只会扰乱心性，勾人犯错；而任用贤才则可使天下归心，并使奸佞之人自动消失。

关于佞人和贤人的使用，《为政》中孔子这么对鲁哀公说："举直错诸枉，则民服；举枉错诸直，则民不服。"用正直的人压住不正直的人，天下老百姓就服从你，否则不服。正邪各自归位，正气压住邪气，天下政事才能理顺，老百姓才能顺服。孔子斯言，一方面反讽当时邪辟当道的政治现实，一方面表达对任用贤才的渴望。鲁哀公本是问如何使民服从，孔子答以用人，实乃一针见血。

《颜渊》中孔子是这么对樊迟说的："举直错诸枉，能使枉者直。"樊迟未达，问诸子夏。子夏感慨："好深广的话啊！舜得天下，提拔皋陶，'不仁者远矣'；汤有天下，提拔伊尹，'不仁者远矣'"。贤才一兴，小人远逝，不仁者销声匿迹，可见任用贤才的威力。但是我们发现子夏的理解似乎也未尽孔子原意：孔子之意，直者能化枉者，使之归于直；子夏的理解是直者上台了，枉者并未被教化，而是跑掉了。此间矛盾，朱熹如是圆场："不仁者远，言人皆化而为仁，不见有不仁者，若其远去尔，所谓使枉者直也。"虽然朱熹言之有理，但窃以为子夏意兴不可抑制一时感发，

第十一章 政治

并未深思熟虑,不能尽得要领,亦属正常。樊迟未达孔子本意,子夏亦未道出孔子本意。

孔子但言直枉而不言贤愚,乃是以德行兼言才智,才德兼备谓之贤。此所谓直,自然是才德兼备之直,焉有正直而愚蠢之理,故可不必增设词采。用"直"不用"贤",亦有微言大义——将德行至于聚焦的中心,提醒健忘的人切不可忽略中心。

但是,说实在的,用什么样的人,几乎人人都可以讲出真理,而怎么发现这样的人,才是真正的关键所在。孔子似乎也并没有什么妙计,但是高人自有其高处,他教育仲弓,换个角度或许豁然开朗。《子路》记载,仲弓问他:"焉知贤才而举之?"他说:"举尔所知;尔所不知,人其舍诸?"提拔你知道的;你不知道的,难道别人会舍弃么?意在强调:你只要把你知道的人尽量用好就行了,别的不用管。这个看似答非所问的话,其实大有玄机。"人其舍诸",可以有多种理解。其一,如果天下人都能做到举其所知,则你不知道的,别人难道还会舍弃?英雄总有用武之地。这是借讽劝仲弓而感怀天下。其二,你求贤若渴,天下知名,则别人会向你举荐贤才,贤才自然也不会遗漏。其三,贤才知道你爱才之心,都愿意归附于你,岂有不毛遂自荐之理?这样贤才也被你尽收网底。无论作何理解,总之只要天下人(或我一个人)爱才,天下贤才就不会被浪费。

鉴别人才,孔子还强调一点:"君子不以言举人,不以人废言。"(《卫灵公》)有口才不等于有德行,往往天花乱坠精彩纷呈的巧舌之下,掩盖着乌七八糟的心灵,所谓佞臣、巧言令色者即是。反过来,人品尽管不敢恭维,或者实在乏善可陈,也可能吐出金玉良言;《诗经》来自民间,谚语来自民间,神话和传说来自民间,其中多有光照千古的智慧。所以,以言举人,失之片面;以人废言,失之绝对。两者最终都蒙蔽了自己的眼睛,害己害人。李颙《四书反身录》:"不以言举人,则徒言者不得幸进;不以人废言,庶言路不至壅塞,此致治之机也。"孔子的告诫是对人性最易动摇处一个强力的扶持;虽不能正面支招,但是从反面设防,也是关键。

怎么和僚属相处,《论语》也有反映。仲弓请教政治,孔子说:"先有司,赦小过,举贤才。"(《子路》)其中的"先有司",很容易理解为"先于有司",即带领大小官员干,诸事跑在百官前头。杨伯峻就解释成"给工作人员带头"。但是我们转念一想:诸事我都在前面干了,那有司们还干什么呢?故古人都不这样解释。何晏、邢昺注疏引王曰:"言为政当先任有司而后责其事。"刘宝楠正义说:"是凡为政者,宜先任有司治之。"大小政事,先分派给自己下属的大小官员去做,然后考核他们。这正如《吕氏春秋·审分》中所说的:人和马一起走路,人肯定是走不赢的;但是人坐在车里,驾着马赶路,则马是走不赢人的。所以,领导的工作就是用好自己的部下,让每个人都尽职尽责,而不是事必躬亲,到处都自己动手。同时领导要能够宽容赦免小过错,一方面体现仁政作风,一方面也给了大家发挥的空间,使下属不必瞻前顾后。

《微子》记载周公对自己的儿子伯禽(鲁国始封者)说:"君子不施其亲,不使大臣怨乎不以。故旧无大故,则不弃也。无求备于一人。"不怠慢亲族,一家人团结和睦,此为国家和睦的基础；不使大臣抱怨不能被任用，各人都在恰当的岗位上发挥恰当的作用。老臣故旧都曾经作出重大贡献，没什么大过，就不舍弃他，体现重情重义重传统。不要求一个人完美无缺，体现宽厚仁爱精神，和"赦小过"精神是一致的。这句话虽非孔子所说，但选入《论语》，自然也符合儒家主张。重血缘、重传统、躬自厚而薄责于人，这些儒家思想都贯穿于其中。

[附一：《子路》中记载，子夏当了莒父这个地方的县长，就向孔子请教政治问题。孔子告诫："无欲速，无见小利。欲速，则不达；见小利，则大事不成。"不要求快，不要贪小利。求快，就反而达不到；贪小利，就成不了大事。这便是一方面要稳扎稳打，一方面要抓大放小。慢慢来，才能固守每一块阵地，冲得太快，无暇经营，则崩溃更快。冲到最后，不堪回首。孔子曾说，善人治国，都要一百年才仅仅做到"胜残去杀"（详见本书第十二章）；王者治国，也得三十年才能实现仁政。不贪小利，才能集中精力，抓住重点，明确中心。我们现在开展工作，在计划的时候，不也有个一二三点吗？一切的细节工作，都是围绕主体展开的，一切的小事，都为着大事服务。以为小事本身就是目的，从而只见小利，不见大成，鼠目寸光，终不能达到理想境地。]

[附二：《宪问》中记载："子曰：'不在其位，不谋其政。'曾子曰：'君子思不出其位。'"《泰伯》中也重复记载孔子的话："不在其位，不谋其政。"孔子要求：不在那个位置上，就不要考虑相关的政事。曾子也说：君子考虑事情不越出自己的职位。说得不好听点，就是不要多管闲事，不该管的你不要管，因为自有相关的部门和人员来管。如果人人都做到这一点，不随意乱插手别人

的事务，而同时又兢兢业业把自己的事情做好，则天下秩序井然，稳定不乱，社会人伦、政治经济都可以回归正位。孔子这一个政治观点，根本上还是表现了自己维护固定的等级伦常的观念，所谓君君、臣臣、父父、子子，各守本分，尽职尽责。等级秩序不可逾越不可打乱，反映到行政上则是各司其职，安守本分。］

第九节　尽善尽美

子在齐闻韶，三月不知肉味。曰："不图为乐之至于斯也！"

这段话出自《述而》。韶，舜时的音乐。听得这等音乐，竟至于三月尝不出肉味，没想到音乐可以达到这样的境界。可见音乐的魅力完全超越了美食。那么，这《韶》乐何以如此勾魂摄魄，能够让老人家如此感慨呢？

《八佾》记载："子谓韶，'尽美矣，又尽善也'。谓武，'尽美矣，未尽善也'。"《武》，是周武王时的乐曲。朱熹集注："美者，声容之盛。善者，美之实也。"美是形式，善是本质。两种音乐在形式上、在听觉上，都是绝美的，但是在诉诸情感、表达思想上却有高下之分。舜以文德赢得天下，又以文德禅让天下，文德之盛，完美无缺，天下因之而太平。他的音乐，自然表露出这样的气象。武王以暴制暴，以武力征伐天下，虽为顺应天下的正义之战，但到底是以下犯上、以臣逆君。他的音乐，虽亦流淌着浩然正气，但是也透露着杀伐之气，故文德逊于舜。孔子谓《韶》尽善尽美，正可洞见其价值观：以文德平天下是理想之道，以武力平天下则稍逊一筹。

《韶》切合理想的境界，故孔子反复玩味，可以三月不知肉味。看来孔子似乎在谈音乐，其实在深刻地影射政治；他追求的就是舜的高度，崇尚文德，贬抑武力。他在《季氏》中说："远人不服，则修文德以来之。"在春秋时期追求用战争形式解决问题的社会大趋势下，他逆时代而动，高举文德旗帜，鲜明地反对武力。

所以孔子平时很少谈论武力，很少谈论军事。《述而》说："子之所慎，齐（斋）、战、疾。"孔子所慎重的，是斋戒、战争、疾病。这方面的事情，他很少和人交流讨论。有一次，卫灵公向孔子请教军队列阵方面的问题，孔子拒绝回答，很不客气地说："俎豆之事，则尝闻之矣；军旅之事，未之学也。"（《卫灵公》）俎豆，古代的盛食器皿，是行礼用的礼器，象征着礼仪。俎豆的事呢，我曾经听说过；军队的事情呢，就没学过了。第二天孔子就离开了。显然孔子很不想和卫灵公讨论军事问题。他对诸侯之间的战争持否定态度，认为无论谁在理谁无理，都是不道义的。《季氏》中他说："天下有道，则礼乐征伐自天子出；天下无道，则礼乐征伐自诸侯出。"打仗的事本来只有天子有号令的资格，而这个诸侯叫嚣着打那个诸侯，是天下无道的表现。春秋的世道、五霸的争锋，孔子一言以蔽之，只是证明着天下无道而已。

当然反对战争并不能让战争自动消失，乱世之中战争不可避免，所以孔子必须"直面惨淡的人生，正视淋漓的鲜血"。《颜渊》中子贡问政，孔子要求"足食，足兵，民信之矣"，鲜明地提倡武备。因为天下无道，你不打别人别人也要打你，不做点准备怎么行。这里的"足兵"，不是为了侵略，而是为了自卫。在这个前提下，孔子又说了："以不教民战，是谓弃之。"（《子路》）让没有训练过的人民去作战，等于是抛弃他们。表明孔子还是比较重视军事训练的。

孔子反战，追求文德治国，所以平时慎言战争，多谈德治。《墨子·天志下》曰："义正（政）者何若？曰：大不攻小也，强不侮弱也……天下之庶国，莫以水火毒药兵刃以相害也。"这大概也正是孔子的心里话。

理想的世界不应该有战争，理想的世界应该秩序井然，平安无事。这又回到礼治社会的核心要求上来。《颜渊》中齐景公向孔子请教政治，孔子说："君君，臣臣，父父，子子。"君行君道，臣行臣道，父行父道，子行子道；人人不得越权越利，人人尽其本职开发好自留地，人民便各个相安无事、天下平稳运行。乱世发展到极致，就表现为战争，这只是一个表象。本质还在于社会纲纪败坏，各个层次的人都在搞犯上作乱的把戏，互相觊觎非分利益；社会正表现得君无君样，臣无臣样，父无父样，子无子样。而这个向孔子请教政治的齐景公，本身就是作乱的代表人物。朱熹集注说："是时景公失政，而大夫陈氏厚施于国。景公又多内嬖，而不立太子。其君臣父子之间，皆失其道，故夫子告之以此。"大夫陈氏专权，景公陶醉在花花世界，又不按礼法立太子，陈氏阴施德于民而不加明察，后来陈氏弑君夺国，都拜景公所赐。深感社会混乱无道的孔子通过这句话，表达了他渴望恢复规范的、齐整的社会秩序的愿望。《吕氏春秋·处方》："凡为治必先定分。君臣父子夫妇六者当位，则下不逾节，而上不苟为矣，少不悍辟，而长不简慢矣。"这话正切中要领，可为注脚。

第十一章 政治

不要战争，人人安守本分，这是对外部世界的一个理想憧憬；而对统治者自身来身，什么样的执政手段才是最理想的呢？前面我们说："为政以德，譬如北辰，居其所而众星共之。"（《为政》）这句话，引起了关于无为的多方联想。《卫灵公》中孔子又说："无为而治者，其舜也与？夫何为哉，恭己正南面而已矣。"明确提出"无为"两字，仿佛更确证孔子思想中的无为影子。也许孔子当年问道于老子，或多或少还是受了无为思想的影响。凡事物发展到极致，似乎果真无为最佳。因为最高境界是顺应天理，与天理交融，天无施为而化育万物，人又何必刻意为之对着天干。

但是我们看到两句话中，一者"为政以德"，一者"恭己"，却又都是大作为之事，非经漫漫长途的苦行、弱水烈火的苦炼，实在修不出金身。德是日常生活，又是终极目标，恭己是日常事务，追求的又是终极之德，两者是统一的。这是需要天天炼、时时炼的，圣人之所以难以炼成，就是因为日常之中，往往懈怠，往往放纵。一个"德"字，足以让芸芸众生望而却步。

孔子之无为，正是在其大作为基础上臻于最高境界之后的漫步优游。以此大作为为前驱，跟道家之无为、返回婴儿的状态实在完全不同。所以舜能够做到无为，首先是因为他在恭己上已经修炼到上乘，《吕氏春秋·先己》："昔者先圣王成其身而天下成，治其身而天下治。"圣王之德盛可以化下民，不待有为而民已自化，真如同日月之光催开繁花，云中落雨滋润绿林。其次，诸多注家也讲：舜上承唐尧、下接夏禹，任官得其人，有众贤辅佐，故可垂衣端坐，无须亲自动手。再次，当其制度已经完备，只需按部就班固守陈规就可以天下太平，自然不需要画蛇添足。舜从尧手里接过江山，而尧发凡起例，建章立制，已经劳苦于前万事俱备，舜无须横生枝节力求变革。后来的萧规曹随，萧何辛苦建立基业，曹参则夜夜醇酒、日日歌吹，结果陛下垂拱、天下太平。

最高的无为，乃是天子诸侯的政治追求，是理想的归宿。只不过需要千辛万苦地奠基。

音乐上的尽善尽美，譬之于政治，则是和平安宁、秩序井然、无为施治。这是孔子理想主义追求在政治方面的体现。

第十二章 世界的旁观者

第一节　透视古今

孔子被他的世界抛弃了，但是他从来没有抛弃这个世界。他面临的是一道道冰冷的铁栅，他总幻想可以用自己的意志将它们依次打开。他全部的理想主义的创建，都为了光复已经逝去的经典时代，但他的全部努力，都被历史的车轮碾碎。可贵的是，孔子并不因为失意而遁逃，不慕西山白云，不恋山野晨炊，他依旧投入全部热情来感知这个可恶的不能割舍的人间。

孔子论道，"一以贯之"是精髓。他观照世界，"一以贯之"仍是精髓。

《为政》中子张问能不能预测今后十代的状况，孔子答曰："殷因于夏礼，所损益，可知也；周因于殷礼，所损益，可知也；其或继周者，虽百世可知也。"夏商周三代继承，每有革新，所损所益皆可得知，根据这样的事实，探出其中的规律，别说十世，百世的景象亦了然于胸。以往知来，正是因为历史暗藏线索，穿透古今。孔子强调"损益",正是透过这一损一益来观照循环交替的生命轮回,发现恒定的力量之源、或明或暗的绵绵主线。掌握了这最本质的一点,光怪陆离的大千世界即刻变得简单明晰、澄澈见底。当然,孔子这里强调的,乃是国家社会的政治制度、体制的沿革。一个"礼"字,是把全部文明世界的体制制度都囊括其中的。

孔子的眼光,颇类天外高人的冷冷回眸:立体的世界单纯如一张薄纸。他以百世可知的独到、冷静旁观的超然,对从古至今的历史作一白描。《季氏》中他说:"天下有道,则礼乐征伐自天子出;天下无道,则礼乐征伐自诸侯出。自诸侯出,盖十世希不失矣;自大夫出,五世希不失矣;陪臣执国命,三世希不失矣。天下有道,则政不在大夫。天下有道,则庶人不议。"礼乐、征伐之事,是国家头等大事,本该只能天子发号施令;只是天下无道,诸侯大夫喧宾夺主。故诸侯夺了天子的权,也许可以行十世;大夫专了诸侯的权,也许可以行五世;陪臣又专大夫的权,则可能只有三世的命。注家或以为其越下,则所辖越小,故而易失,乃从权力的角度作注。但是,孔子所真心要表达的,或许倒不在此。他认为:这是天命所定,不可违背;以下犯上者,越下而罪孽越深,违天越甚,故享命越短。用现在的话说:"出来混,迟早是要还的。"越是不义,还得越快。正常的世界格局若被打破,天道就要出来做主。

这十世、五世、三世,前面有个"盖"字统领,表示可稍有左右。但是数字仍然很精确,天下历史哪能这般细致。不过,细看孔子所能观照的历史,发现他老人家并非妄言。齐自僖公小霸,

| 第十二章　世界的旁观者 |

后桓公号令天下，再后直到景公凡十世，被陈氏弑君夺权，江山易主；晋自文公称霸，十世以后，被强臣瓜分；鲁自隐公僭礼乐，到昭公出奔，也是十世。所谓五世，起码也在三桓专鲁上得到反映：季氏掌权五世而遭家臣阳虎之祸。阳氏为陪臣，到阳虎谋反不成流亡他乡，刚好三世；而南蒯、公山弗扰之流则更不及三世了。虽然算法或起止还可商榷，但是大体也还说得过去。总之，孔子所言，本有所据，非率尔而论。

理想主义者的眼中，世界总是满目疮痍，百无一是，在孔子看来，春秋即这般残破绝望。天下不是天子的天下，甚至也不是诸侯的天下，大夫陪臣早已经越俎代庖，自为主张。《子罕》中孔子叹息："凤鸟不至，河不出图，吾已矣夫！"古代传说，圣人受命则凤鸟至，河出图。据说，凤鸣岐山而周室兴起，黄帝、少皞、周成王时都有凤凰飞临；伏羲氏、黄帝、尧、舜、禹，甚至周的时候，都有河出图的现象发生。河，是黄河；所谓图，或许就是一种玉石，有传说认为伏羲就是根据河图纹路绘出八卦。凤鸟至、河出图是光明盛世的祥瑞和象征。孔子悲叹这些祥瑞都没有降临，自己一生也差不多完了，算是什么指望也没有了。再有雄心壮志的人，也难免有灰心的时候，故而孔子对子路说："道不行，乘桴浮于海。从我者，其由与？"（《公冶长》）桴，小的竹木筏子。道义行不通，咱就出海去。跟我走的，是你仲由（即子路）吧？华夏如此广袤，却没有道义立足之地，孔子才会有如此伤感的话。不过他也只是说说罢了。

天下纷乱无道，并不曾灭掉孔子的幻想，他仍然相信圣贤一出面，清明可再临。有连续的三段话，来自《子路》，可见他的赤子之情。

光是以自己为例:"苟有用我者。期月而已可也,三年有成。"期月,一周年。如果有人真能用我,一年下来,政教纲纪就可以推行下去,三年就能有所成就。一年立规矩,三年见效益。孔子常年不得任用,故有斯言,言语之中自有十拿九稳的信心。

然后说"善人治国":"善人为邦百年,亦可以胜残去杀矣。诚哉是言也!"善人执政连续满百年,也可以克服残暴和刑杀等;这话说得很对呀!这善人到底是什么人呢?刘宝楠正义分析应该中肯:"郑注云:'善人居中,不践迹,不入室也。'按:'居中'者,对下'王者'言之。上不及王者,下不同时君,故言中也。"善人,便是不及真的王者而优于时下诸侯的国君,有贤德而未及最高;这样的国君治理国家,得花上一百年,才能够战胜残暴,免除刑杀。虽然这还不算最太平的世界,但是已经非常不简单了。放在今天,即说国家已经不需要警察,不需要法律,仍可以太平无事。

最后说"王者":"如有王者,必世而后仁。"此之谓王者,便是天命所归的真正王者,理想境界的圣人。圣人治国,得用三十年(一世为三十年),然后国家可以实现"仁"的境界。不但胜残去杀久矣,且人人相亲爱,个个德行高尚,天下再看不到一丁点不够光明的事物。古人常常拿西周成康盛世来比况,以为当得起孔子梦想的仁,如郑玄、程颐、黄式三等人。《史记·周本纪》也极言"成康之际,天下安宁,刑错四十余年不用"。孔子本人,其实也相当缅怀那个时代,以为可以代表自己的理想。窃以为成康盛世,流传到后代,人们只是记住了盛,淡忘了黑暗,故生无限向往和溢美之心。盛世可以压抑黑暗，但是不等于消除了黑暗。所以孔子理想中的"仁"的社会，事实上是没出现过的。

上面三段话，纯粹为孔子理想主义的美好憧憬。我们不必细究何以是一年、三年、三十年或者一百年。善人一百年之功不及圣王三十年之力，芸芸众生还不及善人之一二，那沐浴理想世界光辉就更是遥遥无期。孔子闭门造车，只是说明了对当时君王的迫切呼唤，对圣君的渴求。

第二节　仁德迷失

《先进》记载，孔子曾经说："有颜回者好学，不幸短命死矣。今也则亡。"《雍也》也有差不多的话，《雍也》还记载了孔子的话："回也其心三月不违仁，其余则日月至焉而已矣。"

颜渊（颜回）是道德的高峰。他的境界，高处不胜寒；他的陨落，是最后一线曙光的消逝。孔子感叹颜渊的早逝，不仅是为得意弟子哀悼，也是对当时社会的哀叹。没有了颜渊，这个世界就没了好学的人，也没了真心的仁者。

《里仁》篇孔子曰："我未见好仁者，恶不仁者。……有能一日用其力于仁矣乎？我未见力不足者。盖有之矣，我未之见也。"哪怕用一天时间从事仁道，这样的人孔子都不能肯定有；如果说是力不从心，那也就不说了，但是孔子从没见过谁是因为力量不足而逃避的。

《子罕》篇孔子曰："吾未见好德如好色者也。"《卫灵公》中孔子对着子路哀叹："由！知德者鲜矣。"好色，出自本性，是很享受的事情；好德，则须后天历练，是很折磨人的事情。所以好色易好德难。不好德，故不知德，更何谈以德用世。

《公冶长》篇谈论刚直，涉及道德的具体方面："子曰：'吾未见刚者。'或对曰：'申枨。'子曰：'枨也欲，焉得刚？'"刚强的人，我还没见过。有人以为申枨可以例外。盖申枨手段强硬，不达目的不罢休，看起来颇有刚强之相。而孔子洞见本质：申枨只不过是欲壑难填，哪来什么坚强不屈。刚与欲的关系，朱熹集注引谢氏曰："刚与欲正相反。能胜物之谓刚，故常伸于万物之上；为物掩之谓欲，故常屈于万物之下。"

《公冶长》篇孔子说："已矣乎，吾未见能见其过而内自讼者也。"孔子慨叹："完了啊，我没见过能够看到自己的错误而自我暗自责备的。"朱熹集注说得好："人有过而能自知者鲜矣，知过而能内自讼者为尤鲜。能内自讼，则其悔悟深切而能改必矣。"可见"内自讼"实乃真心使然，比肉袒负荆登门谢罪，或在报纸上发表道歉声明要可靠得多。孔子断言未尝目睹"内自讼者"，有注家强拉颜渊、子路诸有德者到孔子面前来反诘，安他一个"睁眼说瞎话"的莫须有帽子，实乃不解真义。孔子此言，放眼世界，即使有诸弟子正气溢满书院，也不能略慰他对世道的绝望。

道德沦丧，故圣贤遁形。《述而》中孔子说："圣人，吾不得而见之矣；得见君子者，斯可矣。""善人，吾不得而见之矣；得见有恒者，斯可矣。亡而为有，虚而为盈，约而为泰，难乎有恒矣。"圣人，我是看不到了，能见到君子，就可以了。善人，我是看不到了，能看到持之以恒（为守道，所谓守死善道）之人，也可以了。但是，没有却装有，空虚却装充实，穷困却装奢华，难于有恒啊。根据这"难乎有恒矣"的结论,可知,前面不只没看到圣人、善人,连君子、有恒者也都一并难以见到。此话当然尤其包括了当时自命不凡的诸国统治者。

《子路》中有段对话,孔子和子贡讨论"士"(详见本书第十章),是把统治阶层贬得一文不值的。孔子认为当今从政的人,连硁硁然小人都不如,毫不客气地说:"噫!斗筲之人,何足算也。"话说得如此之重,也许是一提那帮家伙就来气,也足可见孔子对当时统治阶层的轻蔑和全盘否定。

而世间人们的形态,却概括进了"亡而为有,虚而为盈,约而为泰"这幅画卷。程树德曰:这就是顾面子。吹牛的、扮潇洒的、摆阔气的,横竖沉醉在死要面子的竞技场,为自己挣名誉。鲁迅用阿Q来作漫画,易中天说:"就连阿Q,进城做贼小小地'发'了一下,也要在未庄的酒店里'摆阔',掏出钱来,'满把都是铜的银的'。"(《闲话中国人》)

在《泰伯》中,孔子为时人画了另一幅像:"狂而不直,侗而不愿,悾悾而不信,吾不知之矣。"狂,不知收敛而粗野狂放,这样的人一般心地正直、坦荡;侗,无知的样子,这样的人一般应该谨慎老实;悾悾,样子忠厚诚实的人,一般应该比较讲信用。这是正常情况,因其德行未至醇厚,故瑕瑜互现,两不相掩。无知者越无知就越胆大,于是目中无人,纵横驰骋,不自觉其实是块废铁。样子老实而绝无诚信,这种人也很常见,历朝历代都有经典案例。他们取糟粕去精华,只见恶不见善。孔子眼前的世界,此类人尤其多,故慨叹:"我是搞不懂他们啊!"

孔子看不见仁,看不见德,看不见刚,看不见内自讼,看不见圣贤，看不见中正的心，看到的只是本真迷失、颠倒错乱的衰败图景。他不得不慨叹："谁能出不由户？何莫由斯道也？"（《雍也》）谁能够出去不由房门呢？为什么没人由这道走呢？道，便是孔子提倡的道义之道、仁道之道，概括一切立身行事当遵循的礼仪法则。道，本是如同出去必须经过门一样简单而理所当然的事，却被人冷落弃置；今人单知"出由户"，却不知"行由道"。

为了这点事儿，老人家已经无数次唏嘘、无数次感慨。只是万事付流水，美梦终成空，岁月毕竟蹉跎去，江山依旧夕阳中。

第三节　道德歧路

上一节我们只看到迷失、空虚。眼前是茫茫的一片白色，伸手只抓到流风，生命苍白流泻，吞噬于虚无。我们眉飞色舞地作秀，粉黛与喧嚣夜夜不休，其实正如鲁迅所说："我姑且举灰黑的手，装作喝干一杯酒。"

心灵算是腾出颇大的空间，准备海涵五彩的世界。孔子眼前千万只人类的手在攫取，命中最多的，一是佞，一是色。

《雍也》中孔子讽世："不有祝鮀之佞而有宋朝之美，难乎免于今之世矣！"这句话，转相承抄，解读者多了，歧义也就多了。兹作简单概括：

其一，没有祝鮀之佞和宋朝之美，就很难不遭祸于今世，今世好谀悦色之世也。"而"解为"与"，也是古训常例。陈天祥《四书辨疑》："不为祝鮀之佞，必为宋朝之美；不为宋朝之美，必为祝鮀之佞。二者为世之患不能免除。"要在社会上立足，要么巧舌如簧，要么美貌如花，至少得占一头：这便是当世无法免除的恶俗，都是社会的祸患。

其二，没有祝鲍之佞，反有宋朝之美，很难不遭祸，即言徒有美貌而不善巧舌，很难不遭祸。毛奇龄《论语稽求》引先仲氏云："以佞比阿世，美比善质。"刘宝楠正义引五河君说："美必兼佞，方可见容。美而不佞，衰世犹嫉之。"两段话结合起来看便知，没有一张讨巧的嘴，即使倾城倾国，也还是不能免祸。今人钱穆、杨伯峻也选择这一说。

虽有分歧，但是有一点是一致的，"佞"颇吃香。一个人在社会上能不能混得好，全靠取巧卖乖。另外，拿宋朝之美貌类比善质，恐怕孔子会非常不满。据说宋公子朝是个很淫的美男子，孔子对他一定十分不喜欢，怎么可能拿他来比美好的事物呢？这里的美肯定就是说的容貌，至于是不是天姿国色仍得靠巧舌如簧，单从这句话很难断定孔子的意思。

但是结合下面《子罕》中孔子的言论，我们又觉得，孔子大概不会花工夫研究美色与佞幸的关系。总觉得还是第一说为妥。

《子罕》中孔子说："吾未见好德如好色者也。"正可见证当时人们好色而薄德，孔子为其感伤。

美人的最终下场，其实不关佞事，正如同佞人的最终结果也跟长相无关一样。两者没有依存关系，但都为孔子所不认可。

我们常常将好色和淫画等号，其实好色并非淫，过分好色才是淫。雨下得太多，便叫淫雨；技艺过分夸饰，便叫淫巧；过分铺排，便叫淫侈；过分耍威风，便叫淫威。《史记·屈原贾生列传》中司马迁曰："国风好色而不淫，小雅怨诽而不乱。"《八佾》

中孔子曰："关雎，乐而不淫，哀而不伤。"国风好色但雅正，关雎好色却成为教育诗，可见好色不是坏，淫才是坏。孔子对时人好色有意见，其实是对淫有意见，宋朝之美隐射的正是淫。

《卫灵公》中孔子对颜渊说："郑声淫，佞人殆。"佞人之危害性不多说，孔子已经强调得够多了。郑国的音乐淫，就是过分了，和佞人相提并论，就是说都很有害。这里的淫，连古人都常常误解为郑国流行黄色歌曲，其实不然。陈启源《毛诗稽古篇》说："乐之五音十二律长短高下皆有节焉，郑声靡曼幻眇，无中正和平之致，使闻之者导欲增悲，沉溺而忘返，故曰淫也。"过分奢靡，过分逸乐，过分艳丽，过分空虚……反正就是过分，足以让听众泥足其中，心志惑乱，德行败坏。《阳货》中记载孔子的话："恶紫之夺朱也，恶郑声之乱雅乐也，恶利口之覆邦家者。"大概当时郑国的音乐已经走出国门，风靡华夏大地，雅正的音乐受到强烈冲击，越来越没有市场。这便是以邪压正，孔子非常痛恨。所以他疾呼"放郑声，远佞人"（《卫灵公》）。

当中正迷失，淫邪便会当道。流行佞人，流行色欲，流行靡靡之音，连穿衣服，都趋向靡丽而抛弃中正。西周衰落而入春秋，诸侯对服色的喜好也变了，抛弃了对正色朱的爱好，越来越喜欢间色紫，故言"紫之夺朱"。但孔子将其上升到正邪错位的高度，毫不掩饰自己的痛恨。

《阳货》中孔子对比今古之人："古者民有三疾，今也或是之亡也。古之狂也肆，今之狂也荡；古之矜也廉，今之矜也忿戾；古之愚也直，今之愚也诈而已矣。"廉，器物的棱角。矜，古今学者多解为矜持有操守。这段话所对比者，皆德行不完善的人。古代人民有三种毛病，今天也许连这样的人都没有了，今天的人更差劲。古代的狂人敢于放肆直言（无视小节但有是非），今天的狂人却是放荡（完全没是非，行事无所据于礼法）；古代矜持（操行守持太严）者棱角太锋利，今天的矜持者却是一味乱发脾气（无理而多怒）；古代愚昧者直率行事，今天愚昧者只会诈骗。自古人民，禀性皆有不正者，今不正更甚，全无是非，全无可取。

即使古今同样的优点，对比下来，也是高下立判。好学总是好事情，但是这么一个好事情，今天也变了味。《宪问》中孔子说："古之学者为己，今之学者为人。"古时候的学者是为了自己的德行修养，用心在道，哪管别人说长道短、争名夺利；今天的学者是为了在人前表现、悦人耳目，目的在胜人而非求道。这便是今古学风之差异。所谓为人，也有讲为人之师、为人之政、教化他人，看起来也像经世致用的样子。这倒也能讲通，士阶层崛起之后，这种"为人"的学风已经盛行，孔子当有所感。但是，即使"为人"是指想当师父想当舵手，到底首先仍须"为己"。正所谓"修身"才能治国，这是基础，是根源，是出发点；舍己而求治人，正如"舍其田而芸人之田"（陈天祥《四书辨疑》）之类。总之，今人求学本末倒置，全不可取。

不晓得孔子眼下的世界，到底还有没有做得对的地方。我们从他的话语中，感受到深深的失望。

第四节　良师论高徒（一）

子贡喜欢评论人，遭到孔子挖苦："就你能干，我可没那闲工夫。"(《宪问》)应该说,孔子是不喜欢对人评头论足的,但是他观察外部世界的眼睛一直炯炯有神,绝不含糊。所以,无论对前贤还是时俊,孔子都有精准的判断,只是不在人前夸口而已。

但他总还有说出来的时候,《论语》关于孔子点评人物的言论也还是相当多的。所谓大哉尧之为君,巍巍乎舜禹之有天下,禹无间(挑不出毛病)然,殷有三仁,泰伯至德,伯夷叔齐不念旧恶,管仲如其仁,晋文公谲而不正,齐桓公正而不谲,直哉史鱼,君子哉蘧伯玉,子产有君子之道四,孟之反不伐(自夸),孰谓微生高直,公子荆善居室,晏平仲善与人交,宁武子愚不可及……列出来还是蔚为壮观,几乎给人孔子很爱"方人"(评论人)的印象。大概在和弟子们坐而论道的时候,天马行空,波谲云诡,总不免正反两面找典型。那些让人印象深刻的,就被弟子们记录传抄,进入《论语》。

前面的论述对于孔子"方人"的表现,已经多有涉及,因此不必费力再作铺陈。剔除诸多历史人物,我们仅仅通过孔子的视角来谈谈他的弟子。

《先进》记载:"德行:颜渊,闵子骞,冉伯牛,仲弓。言语:宰我,子贡。政事:冉有,季路。文学:子游,子夏。"不知这是不是孔子的原话,但是和孔子平日的见解应当八九不离十。这句话用最精简的笔法将诸弟子不同的风格勾勒出来。德行突出的、会说话的、能办理政事的、熟悉礼仪文献的,各有千秋,都是英才。《先进》又记载:"柴也愚,参也鲁,师也辟,由也喭。"亦难断定出自谁的点评。子羔(柴)愚笨(不够聪明但内在仁厚);曾参迟钝(但很诚笃);子张(师)高才,但失之偏激;子路(由)

刚猛失态。全都讲弱点，英才亦有弱点。

一般的读书人，即使未看过《论语》，未读过《史记》，颜渊、子贡、子路等人的大名也是如雷贯耳。孔子三千弟子，知名者七十二（或七十七），尤以这三人为佼佼者，名声远播。所以，我们就首先看看，孔子是怎么看待他们的。

颜渊乃德行科第一，故先说颜渊，也即颜回。

孔子口中的颜渊之德，可作如下归纳。其一，好学，永不停止。《雍也》中记载鲁哀公问孔子，诸弟子谁最好学。孔子回答："有颜回者好学，不迁怒，不贰过。不幸短命死矣！今也则亡，未闻好学者也。"《先进》中季康子问了同样一个问题，孔子也给出相同答案。颜渊之好学，孔子确信不移；颜渊死后，好学者也就绝迹了。"吾见其进也，未见其止也。"（《子罕》）颜渊的好学，表现在只见他前进，没有一刻停下来过。其二，安贫乐道。《雍也》子曰："贤哉，回也！一箪食，一瓢饮，在陋巷。人不堪其忧，回也不改其乐。贤哉，回也！"饮食起居不以为意，箪食瓢饮不改其乐，因为所乐在道。《述而》子谓颜渊曰："用之则行，舍之则藏，唯我与尔有是夫。"有道充盈于心胸，外部世界的云起云落、三仕三已，都无可无不可，坦然面对。"唯我与尔"，其他都不行，便是高不可攀的境界。其三，德心仁厚，持之以恒。《雍也》子曰："回也，其心三月不违仁，其余则日月至焉而已矣。"其四，心性最高，对圣德最能领悟。《先进》子曰："回也非助我者也，于吾言无所不说。"颜回啊不是能够帮助我的人，我说的话他没有不喜欢的，正表明颜渊妙达圣心，闻言知理，故无穷难之问，孔圣人也就得不到探幽发微的推力。巍巍乎若太山，汤汤乎若流水，有独绝的音乐，就有独绝的知音。颜回对孔子，正如子期对伯牙，在巅峰的交流能够如此顺畅，还有何求？

关于颜回的悟性，孔子还有描述。《为政》子曰："吾与回言终日，不违如愚，退而省其私，亦足以发。回也不愚。"这话有两解。一是说孔子和颜回讲学，颜回从不提反对意见，像个傻子似的，但是，回去之后，却能默自深思而有所发挥，可见颜回并不傻。二是说孔子自己回去思考颜回"如愚"的行为，才发现愚是假象，颜回什么都精准领悟，精准发挥，故毫无问难。以颜回之好学，有疑难而不当场发问，似乎不合情理。看似第二种说法更切事实。

《子罕》中孔子说："语之而不惰者，其回也与。"此话又有两解。其一，"不惰"的主体是听众。深邃的哲学课如果听懂了，其乐无穷，好比畅游深海；如果听不懂，味同嚼蜡，自然昏昏欲睡。只有颜回每每精力旺盛不打瞌睡，可见只有他是完全领悟了的。其二，"不惰"的主体是老师。和知音交流，彻夜剪烛未有倦意，是平生快事；而对牛弹琴是弹不过两分钟的。只有和颜回交谈，孔子不会觉得倦怠，也可见颜回独知雅意，其他人都在雾里。不管是谁不惰，都可以证明颜渊当时就能搞懂孔子的意思，否则就算徒弟不打瞌睡，老师也要打瞌睡了。

前后三句话，足可说明颜回对于高山流水、引商刻羽的高层对话都是一点就通，领悟起来易如反掌。其他弟子则要差上好大一截，正如子贡叹息自己闻一仅能知二，而颜渊却可以闻一知十。这样的差距，孔子是认可了的。

颜渊不仅领悟能力超群，他的好学精神、德行修养等在孔子看来，都是第一名。他几乎就是孔子理想主义投射在现实社会的形象，可惜，颜渊死得早，这几乎意味着道德理想国在现实世界的覆灭，意味着孔子倡导的正义和精神土崩瓦解。所以，孔子之痛，是撕心裂肺的。老人家哭喊"天丧予！天丧予！"又"子哭之恸"，曰"非夫人之为恸而谁为？"（《先进》）当初"哀而不伤"的训诫早已抛诸脑后，甚至礼制的中和境界也搁置一边，只是忘情地悲伤。子路之死，未见如此；伯鱼之死，也未见如此。颜渊之死，失去的不仅是一个超凡脱俗的人，而且还有拯救世界的道。

颜渊内秀，且秀到极致；子贡外秀，也秀到极致。下面就说子贡（也叫端木赐）。

其实那些青史留名的孔门学子，都是内外兼修、熠熠生辉的。子贡外秀，冠绝群弟子，内功也必定深厚。比如子贡的悟性，大概颜渊以下便是他最高。《学而》记载他和孔子讨论，颇合老人家的意，孔子说他："赐也，始可与言诗已矣！告诸往而知来者。"这就是赞子贡聪明：告诉你以前的，你可以知道以后的，总能根据已知的事情有所发挥而探知未知的事情。但是子贡的悟性和聪明并没有促使他在孔子指定的道路上走得比别人更远，他的德行修养并不突出。他曾说："我不欲人之加诸我也，吾亦欲无加诸人。"子曰："赐也，非尔所及也。"（《公冶长》）他所说，正是仁之恕道——己所不欲，勿施于人。很会说，正在点子上，但是孔子断然指出，他还没达到这样的高度，未来的路还长得很（详见本书第五章）。但是此时子贡又表现出聪明：他正视现实，承认差距。当老师问他和颜渊谁更厉害时，他说："赐也何敢望回。回也闻一以知十，赐也闻一以知二。"诚恳而谦逊的回答，深得老师欢心,"弗如也！吾与女弗如也"(《公冶长》,详见本书第八章)。

那么子贡的聪明才智又发挥到哪去了呢？最明显的,便是他的口才。《论语》记载子贡的发问,常常穷根究底,刁钻古怪,非问到滴水不漏为止,为其他弟子所不及,可见其玩味语言、层层分辨的功夫在其他弟子之上。如《颜渊》中子贡问政、《子路》中子贡问士。《论语》中也记载了子贡自己很多精彩、睿智的言论。尤其他和人辩难,往往词采华美而道理宏富,在气质上就把人比了下去。《颜渊》中子贡和棘子成的对话,《子张》中他的独白以及和叔孙武叔、卫公孙朝、陈子禽等人的对话,都展示出他高远的眼界和闪耀的智慧。

第五节　良师论高徒（二）

拥有一个好使的脑袋和一副好口才,子贡就喜欢评论别人,所以孔子很不高兴。子贡真正厉害的,却是做生意。《史记·货殖列传》:"子赣既学于仲尼,退而仕于卫,废著鬻财于曹、鲁之间,七十子之徒,赐最为饶益。"子赣,即子贡。废著,即囤积货物。鬻财,即俗话所说卖钱,做生意。这一点孔子不得不佩服,他在《先进》中说:"回也其庶乎,屡空。赐不受命,而货殖焉,亿则屡中。"颜回的道德学问也差不多了,却常常穷得叮当响;端木赐不安天命（不求天道）,跑去做生意,猜测行情竟然屡屡猜中。〔这句话还有一种解释,是说颜回接近正道,在于他常常内心虚空,才能容纳学问;端木赐不受孔子的教命,跑去做生意,但是也每每能够猜中事理。〕这句话也道出两人用心,一内一外,各臻其极。这句话通过一个视富贵如浮云的老者说出来,更可见子贡对行情分析拿捏的神准。

子贡的才智也使他从政毫无困难,孔子曾把他比喻为祭祀重器瑚琏(详见本书第二章)。子贡在政坛驰骋的英姿和才华,《史记》《越绝书》都有记载。当初齐国要攻打鲁国,孔子着急,迫切地想找个合适的人出去奔走斡旋。颜渊请出,孔子不许;子路请出,孔子也不许;子张请出,孔子还是不许。子贡请出,孔子当场拍板,"就你了"。子贡穿梭齐、吴、越、晋诸大国,纵横游说,改写了历史。史载:"子贡一出,存鲁,乱齐,破吴,强晋而霸越。"相关事迹可见《史记·仲尼弟子列传》《越绝书·内传陈成恒》。吴越争霸是春秋末期最荡气回肠的大事件,而子贡正是其间点火人。只此一件事,诸弟子便不能望其项背。故此,孔子在《雍也》中说:"赐也达,于从政乎何有?"端木赐通达事理,从政有什么难的呢?子贡的达,应该不只是事理看得透彻,还指能够办得通畅,如此才可以在政治上无往不利。

孔门诸贤,其实都有政治才干,各有过人之处。子贡能够改变历史,正在于嘴上功夫一流,聪明才智独绝,听众无不服帖。以游说建功立业,他走在了苏秦、张仪等风流人物的前头。孔子独遣他云游,把颜渊、子路、子张等都否定了,可见孔子知人善任,好钢都用在刀刃上。

颜渊、子贡可谓风格迥异的两个高徒。颜渊掌道德的明灯,子贡管前进的奔马,以连璧之势拱卫孔子,缺一不可。

下面再来说第三位高徒——子路,即季路、仲由。

子路是孔门最富个性的人,活像金庸笔下的侠客,勇敢果决、不卑不亢是他的标签。孔子对他是又爱又恨,爱得多也骂得多,非常矛盾。

《史记·仲尼弟子列传》描写师从孔子以前的子路:"好勇力,志伉直,冠雄鸡,佩豭豚,陵暴孔子。"帽上描着雄鸡,胸前画着雄兽,一看就是靠拳头打天下的武夫。后来归依孔子,虽然儒雅了许多,但是本性难改,流的还是勇者的血液。再后来,为了营救自己的上司,死于卫国内乱。是时,子路和几个武林高手大战三百回合,没打赢,帽子的带子被砍断了。子路曰:"君子死,冠不免。"从容地系好带子,慷慨就义,死得顶天立地,气贯长虹。

子路的勇,一直为孔子所诟病。《公冶长》记载:"子曰:'道不行,乘桴浮于海。从我者其由与?'子路闻之喜。子曰:'由也好勇过我,无所取材。'"孔子说:"我道不能实行,想乘木筏漂海外。跟从我的,怕就是子路吧。"赞许子路有勇,践行道义不含糊。子路闻言,不免飘飘然,所以孔子又泼冷水:"仲由比我更勇敢,只是这勇没什么可取之处。"

关于"材"字,古注多解为"筏材",即制筏子的材料。"无所取材"就理解成"没地方找材料制筏子",以此慨叹乘桴海上难以实行,喻道义走投无路。如果这样解释,则"子路闻之喜"的轻浮态度孔子亦予认可,不合常态。另又训"材"为"裁度事理",如朱熹、冯友兰、南怀瑾等,讥子路不能恰当地裁度事理。或许击中子路弱项,但仍有不妥处。前面说我道难行,而子路不畏难;后面突然转而批评他不知事理,前后意思不够连贯。杨伯峻也有疑问:"取"字又当置于何地?

三者相较,唯前者前后文意顺承,其他恐皆属横生枝节。孔子批评子路徒然有勇，没有可取之处，正是对勇采取批判态度。这也是孔子一贯的态度。

《先进》记载："'由之瑟奚为于丘之门？'门人不敬子路。子曰：'由也升堂矣，未入于室也。'"朱熹集注："《家语》云：'子路鼓瑟，有北鄙杀伐之声。'盖其气质刚勇，而不足于中和，故其发于声者如此。""仲由鼓瑟，为何到我门前来？"言下之意是这里不欢迎你。显然这种赳赳武夫的气质很让孔子不舒服。弟子们于是也跟着怠慢子路，故夫子复又解："由啊，学问已经不错（进入大厅）了，只是还未精深（进入内室）。"

一方面抑制子路的刚勇之气，一方面又肯定子路在道义之路上的修为。孔子对子路，告诫多过赞美，一方面源于刚勇，另一方面源于刚勇的孪生兄弟——果决。《公冶长》记载："子路有闻，未之能行，唯恐有闻。"后一有字，通"又"。这就是说：听到了就赶快去做，要不然来不及了。这就是子路勇于实行的作风。《颜渊》中说子路"无宿诺"，没有隔夜的承诺，即一旦承诺就马上动手，决不拖延。也有解"宿"为"预"，即说不预先承诺，因为害怕兑现不了，这也证明子路一旦作出承诺，就会努力实现。

子路的果决，也让孔子担忧。《先进》记载，子路问孔子，"听到了，就实行吗？"孔子抑之："父母兄弟还在，怎么能听到就干呢（要先征求父母兄弟的意见）？"而冉有问同一个问题，孔子则答："听到了就干起来。"弟子公西华搞不懂，请教老师。孔子解释："冉求（冉有）平时退缩，故激励他；仲由则有两个人的胆子那么大（'由也兼人'），所以要压抑他。"子路勇于实行，但难免冒进，故孔子加以打压。

孔子的批评，并不表明不喜欢子路；其实孔子还是相当佩服这个敢作敢为的弟子的。《颜渊》中孔子赞美子路："片言可以折狱者，其由也与？"此话也有多种理解。其一，断案者只听子路一面之词，不必再为验证，即可据以断案。表明子路诚实不欺，正直无私，说的话金石坠地，绝无诬妄。其二，子路是断案者，只需听单方面的语言就可断案。一方面因为他果决，另一方面因为他的信义换得了人们的信义，没有人会在他面前说谎。其三，子路三言两语就可以断案。言其忠信明决，人们信服。

第一、二两种说法虽然很流行，但是总觉不合情理。正直之人断不会凭一面之词就敢给人定罪，良心不允许，制度也不允许。第三种说法源自朱熹，看来颇为圆通。子路忠信正直，坚信道义，故是非曲直洞若观火，谁对谁错他一下就能看出来。加以勇敢果决，雷厉风行，所以无须多费口舌，说断就断，干净利落。

真理都是简单的，唯邪恶将它弄得很复杂；能够坚持真理，办事效率就高。只是能坚持者几何？瘴气越浓厚，风景越模糊，视力不好的人分辨起来越吃力。把真理搞清楚就已经很费时间，等到真相已经展露在眼前，中间又横亘着利欲。要考虑的事情实在太多了，哪能一下子决断！并且要委曲真相，就一定得想办法粉饰，把黑的洗白、白的染黑，这也是很花时间的。真相多半就如此被歪曲，这在春秋时期已是惯例。只有子路可以例外，就在于他简单，懂真理也只追随真理。孔子没想得这么复杂，他就是佩服子路果决、能干，雷厉风行又不枉曲事实，是社会的好榜样。

第六节　良师论高徒（三）

不卑不亢是子路的又一大特色。《子罕》记载：

> 子曰："衣敝缊袍，与衣狐貉者立，而不耻者，其由也与？'不忮不求，何用不臧？'"子路终身诵之。子曰："是道也，何足以臧？"

孔子说："穿破绵袍，与穿皮衣的人站在一起，不觉得有什么丢人的，怕只有仲由吧！"还引《诗经》的话说："不嫉妒不贪求，干什么不会好？"这是称赞仲由不以财富为意的超然姿态。子路闻言则喜，天天念叨这句诗。孔子便转而批评："仅仅这样，怎么能够好得起来呢？"

只有漠视名利富贵的人，才可以不卑不亢如子路。常人心态，和富贵人家比肩而立，总觉得自己矮了半截，除了毕恭毕敬、谦恭卑微，似乎没有其他相处之道。俗话说财大气粗，钱多气场就强；一般的穷人，都会被这气场镇得喘不过气来。只有子路，对富贵置若罔闻，完全超越了世俗心态，所以不气短、不心虚，还是平常样子。

子路长于实践，短于内修，境界又在子贡以下。他坚持正义，却不像子贡那么聪明。每每得到孔子称赞，他就沾沾自喜，而且要表现出来，可见他不如颜渊那般黾勉，也不像子贡那么深沉。子路对内在的修养容易满足，故孔子不得不随时告诫，免得半路停止，功亏一篑。

子路不够内敛，不够谦逊，也不够谨慎，直来直去的什么都敢说、什么都敢做。甚至对孔子，他反对起来也毫不客气、直截了当。《子路》中记载他请教孔子，如果去卫国从政，他老人家先干什么。孔子答说："必也正名乎！"把纠正用词不当的现象当作必须干的事。子路不解，冲口而出："有是哉，子之迂也！奚其正？"迂，远也，不切事理。居然直接说老师"迂"，这是很不敬的用词，可见子路的直率和鲁莽。孔子就骂："野哉，由也！君子于其所不知，盖阙如也……"这个"野"字，杨伯峻、钱穆直译为"鲁莽""粗野"，用当下的语言来表达，更像是骂"放肆""你懂什么"，君子搞不懂就存疑，子路却率尔妄对，毫无礼貌，故挨此训斥。

子路刚勇，孔子深为担忧，故他有一谶语："若由也，不得其死然。"（《先进》）像仲由啊，怕不得好死！子路最终死于一番恶战，似乎果真是注定的事情。

我们接着说冉求，即冉有。

他恰好是子路的反面，前面已经拿他和子路对比，"由也兼人""求也退"。把两个人综合一下，可能就刚好有最理想的局面。冉有的退缩，还有更离谱的表现。《雍也》记载，冉有曰："非不说子之道，力不足也。"孔子驳斥他："力不足者，中道而废。今女画。"画，停止的意思。冉有为自己学艺不精找理由，说是能力不够，很有点狡辩的意味，孔子果断反驳："能力不够，是走在半路上再也走不动了。而现在你，却还没开步走。"力不足者欲进而不能，画者能进而不欲进。或许冉有是真的认为自己不是那块料，并非偷奸耍滑。这就表明他遇事退缩的本性。但是孔子直斥他的

第十二章 世界的旁观者

狡辩。孔子也曾经说过:"我未见力不足者。"(《里仁》)不知这话是不是特意针对冉有说的,也不知孔子的当头棒喝有没有促使冉有猛醒。

在政事科,冉有排在子路前面,可能说明他在政治上的表现比子路突出。《雍也》中孔子评价子路:"由也果,于从政乎何有?"仲由啊果断,从政有什么难的呢?评价冉有:"求也艺,于从政乎何有?"冉求啊多才多艺,从政有什么难的呢?两个人风格不一样,冉有自有强过子路的地方。

他们的不同风格,孔子拿得最准。他说:"由也,千乘之国,可使治其赋也。""求也,千室之邑,百乘之家,可使为之宰也。""赤也,束带立于朝,可使与宾客言也。"(《公冶长》)赋,兵赋。子路可以管理国家军政工作,冉求可以当一地之长,公西赤(华)可以当外交官,都很不错。这跟《先进》中师徒四人对话的意思是基本一致的,徒儿们给自己的定位也正是师父给他们的定位(详见本书第十章)。

冉求因其才艺,最得季氏重用。但是他好像有点忘记了孔子的教诲。《先进》记载他为季氏敛财,孔子骂他:"非吾徒也。小子鸣鼓而攻之,可也。"不是我们的人啊。小子们可以敲着鼓讨伐他。这话说得可重了:不仅开除,而且攻打。可见冉有对夫子之道多有糊涂的时候,有时候把老夫子气得很惨。这也足可表明他的内涵还远不能和政治能力相匹配。

冉有畏难,逡巡不敢进,所以孔子对道义的要求,他大概多有蒙混过关之处。孔子对他的批判,每每用词很重,几有决裂之意,这跟对子路的态度是有区别的。对子路,我们可以感受到师徒之间深切的爱，对冉有，似乎颇多失望，师生情谊反而被掩盖了。

再来看看同样动辄挨骂的宰予，即宰我、子我。

讲守丧三年之孝时，已经讲了宰予和孔子那场矛盾尖锐的对话（详见本书第四章）。宰我对守丧三年表示反对，认为一年便足够。孔子对此非常不高兴，直斥"予之不仁也"，对他的讽刺和挖苦也都非常辛辣。两人在这个问题上的立场，是有着根本分歧的。

宰予还犯了一个大忌——白天睡觉。《公冶长》记载：

> 宰予昼寝。子曰："朽木不可雕也，粪土之墙不可杇也。于予与何诛？"
>
> 子曰："始吾于人也，听其言而信其行；今吾于人也，听其言而观其行。于予与改是。"

孔子先是大骂："烂木头没法雕刻啊，粪土似的墙没法粉刷啊。对于宰予，还能有什么好斥责的啊？"白天睡觉，在勤谨苦学的老先生看来，完全是堕落颓废的标志。孔子的话意味着：宰予的行为已经不可救药，骂都懒得骂了；你自暴自弃，就成全你吧。

继而是感慨："最初我待人，听他说的话就相信他的行为；现在我待人，听他说的话，还要观察他的行为。是宰予的行为让我改变的。"宰予的口才也非常了得，言语科上甚至超过子贡。正因如此，孔子大概也曾经被他的高谈阔论迷惑过；现在算是看清楚了，这家伙就是语言的巨人、行动的矮子，光说不做。宰予成为促使孔子自我反思的反面典型。

宰予和孔子意见不合，似乎总有自己充满逻辑合理性的理由。

比如他在为"守丧一年斯可矣"辩护时，便有十足的理由："三年之丧，期已久矣。君子三年不为礼，礼必坏；三年不为乐，乐必崩。旧谷既没，新谷既升，钻燧改火，期（jī）可已矣。"《阳货》）似乎一点也不介意自己面前的是个权威、是位大师，侃侃陈述自己的意见，没觉得有什么不妥。可见他不迷信、不盲从，有深刻的主见；即使不一定对，他却还是充满独立思考精神。

子路、冉求、宰予三人，挨骂都是常事，原因却各不相同。子路太直，太冲，说话做事欠考虑；冉求总是犯糊涂，自己搞不清楚立场；宰予却是一个出自理性的叛逆者，他很明白自己在说什么在做什么。

第七节　良师论高徒（四）

下面再说说冉雍，即仲弓。

孔子给冉雍下了一个金碧辉煌的断语——"可使南面"（《雍也》）。古代大凡做官，上到天子，中间诸侯，下至卿大夫，均可号称"南面"。所以，其实就是说冉雍适合做官。

冉雍有才，天地共鉴。孔子赞他："犁牛之子骍且角，虽欲勿用，山川其舍诸？"（《雍也》）比之为耕牛之子（出身低贱），但有着赤色的毛整齐的角，就算世人不用他做牺牲，难道山川之神会舍弃吗（用于神圣的祭祀，入于尊贵之堂）？即说凡人看不见，神仙也看得见，才美不淹没，必定有大用。

朱熹认为，冉雍之父贱微而品行不好，故以此比，以显冉雍才华横溢。他的意见遭到普遍反驳（如《四书翼注论文》《四书恒解》《论语偶谈》）：这不是当着冉雍的面损毁其父吗？因此或认为是对冉雍讲一般情况，而非讲冉雍本人；或认为是指导冉雍如何选拔人才，总之不让冉雍的父亲被比作畜生。

其实，如果仅仅把耕牛看作微贱的力畜，用以比喻地位低微的人，也并不像后世儒者所认为的就带有不敬、带着讥刺。这只是一种中性的比喻。今天我们说一个人是"老黄牛"，那还是一种赞赏呢。所以朱熹所说，并无不妥。以父辈的低贱反衬后辈的可贵，正可更加突出可贵。正所谓"好酒不怕巷子深""是金子就会闪光""鸡窝飞出金凤凰"也。

冉雍有治世之才，前文已经有详述。他和孔子关于"简"的对话，抓住了行政的核心问题，显示了深刻的洞察力和非凡才能。不过，冉雍的南面之才，却和子路、冉有等人不一样，他靠的是内在的德行。《先进》中将他和颜渊、闵子骞、冉伯牛同列在德行科，而非政事科，可见一斑。《公冶长》记载："或曰：'雍也仁而不佞。'子曰：'焉用佞。御人以口给，屡憎于人，不知其仁。焉用佞？'"时人评价冉雍有仁德，没有口才。说明当时冉雍以德著称。孔子不敢轻言弟子有仁德，但是断然肯定口才无用，甚至有害：靠强嘴利舌和人过招，只会惹人厌恶。这是对弟子的辩护：别人以为尚有短处，孔子说这恰是长处；别人以为已经很优秀，孔子认为尚需努力。

下面再说说德行科的闵子骞。

《先进》中孔子有两处对他的点评。

一处子曰："孝哉闵子骞！人不间于其父母昆弟之言。"这是个大孝子。原话有两种理解：或（朱熹）谓他的父母兄弟称赞他的话，人们都没有异议；或（陈群、皇侃）谓人们对其父母兄弟的关系，都不会说非间（以之为非，认为有罅隙）的话。孔子的陈述让我们知道闵子的孝已经远近闻名，人人相信。

关于他的孝，古书多有记载。据说闵子早年丧母，后母待之甚薄。冬天，后母给两个亲生儿子的冬衣里加的是保暖厚重的丝绵，给闵子的冬衣里加的却是无法御寒的芦花。一次给父亲驾车，闵子手冷得握不住缰绳，父亲怒骂他，他也没有说出真相。后来父亲才发现真相，于是对后母非常不满，想把后母休掉。闵子劝谏父亲："母亲在，只是我一个人寒冷；把母亲撵走了，三个儿子都会寒冷。"父亲甚为感动，打消休掉后母的念头，后母也从此成为慈母。

闵子之孝，的确远胜常人，故孔子独称其孝，以为楷模。

另一处点评："夫人不言，言必有中。"这个人不怎么开口，一开口就说到点子上。当时鲁国人翻修长府（鲁国的国库），闵子有意见，说："仍旧贯，如之何？何必改作？"意思是说：就照老样子，怎么样？何必改造呢？这正是孔子"述而不作"思想的发挥，说到了孔子心坎儿上。不怎么开口，说明为人稳重内敛；言必有中，说明句句在理、心中有理。

闵子的守旧和守孝，应该是内在一致的。守孝为因，守孝者尊重父辈，其结果便是守旧，尊重前代遗传下来的东西。所以，闵子的德，最显著的特征便是孝行和守旧，这是非常符合孔子思想的。

下面再说子张和子夏，即颛孙师和卜商。

《先进》中孔子对比两人特色，说："师也过，商也不及。"朱熹集注说:"子张才高意广,而好为苟难,故常过中。子夏笃信谨守,而规模狭隘,故常不及。"盖得正理。二者皆有可取,材质各有偏重,又皆不足,故孔子接着又说:"过犹不及。"

说子张才高意广,好为苟难,于《先进》中有据:"师也辟。""辟"指偏激,或训为"邪辟文过",盖皆才过其德、"聪明"过头者易犯之失。

子夏笃信谨守,好学谨慎,故满腹经纶,和子游并列于文学类。子夏曾和老师讨论《诗经》,进而引申到礼仪等大问题,意象开阔,孔子很高兴,说:"起予者商也!始可与言诗已矣。"(《八佾》)可见子夏好学深思,虽然气象不如子张宏阔,但是有见解有看法,是研究型人才。

另有南宫适,谨言慎行,深谙世道,进退自如,孔子把侄女嫁给了他。其事迹前文多有涉及,兹不赘述。

公冶长坐了牢,孔子却断定并非他的罪过,还把女儿嫁给他(《公冶长》),足见对其人格的信心和褒扬。

宓子贱,孔子赞曰:"君子哉若人!鲁无君子者,斯焉取斯?"(《公冶长》)君子啊这人!鲁国如果没有君子,他又怎么取得这些仁德?《史记·仲尼弟子列传》载子贱为单父宰,说:"此国有贤不齐者五人,教不齐所以治者。"不齐,是其名,子贱是字。可见其知人善任,"惟君子能取君子"(宦懋庸《论语稽》)。

漆雕开对做官,自表无信心。孔子很高兴,觉得他谦逊。(《公冶长》)

曾晳有沐沂舞雩、逍遥物外之志,超越诸弟子,孔子深为赞同。(《先进》)

樊迟求学农艺，被孔子骂为"小人"，认为他没搞清楚身份，没看清楚职责（《子路》）。《论语》书中，樊迟所请教的问题很多，涉及各方面，如仁、知、崇德、修慝、辨惑等，居然还问及当农民，可见其好学而爱好广泛，什么都想尝试一下，只是未免过于庞杂散乱。

公西华的从政方向，前面讲冉有的时候已经提到，兹不赘述。

子游为武城宰，弦歌之声不绝，孔子肯定其做法。（详见本书第十一章）

曾参、原宪、高柴、冉伯牛等人，虽各有灵秀，但是《论语》未载孔子一字褒贬，故也不论。

第十三章 天命

第一节　天道人情

我们已经讲过道是怎么回事，当然并不能讲清楚，给人的只是一种缥缈；因为无论如何努力，所得只能是一种缥缈。

我们也说《论语》中这个道，和孔子的天命、天道有千丝万缕的联系，甚至就是同一体，所以，关注天命，所得仍将只是缥缈。

但天命是孔子追求的终极问题，看透天命等于看透真理，《论语》关于天命所涉甚少，我们不得不透过支离破碎的残片来修复一些短章，力求给读者一些知识。

仍须首先讨论的是，什么是天命？

《论语》一书，通篇未明言何为天命，实因无法明言。天命以绝对的虚无情状表现绝对的控制能力，不可看，不可听，不可触，不可呼吸，永远无法感知。所以孔子不跟学生讲天命，免得他们遁入虚空，忘记人事；倘若如此，学生自然无法明白天命。关于天命究属何物，只有从各种注释中感知。

诸家注释《为政》"五十而知天命"的情况，皇侃说："天命，谓穷通之分也。谓天为命者，言人禀天气而生，得此穷通，皆由天所命也。"何晏、邢昺注疏说："命，天之所禀受者也。"朱熹集注说："天命，即天道之流行而赋于物者，乃事物所以当然之故也。"刘宝楠正义说："说文云：'命，使也。'言天使己如此也。"钱穆说："天命指人生一切当然之道义与职责。"

诸家注释《季氏》"君子三畏"的情况，皇侃说："天命，谓作善降百祥，作不善降百殃，从吉逆凶，是天之命。"何晏、邢昺注疏说："顺吉逆凶，天之命也。""天命无不报，故可畏之。"朱熹集注说："天命者，天所赋之正理也。"刘宝楠正义说："天命，兼德命、禄命言。知己之命原于天，则修其德命，而仁义之道无或失。安于禄命，而吉凶顺逆必修身以俟之，妄为希冀者非，委心任运者亦非也。"钱穆不下断语，所论并不涉及到底什么是天命，但是也算对天命有所描述，可以参看："天命在人事之外，非人事所能支配，而又不可知，故当心存敬畏。"

前面似乎多从本质言，后面似乎多从表现形式言。

概而言之，天，则天道也，是天地运行的常则，宇宙万物生息流变的原力。人类天然是其臣民。那么何为常则？这便是最为玄虚的一部分，哲学家的冥思苦想徒然导致更多玄虚，自然科学承担着解密的重任，至今所得也不过沧海一粟。所谓"天机不可泄露"，似乎也是不能打破的一个规矩。柏拉图说："知识如果真能获得的话，也必须是在死后才能获得。"要看见天堂，个体必须献出生命；或许，要掌握天机，首先得面对死亡。

天道赋予人生，就表现为命。天道加人情，就是天命。人处于自然，为天道特殊的载体，自然不能逃出天道之河流。天道不能左右，人生自然也无法左右，故人生要适应天道，要敬畏天道。天命是我们追随的最后一道光辉，背道而驰必将终结于黑暗。

儒家将仁、义、礼、智、信等一切善的东西都归结为天命的要求，认为这是顺应天命。儒家定义的命的善特征，正说明了儒家深刻的感情倾向，反映了刻板的自然被赋予人性的光辉。

古人言天命，多与吉凶祸福联系在一起。如《老子》七十九章："天道无亲，常与善人。"《尚书·汤诰》："天道福善祸淫。"《易传》："天道亏盈而益谦。"《国语·周语中》："天道赏善而罚淫。"往后发展，逐渐远离对宇宙本质的思索，沦为迷信。孔子时代，把天道、天命和吉凶祸福连在一起已经属于惯性思维，但是孔子从不这样做，对天道、天命始终没有一个明确的说法。可见，这"天命"，实在不可轻言，容易偏出正轨，成为迷信的帮凶。

李泽厚在他的《论语今读》中认为，孔子等人眼中的天命，就是一系列无可计量的偶然性，而人应该在这一系列不能把握的偶然性当中保持自己的主宰地位。成功地保持了主宰地位，便是知天命了。这里面其实有个悖论：偶然性的东西必定是不可把握的，无法探究的，那孔子还孜孜以求探索天命干什么呢？还力求顺应天命干什么呢？偶然性的东西顺应得了吗？孔子努力探索天命，就必定认为其中有规律，而不是完全杂乱的偶然性。比如说天无言而四时成，这便绝不是偶然性可以解释得了的。可见此的说法还是有问题的。

我们可以发现，最核心、最需要说清楚的东西，我们完全没有涉及。对到底什么是天命，什么是"事物所以当然之故"，我们仍然非常茫然。所谓向善积德，儒家一厢情愿的理解完全没有任何逻辑支撑，只不过是人事感情上的一种愿望而已：人类问世以前，大自然本无所谓善恶，而天道则与宇宙同岁。

徐复观在《中国人性论史 先秦卷》中说，天命实际上指的是超出经验感知的道德性格。超经验的东西自然难以说清楚，所以孔子只好用"天"来表征。也就是说，孔子是有意将两者结合起来，本来两者并无关系。《中国学术通史（先秦卷）》中的观点基本相同，认为孔子"并不是认为有一个有意志的主宰在……而是将自己的人生和学术与普遍的必然性相联系"。也许义理上符合事实，天命确是超经验的道德性格，但是情感上则不合事实，孔子不可能那么冷静地像处理化学公式似的处理这两个元素。孔子把无法探明的普适性的东西归入天命，并不是他有意要的手段，也就是说，并不是他客观理智地选择"天命"这个词来描述他的思想，而是他真的相信就是天命本身在左右人道，指挥情感，这些说不清楚的普遍的道德性格就是天命使然，而非他有意地"选择"天命来描述。只不过孔子从来没有宿命论的思想，从来没有消极地顺从天意不做努力，而是在积极努力地探索天命，力求掌握规律进而顺天。他的"五十而知天命"正反映了这种态度，而纯粹的宿命论是不需要知天命的。

当然，这一切也只是后世文人的解释，也许接近孔子原意，又也许还差那么点。连孔子自己都说不清楚，我们又怎么能说清楚呢？

我们后面讨论天命，不刻意去与天道区分，而把它当作一回事。不过需要注意,即使孔子本人在探索天道的时候,也主要是为了人道。他的本来目的并不是要寻求宇宙的真相,否则他可能会变成自然科学家;他是要为善的人道指路,天道只是人道需要遵循的道,求天道乃是为了求人道,所以他终究成为人文思想家。这和道家追求天道本身、以天道本身为目的,是刚好相反的。

第二节　敬畏天命

从《论语》看来,孔子对天命,都只是顺带提及,从未正面阐发。《子罕》记载:"子罕言利与命与仁。"正确的解释应是:孔子很少说到利、命、仁。

为什么不多说?利谈多了,便有唯利是图之嫌,为君子所耻。仁是一种境界、一种信仰,靠的是实干而不是讲大道理;孔子讲仁,要求的是少说话多干事。而命,如前所说,是上天的密码,肉眼凡胎轻易岂能看穿。不容易弄明白,自然不容易说明白,说不明白就别乱说,免得强作解人,反生谬误。

对这句话,不少注家别生解释,认为孔子只是少言利,而赞许命与仁,并常常谈命与仁。说赞许没错,不过等于没说,孔子毕生探索天命,提倡仁道,岂有不赞许之理;说常常谈到,则完全割裂了儒家的精神实质,并纯粹以咬文嚼字为乐。翻烂整本《论语》,也不能确知天命为何物、仁道属何道。为什么呢?孔子说得少,故弟子们听得少,能记下来的就更少。

《公冶长》中子贡曰:"夫子之文章,可得而闻也。夫子之言性与天道,不可得而闻也。"文章,或解为孔子昭显在外的威仪文辞等表现，或解为夫子所编所教的文献如诗、书、礼、乐等。关于"性"，何晏、邢昺注疏："天之所命，人所受以生，是性也。"朱熹集注："性者，人所受之天理。"可见，性就是天道赋予人生的变形。这句话是孔子罕言"命"的铁证——连领悟能力超群的子贡都慨叹不能窥得皮毛。

《季氏》中孔子说："君子有三畏：畏天命，畏大人，畏圣人之言。小人不知天命而不畏也，狎大人，侮圣人之言。"天命深邃，圣人至德，圣人即是天道的载体。且天命至尊，圣人亦为至尊。来自巅峰的光芒，如何能不畏，如何敢不敬？此处的大人，很多注家认为指在位的天子诸侯一类人物，其位曰天位，事曰天职，皆天命所在也。按照当时的认识，君主为天命所归，代天行事，不足为怪，故即使昏君庸主，亦当敬畏，何况明君圣主。孔子敬畏天命圣人，故不敢言语冒犯、行为冲撞，实属显而易见之理。

《哈利·波特》中有一个细节，魔法界所有人，上到大师下到小兵，都不敢提"伏地魔"三个字，因为这个名字让人毛骨悚然，背生寒凉。中国成语有"谈虎色变"，那虎也有伏地魔的威力。中国传统避讳皇帝的名字，皇帝用了的字，其他人都不敢用，其原因，就在一个"畏"字，但凡所畏，必定罕言。有此畏的情绪，怎敢多言呢？

到此，主张孔子经常把"命"啊"仁"啊挂在嘴边的先贤，应当反思追悔了。

孔子罕言"命"，也许还有一层原因。命是纯粹理论思辨的东西，是一种终极价值，它具有指导性，但是不具实践性；或者说，

"命"这个题目太大，太空泛，无法落到实处。这对于强调实干的孔子来说是个妨碍。李泽厚的《论语今读》强调孔子的情感倾向，孔子的一切主张都以情感为本体，作用于人的情感。其实也正是作用于情感，才易于促成实践；首先要被打动，然后才会追随。而天命纯粹作用于理性，情感不到入圣的境地，不能与之交融。可以想象，成天探讨天命，坐而论道，儒学必将遁入封闭，远离人间烟火。

事实上《论语》一书，既有谈命，更有谈仁，似乎也不算罕言。程树德认为："今《论语》夫子言仁甚多，则又群弟子记载之力，凡言仁皆详书之，故未觉其罕言尔。"可见，不是孔子谈得多，而是弟子们足够留心。

孔子有时提到天啊命啊，也简单如俗人。如《雍也》中记载他要去见卫灵公夫人南子，子路很不高兴，因为南子的品行不好。孔子就发誓说："予所否者，天厌之！天厌之！"再如《雍也》中孔子探望病重的伯牛，慨叹："亡之，命矣夫！斯人也而有斯疾也！斯人也而有斯疾也！"此正伤心处的发语，出乎至情，单纯真切。两处之天、命，正和普通人喊"老天哪""老天爷呀"同样用意，只是抒情而已，无须简单问题复杂化，提到天命的理论高度。

第三节 天命不言

天命难考，正是因为天命无言，它是个闷葫芦，你根本不知道里面是啥。一般人总想要剖开看个究竟，可是天命充塞天地，混沌无形，根本无法下刀，让人既不知如何思索，亦不知如何试验——颓然不知所以。但是孔子很聪明,下不了刀就不下刀,就你的势我如流水,因你的形我如流风,山不过来,我就过去。所以,天命无言,我就追随你无言。

《阳货》中记载:

> 子曰:"予欲无言。"子贡曰:"子如不言,则小子何述焉?"子曰:"天何言哉?四时行焉,百物生焉,天何言哉?"

孔子对子贡说:"我不想说话了。"子贡于是问:"你如果不说话,那我们岂不是也没得说了?"孔子于是反问:"天又说过什么呢?四季更替,万物生长,天又说过什么呢?"天道运行无体无象,无声无闻,而春华秋实、夏养冬藏,万物生生不息;天道默默掌控一切,不显其事而显其功。天道的表现,正是无表现,这无表现却终究导引万物,造就和谐不悖的天地。孔子复言"天何言哉",正是因为他悟到了天道以静制动、统摄万物的神圣气质。一生追求向天道靠拢、与天道融合的孔子当然希望能够法天道以导人世,于是才不想开口说话。

孔子的回答简约幽微,需要仔细揣摩:一则他有心法天道,行天命,因为他懂得天道无为而衍生万物;二则启发弟子别徒劳地玩弄嘴上功夫,道何其深广博大,而言语又何其肤浅无用;三则吾不言传,尔等看我身教。我一静一动皆取法天道,顺天应人,何必一定要言语说明白。

《中国学术通史(先秦卷)》认为这句话中的"天""是没有意志、没有好恶的自然之天","即使不是自然之天,而是包含着某种义理在内,但也无主宰之义"。这未免把"天何言哉"看得过轻。我们可以分明地感受到上天有意志，也是舍我其谁的主宰，只是它到底要干什么，我们无法识破。孔子的英明在于他没有将天神化，而是道化，天之道，就是天的意志，天的主宰。

孔子这里强调"无言"，表达的是法天的意愿，而不是平时强调的"讷于言""言也訒"，这一点需要注意。

子欲无言，《阳货》紧跟着举了一个特例："孺悲欲见孔子，孔子辞以疾。将命者出户，取瑟而歌，使之闻之。"将命者，传达辞令的人。孺悲想见孔子，孔子推辞，借口生病了；但是又在屋里鼓瑟唱歌，故意让人家听到，以显示自己没病。这就是明白地告诉人家：我不想见你！孔子怪异的态度引来多种猜测。或谓孺悲第一次来，没有经人介绍，不合礼法。但孔子有教无类，对束修而来者未尝无教；这种说法似不合理。或谓他有过错，孔子以怪异的举动暗示其非，以期其自新。此解较为合理。而南怀瑾先生更别有发挥，说这正是孔子的不言之教。结合上文"予欲无言"，上下相扣，合情合理。盖孔子正是要实践"天道不言"，以身法天道，兴不言之教。

盖孺悲有过是真，孔子借机尝试不言之教亦是真。无论孔子是碍于当时具体情况不好直说，还是有意因循天道故意不说，总之正好表现出无言而教的风范。他的无言，他的弦歌，都是巧作安排，深有用意。

天命不言，我辈难知，但是孔子又说"五十而知天命"——困难可以被努力征服。只是上帝的密码人类永远不能解开，这似乎是注定的现实。孔子的知，并非完全懂得天地运行的法则，把自己变成上帝，而是看清了天道运行的表象，掌握了世界的运转规律。正如不知道重力，但是总知道苹果一定朝下落；不知道磁场，总知道指南针。

第四节　天命不违

孔子四十而不惑，五十而知天命，他到底知道了多少，从《论语》难窥深浅。但是吉光片羽亦足彪炳千秋，他知命最浅在的表现便是：天命不可违抗，人生只能努力做个追随者。

《八佾》记载：

> 仪封人请见，曰："君子之至于斯也，吾未尝不得见也。"从者见之。出曰："二三子何患于丧乎？天下之无道也久矣，天将以夫子为木铎。"

木铎，以木为舌的铜质大铃。官方宣布政令时便摇响它，以召集群众来听。天将以夫子为木铎，即说上天将以孔夫子制定的法度号令天下，表示他将会得位设教。孔子流亡到仪这个地方，当地官员请见。这个地方领导大概也是很有修为的贤人智者，因为大凡有君子过境，他都要见上一面。他和孔子会谈良久，大概感慨颇深，出来之后就对孔门诸弟子说："你们这些人何必苦于没官做呢？天下无道很久了，老天将会让夫子做人民的领袖。"

这就是天命，借由别的贤哲说出来，弟子们深信不疑，孔子亦相信老天就是这么安排的。孔子之德，当时已经誉满天下，故仪封人见斯人而有斯言，相信衰世能转盛，孔子便是未来的领袖。历史证明：孔子虽未成为政治领袖，但却是名副其实的精神领袖；

他的领袖地位,超越了两千多年所有帝王将相。仪封人敢说,弟子们敢写,而历史,果真如此演绎。

孔子举世皆浊而独清,相信这是天命的安排,所以尽管浊者益浊,而清者益清,他更加奋力地追求木铎的角色。孔子崇奉周代的礼法制度和文化遗产,倡导忠孝仁义,相信自己的选择其实是天命的选择。孔子终其一身,明知不可而为之,春蚕到死丝方尽,正是对天命的绝对忠诚。钱穆注《宪问》"知其不可而为之"时说:"……不知孔子之知其不可为而为,正是一种知命之学。世不可为是天意,而我之不可不为则仍是天意。道之行不行属命,而人之无行而不可不于道亦是命。"

孔子明知不可而为之,是因为相信自己承载着天命职责。这一伟大的身份,又使他相信,世间有万难,不能奈我何。我自承天命,天命不亡我,任谁也不能亡我。有此信念,他敬重天命的同时,又敢于藐视人事。

一个叫公伯寮的人,在鲁国权臣季孙氏面前诋毁子路,大夫子服景伯打抱不平,对孔子说:"老人家(季孙氏)已经被公伯寮迷惑了,但我还有能力让公伯寮陈尸街头。"意思是只要你孔子一句话,我就让他掉脑袋。孔子乃兴叹:"道之将行也与,命也;道之将废也与,命也。公伯寮其如命何!"(《宪问》)大道将推行,那是天命要求;大道将废止,也是天命要求。我行大道,成与不成,决定权在老天手上,你公伯寮上蹿下跳、摇唇鼓舌,又能拿天命怎样!既然公伯寮伤不到我,那么景伯的好意我心领了,却不劳烦你费力。

《述而》中子曰:"天生德于予,桓魋其如予何?"桓魋,宋国的司马。当时孔子和弟子们来到宋国,在大树下习礼。桓魋想杀孔子,拔了这棵大树。弟子们就催孔子快走,免遭横祸,孔子于是说出了这句话:天把德行降于我身,我身秉持上天之德,是天道的使者,你桓魋能奈我何?肉身可以夺,天命不可夺,桓魋可灭我肉身,却不能灭天命;但是天命融于我的肉身,正如血肉相连,既然你不能奈何天命,又怎能奈何我肉身?这便是孔子的逻辑。天道如此神圣不可对抗,我难道还怕你不成?

孔子在匡这个地方的时候,也遭了难。因为他长得像阳虎,而阳虎又在匡地干了不少坏事,所以匡人以为抓住了仇人。性命攸关的时候,孔子就说了:"文王既没,文不在兹乎?天之将丧斯文也,后死者不得与于斯文也;天之未丧斯文也,匡人其如予何?"(《子罕》)文王死了,周的文化大道不是在我这里吗?老天要灭这个文化,死在后面的(孔子自谓)便不能掌握这种文化;老天不灭这种文化,匡人又能拿我怎样?这理由和前面是完全一致的:天命所归,人道难违,匡人不能奈何天命,所以匡人不能奈何我。在匡这个地方,孔子遭遇的是杀身的危险,是很要命的大事情,足够做一篇惊险小说的素材。但是《论语》仅以"子畏于匡"四字作结,单表一个"畏"字,足见其举重若轻的淡定从容。此单一个"畏",分量之轻,飘忽若无物,正说明"无畏",而"无畏"的精神根源,正是"天命"。

我们看到,孔子总是将自己的使命和上天的号召画上等号,我、道、天三位一体,他一点也不怀疑自己的信仰。同时他相信天命主宰一切,没有什么其他力量可以阻挡天命的脚步,以人类纤芥之躯,除了投降和膜拜别无选择。

既然自己所做之事是上天属意,那么无论小人们多么心狠手辣、多么奸诈阴险,也不能奈何我。孔子无所畏惧,力量来自天命。

《颜渊》中子夏引用当时的俗语:"死生有命,富贵在天。"告诉司马牛,不必为不幸的人生和没有好兄弟伤感。《宪问》中孔子说:"不怨天,不尤人。"只要自己尽力了,便什么都不要怪,一切怪都是错怪。既然天命在为人世做主,那我们的一切抱怨、忧愤、抑郁都毫无意义,淡定从容才是真。屈原泽畔行吟自沉汨罗,贾谊谪迁湘水抑郁追思,都在于心中孤愤无法散解,怨气摧残兰香,自毁形骸。他们都不如浪漫派精英李白看得透彻:"草不谢荣于春风,木不怨落于秋天。谁挥鞭策驱四运?万物兴歇皆自然。"

但一定要强调的是:天命不是宿命,也不是用香火纸钱就可以改变的。那些一想到命将如此就摇头叹气或者求神拜佛的人,恰好并不知道命将如何。天命的基本性质之一就是努力奋斗、积极拼搏。孔子的言行,是认命和奋斗融合的典范。

第五节　天命最高

南怀瑾曾经将天命比作宗教的上帝、佛祖,民间信仰中最高的天神。虽然儒家的天命毫无宗教意味,但是的确散发着宗教气息。在孔子的思想体系中,天命是终极概念,是最后的真理,是最高的圣殿,几乎和上帝、佛祖等同样神秘和至尊。孔子常言的道表现出终极性质时,也便是命。最高的修养是知命、知道。孔子追求无适无莫、随心所欲,都是知命以后的生存状态,是在把握最高真理之后的自由。

但凡最高的、最后的，一定是最难的。天命既为宇宙的本质特征，岂是可以轻易让人知的。两千多年后的今天，我们仍然不知道最后的真理离我们还有多远。

但是，无论有多远，我们也不能停止脚步；无论有多难，我们也不能放弃追求。孔子对天命的追求，体现在对《易》的研究上。《述而》中孔子说："加我数年，五十以学易，可以无大过矣。"再给我几年，到五十岁的时候学《易》，便可以没大过错。为什么学《易》可以无大过？正是因为《易》乃言天理人情之书，其中藏着天命的信息。何晏曰："《易》'穷理尽性以至于命'。年五十而知天命，以知命之年读至命之书，故可以无大过。"孔子学《易》，学的是天命。

《易》乃孔子平生始终不放弃的学问，孔子必不至五十才开始学；孔子的话，意思是希望还能够有时间再作专门的钻研（以前只是泛泛的了解），因为《易》中包藏的意象实在太过丰厚玄秘，必须要聚精会神地研究。

那么，又何必定要五十岁来修这门学问呢？大概五十而知天命，是孔子根据自身的学习修养情况而定的阶段目标，要在这个时候知道天命的内涵。太早无暇顾及，或修养不够，太晚或恐来不及。

崔适《论语足征记》认为五十知命是孔子七十岁后为自己做的人生总结，穷理尽性乃是晚年对《易》的评价，当年必不可知也。此说未必在理。孔子若当初不知《易》的价值，又何必恰在那个时候选择攻读《易》。五十知命，也可以是当年自定的学习计划；君子的进修，总是有计划有步骤，而非率性地学到哪算哪。七十岁做总结，不等于七十岁才明白。

孔子对《易》表现出这么大的热情，是因为天命的召唤。而天命最高，不能不学。不学天命，会有什么严重后果，他老人家说得不多，因为他毕竟不怎么在弟子面前探讨天命。《尧曰》中有一句话，他说："不知命，无以为君子也。"不知道天命，不能成为君子。前面我们几乎否定了人类知道天命的可能性，以为那是上天堂以后才能实现的事情，那么怎么可能实现做君子的梦想呢？其实，这里的知命，并非要把天地运行的根本原理和实质揪出来，把宇宙苍天的肺脏看个通透明白，而是要看清楚天道指挥下的天地之象。简单如云行雨施、春华秋实，枯荣代谢、生生不息，上天化育万物，以人为天地精灵……这样诸种应天而生的景象，是可以知，可以掌握，而且可以取法效仿的。君子知命，包括懂得这些天象，并且能够效法这些天象。天地滋养万物，君子则天，即应行仁，慈爱众生；万物皆有生有死，君子亦坦然面对生死，不慕神仙不炼丹；上天为万物分门别类，各行其道，君子亦力求正人伦，君君臣臣父父子子；上天不语，无为而化天下，君子亦默默担当，不自夸不显耀，垂衣拱手求太平……知命者思想和行为时时都能够合于天，不妄作不胡来，不逆天不叛道。不能做到这样的程度，便算不得君子。不探究天命，不效法天地，做人便永远只能做小人，不能做君子。

鉴于知命的关键性，所以至死都要力求知命。《里仁》中孔子就表态说："朝闻道，夕死可矣。"语气铿锵坚决，颇有视死如归的魄力。因此这里的道，似乎是指向终极的天道、诸相背后的原力，而不仅仅是上天指挥下的诸相。

朱熹集注说"道"是"事物当然之理"，但是在《朱子语类》中又具体阐释为君臣父子夫妇朋友之人伦，并在《论语或问》中进一步申述，疑似一种倒退。人伦关系，好比春光哺育的绿色，它蕴含着光的能量，本身却并不是光。终极的道，还在人伦关系之后重重帷幕之中隐藏着。如果宁愿把生命献给绿色，又还有什么可以献给光？所以宁愿用生命交换的，一定是终极的真理，一定是天道。

何晏、邢昺又有说法：设若早上听说世间有道，晚上就死也愿意。认为孔子恨世间无道，发此悲叹。单从字面，此解就不甚通达，除非在"道"前后加"有"或"行"。刘宝楠也根据他书引用这句话的用意，对何晏的说法表示怀疑。据此，暂不采用此说。

孔子希望在五十岁的时候就能够知天命，懂得最高的真理；但是这还不算完，六十而耳顺，七十从心所欲不逾矩，到七十才功德圆满，可以安享太平，无复有追求。懂得最高真理之后，紧接着是运用最高真理来观照世界，最后是践行真理，与真理交融。这就是七十从心所欲的境界。

"知命"的"知"，已经蕴涵着依命而行的"行"的意义，但是五十岁的"知"，是客观世界强加的规矩，行为也是客观世界强加的。客观世界与我是割裂的、分离的，无论我的情感是否趋同，客观世界对我都是一种压迫，不再经二十年的历练，无法实现交融。所以，五十知命，懂得最高真理，却并非最高境界；最高境界在于我就是真理。

第十四章 述而不作

第一节 述而不作

孔子怀旧,是个不争的事实,提起往日的光辉岁月,他自己眼中也有无限神光。

《泰伯》中记载了三则孔子对古圣先贤的不加保留的赞美:

> 巍巍乎!舜禹之有天下也,而不与焉。
>
> 大哉尧之为君也!巍巍乎!唯天为大,唯尧则之。荡荡乎!民无能名焉。巍巍乎!其有成功也;焕乎,其有文章!
>
> 禹,吾无间然矣。菲饮食而致孝乎鬼神,恶衣服而致美乎黻冕,卑宫室而尽力乎沟洫。禹,吾无间然矣!

孔子对古代圣君的缅怀,是纯真而热烈的。《论语》全书以《尧曰》作结,其中大量记载古代圣王如尧舜和三代的告诫和事迹,将全书收束于过去那一派绚烂的晚霞光辉之中,也正是怀旧派情感倾向的深刻伏笔。

《卫灵公》记载颜渊请教治国问题,孔子答:"行夏之时,乘殷之辂,服周之冕,乐则韶舞。"夏商周三代礼仪、古典舞曲,没一样是新的。《八佾》中孔子说:"周监于二代,郁郁乎文哉!吾从周。"周借鉴取法夏商,绚烂有文采啊!我依从周。往古数千年历史,孔子选择归依周。周时代重新光临人间,成为孔子梦想的事情。《泰伯》中孔子赞美周的至德:"周之德,其可谓至德也已矣。"理由是当时三分天下,周得其二,可谓得天得人,正因其有德;而商纣无道,周正可取代之,却仍然服事商朝,其德又更上一层,以至于成为"至德"。前言周的文采,后言周的德行,一内一外,一表象一本质,俱臻极致。

　　往古的人物和往古的时代,不但被孔子极力赞美,也被孟子和荀子共同赞美。后来就变成民族共性。儒家思想引领中国,整个传统中国的思维特性都深深笼罩着对过去的迷恋。冯友兰《中国哲学简史》十四章说:

　　"从孔子的时代起,多数哲学家都要找古代的权威来支持自己的学说。孔子喜欢援引的古代权威是西周的文王、周公。墨子与儒家辩论时,援引比文王、周公更古老的夏禹。孟子为能凌驾墨家之上,往往援引尧舜,因为他们是传说中比夏禹更早的圣王。最后,道家为胜过儒家和墨家,又请出伏羲、神农,据说他们比尧舜还要早几百年。

　　"这些哲学家在这样做的时候,事实上是建立了一种历史退化观。这些哲学家,思想主张虽然各有不同,但是,他们的历史观却有一个共同点:人类社会的黄金时代在过去,而不在将来。自古代的'黄金时代'以来,历史是在日渐退化。因此,人的拯救不在于创立新的,而要靠退回到古代去。

"先秦时期各主要思想流派中最后出现的法家,在这方面是一个鲜明的例外。法家深深懂得,每个时代的变化,都有它不得不变的原因,因此只能现实地对待世界。"

孔子渴求周的理想时代,震悚于触目惊心的腐朽现实。他梦想过去时代回归,却并不清楚为什么反而越离越远。周的破灭,是历史使然,它必有非灭不可的理由,它必定沦落到实在适应不了的地步。历史学家可以证明,从最根本的经济基础到笼罩全国的政治制度,周都再也维持不下去。封建制最后导致王权崩溃,诸侯横行;经济发展导致国家公田生产萧条,私有制大规模扩散;新兴的力量从政治和经济的双重孕育中茁壮成长,不可能不要求相应的舞台。崩溃之后有重生,春秋战国正是在崩溃和重生的夹缝之中寻找出路。而孔子并没想到历史已经另有所属,孔子的复古,其实真是比创新还要难,但他就偏偏追求复古。

在对待古代遗产和创新开拓这个问题上,孔子明确表态:"我非生而知之者,好古,敏以求之者也。"(《述而》)自己喜欢古代,黾勉追求的对象也是古代的东西。同样在《述而》中,孔子说:"述而不作,信而好古。"只传述旧事而不创作,相信而喜爱古代文化。《朱熹集注》中说:"孔子删诗书,定礼乐,赞周易,修春秋,皆传先王之旧,而未尝有所作也。"这正是述而不作的典型表现。再说孔子是否真的做过这么多的编撰工作,历来受人怀疑;比如冯友兰、杨伯峻都否定孔子编了《春秋》,而《诗经》孔子顶多也只是做过一点修订工作。

孔子毫无创作之心,最显然地表现在他研究《周易》的目的上。《述而》中说得很清楚:"加我数年,五十以学易,可以无大过矣。"周易,常被看作蕴含天道密码、穷理尽性的金钥匙,谁能够真正透彻地掌握它,谁就洞穿真理,看透世界。孔子的追求,图的却不是掌握规律,因势利导,改造自然,革新社会,不是来一番惊天动地的伟大创作,而是希望自己从此能够顺应天理,挥洒自如又中规中矩。他说"可以无大过",正是追求不违背天道、不冒犯天道,凡事能够符合天道。

"述"是原原本本地展示本来如此的面目,绝没有半点"作"的野心,任何自我发挥和创新都会违背"述而不作"的精神。因此,不仅刻意为之的"作",孔子认为,任何企图推翻旧事物、旧思想的"作",都是无知妄作,都是作乱。孔子不作,是因为本来就反对作。他只是传承古代精神,既不篡改也不利用,他继往并非为了开来,而是希望回到过往,重建崩溃的旧秩序,重过井井有条的旧生活。

我们常常以为认识是为了改造,继承是为了开拓,"述"只是"作"的前期准备。每个人都有革命情结,都有征服欲,所以我们征服自然、征服异族,征服未知世界。我们创造无数奇迹和伟业的同时,给大自然,也给我们的文明留下了累累伤痕。我们过分的创作也因此越来越受到大自然凌厉的反击。"作"得太过分,是时代的病。孔子的扼杀,给我们一个反思,还我们一个清醒。

第二节 守旧的典型

孔子迷恋于昨日世界、明日黄花,对新生事物怀着敌意,对创造明确表示没有兴趣。古诗云"新人虽言好，未若故人姝"，同样是一种缅怀过去的心态。如此沉醉过去，必然放大过去的种种美好。荷马史诗描绘已逝的英雄时代，所述都是高贵的情操、完美的人性，一切黑暗和野蛮的东西似乎都不存在。东西方的哲人都有同样的情怀，夸大盛世之盛，对上古圣贤深信不疑。

子张曾经问怎样才算善人，孔子说："不践迹，亦不入于室。"（《先进》）迹是前人留下的，室是前人营造的。后学应走前人的路，入前人的室，否则浪费天资，善质不能升华，终究湮灭为芸芸众生。入室犹言到家，学到精华的东西便是学到家了。精华的东西都存放在前人的殿堂深处，舍此而求新求变，以为另有办法另有天地，那是痴人说梦。

孔子要求学习前人的东西，尊重前人的东西，所以对于那些战战兢兢奉旧事物若神明的人，他总是充满赞美。闵子骞就是一个典型。

《先进》中记载：鲁国人翻修国库，闵子骞有意见，说："仍旧贯，如之何？何必改作？"就照老样子，怎么样？何必改造呢？对这句话的理解，综合各家所注，大体可以分成两种。其一，鲁昭公为了攻击或防御权臣季氏而改作国库。而当时公室长期衰微，久失民心，闵子骞认为此举加重老百姓负担，反而会更加削弱人民对公室的支持，故微言大义不主张改作。其二，鲁昭公以后，三家权臣（或单指季氏）为了削弱公室，或者为了消除人们对旧君的怀念，决定改作长府，儒家弟子自然不可能赞同这种损公肥私的行为。大概这件事背后，确深藏钩心斗角的政治玄机。不过，也并不是都把这段记载引申得如此复杂。朱熹集注和何晏、邢昺注疏认为改作则劳民伤财,南怀瑾认为就是借此机会表达一种政治观点,制度不可轻易改变,都不提政治背景。总之不管原因是什么,可以肯定的一点是:闵子骞不主张变化改革,国库就照老样子了。其微言大义,自然延伸到制度方面不可轻易改动。

这正是老人家"述而不作"之义,故孔子深为赞许:"夫人不言,言必有中。"说闵子骞不发言则已,一说就能说到点子上,原因在于尊重旧传统。

孔子也赞叹孟庄子。《子张》中曾子说:"吾闻诸夫子:孟庄子之孝也,其他可能也;其不改父之臣,与父之政,是难能也。"父亲死了,当儿子的继承了位置,一不撤换旧臣,二不改革旧政,这是难能可贵的。别人在其他方面也许能做到,但在这一方面则非常难办到。陈天祥《四书辨疑》引胡寅语:"庄子之继世也,必其先臣先政有不利于己者,他人不能不改而庄子能之,是以称难。"宁愿委屈自己,而不忍改父之政。孔子赞美其"不改"的作风,是因为一方面符合"三年不改父道"的孝悌观念,一方面又符合"述而不作,信而好古"的人生观念。其"不改",最为出类拔萃、孤高难求。

闵子骞也以孝闻名,两人个性相似,可见守孝和守旧的密切关系。

《微子》记载周公对自己的儿子伯禽(鲁国始封者)说:"君子不施其亲,不使大臣怨乎不以。故旧无大故,则不弃也。无求备于一人。"这句话可以看成周公代孔子先说了,表达的也正是孔子的意思。施,或作弛,有遗弃、怠慢的意思。以,用的意思。其中说到不使大臣抱怨不被任用,老臣故人没有什么大问题,就不要弃用。

孟庄子所做，完全不出当年周公对儿子的训诫。弟子们书周公语于《论语》，或乃出自孔子日常言教，相信它是传统文化的精髓，有其代代流传的价值。而孟庄子的行为，也正是这一古代精神的再现。他的孝道由于直接贯彻周公的精神，所以就更加耀眼夺目，他便成为这一代人的新的榜样。

现代人在学习孔子这些精神的时候，最好还是保持独立的精神，有个英明的取舍。

第十五章 几个遗留问题

第一节 从修身到平天下

> 君子之德风,小人之德草。草上之风,必偃。
>
> ——《颜渊》

这是孔子的经典名言,文采斐然,意境深远。君子德行如风,小人德行如草。风在草上吹拂,草必倒向风的方向。今所谓"风尚",大概本指"风上",风在上面吹过,人们在下面追随,即成为风尚。君子的人格风范,是天下人追随的楷模。君子尚德,天下人必尚德,这是孔子的基本观点。

这话是在告诫鲁国大夫季康子,故可以理解为君子特指统治者,小人特指普通老百姓。

君子,或曰统治者,其个人魅力对于天下的引领带动作用和核心决定性,颇为孔子看重。《子路》中孔子说:"上好礼,则民莫敢不敬;上好义,则民莫敢不服;上好信,则民莫敢不用情。

夫如是,则四方之民襁负其子而至矣,焉用稼?"《为政》中孔子说:"临之以庄则敬,孝慈则忠,举善而教不能则劝。"《泰伯》中又说(或认为是曾子语):"君子笃于亲,则民兴于仁;故旧不遗,则民不偷。"用情,以真情相对。劝,劝勉。兴,起也。偷,薄也。统治者有所作为,下面必有所响应,不需要发号施令引诱强迫,甚至思想宣传都用不上。《子路》中子曰:"其身正,不令而行;其身不正,虽令不从。"统治者只要自己老老实实做人就好了,老百姓自然能看见,能感受,能仿效,不再需要任何中介手段来维持互动。

季康子问政,子曰:"子帅以正,孰敢不正。"季康子问盗,子曰:"苟子之不欲,虽赏之不窃。"季康子问刑杀,子曰:"……焉用杀。子欲善,而民善矣。"(以上见《颜渊》)您带头端正,谁敢不端正?如果您不贪财,那么拿钱鼓励别人偷窃,别人也不会去偷窃。您带头向善老百姓就自然向善,不需要刑杀。季康子想知道怎么治理国家,孔子说的都是怎么治理自己。出发点、落脚点都在于个人修身问题,政治成果那是水到渠成的事情,哪需要刻意为之!

于是,天下公事都化解为个人私事,个人私事都升华为天下公事。《礼记·大学》:"古之欲明明德于天下者,先治其国;欲治其国者,先齐其家;欲齐其家者,先修其身……"一个"先"字,说明了个人修身是一切作为的先决条件,个人作风出了问题,家国天下都会出问题。所以《大学》又反过来说明:"……身修而后家齐,家齐而后国治,国治而后天下平。"这便是孔子倡导的儒家逻辑:修身才能齐家,齐家才能治国,治国才能平天下。根据前面几段，很容易得出更进一步的结论：身修必然家齐，家齐必然国治，国治必然天下平。这是一个从小我扩大到整个社会的推理，就像一颗石子投入湖中在湖面激起的一圈圈的波纹。石子在，波纹就在。自身、家、国、天下利益是一致的，修身便可通向齐家，齐家便可通向治国，治国必能够平天下，这是顺理成章的事情。

这样一个层层推进、逐步升华的过程，孔子认为是必然的，所以他在任何场合，都是拿来就用，根本没有试着证明它。

君子的个人作风成为国家运行的关键之后，圣贤治国就成为对太平盛世的最大期待。偌大的国家，最后就成为一个人的国家，就取决于那个最高的统治者。所以百姓不治，有司之罪，《春秋》一书，暗讽君子不刺小民；天下颠沛，实乃君子一人颠沛。《吕氏春秋·顺民》载商汤设坛求雨于桑林之地，祷词曰："余一人有罪，无及万夫，万夫有罪，在余一人。无以一人之不敏，使上帝鬼神伤民之命。"《尧曰》中汤说："朕躬有罪，无以万方；万方有罪，罪在朕躬。"并记录周武王的话："百姓有过，在予一人。"这样的天子，都清楚地看到一人的功过关系到天下百姓，故责己不可不慎，不可不严，正如朱熹集注所说："言君有罪非民所致，民有罪实君所为，见其厚于责己、薄于责人之意。"这是儒家眼中的真命天子。

第二节 《论语》的特点

《论语》是一部不够严谨的言论杂集，缺乏完整的系统性和明晰的科学性。尽管很多人仍旧相信《论语》其实暗藏滴水不漏的逻辑演绎过程，它在局部篇章上有时确也表现出一定的重点，但即便如此，章节之间仍旧是分立的，没有逻辑上的必然性。

《论语》以一种非常简约的文字形式，以一种想到哪说到哪的散漫，网罗了孔子和高徒们流星雨般的智慧。翻检《论语》，满眼都是钻石和星光，不过仍有不少漏网遗珠吞没于茫茫黑暗。孔子述而不作，他的博大精深亦随他而去，弟子们《论语》所得，只是水面零星的浮萍。或许孔子本身对天地自然、人性道义、社会伦理，有严密稳健的推理和构架，有西方哲学式的系统和精密，但是这种深刻的内心思辨和玄妙的形而上学，是无法向弟子传达的，弟子们也是无法窥探的。所以不能认为《论语》的深度就是孔子的深度。

前后文相对缺乏关联，当初的语言环境不可再现，残存的片段风雨剥蚀。曲解由此蔓延滋生，盖过真相，真相反而得不到阳光。我们要想淘出真相，困难重重，不但字义的变迁带来麻烦，语境的丢失也是巨大障碍。如果不能在前后文中找到关联，就可能翻出若干看来同样确凿无疑的说法。所以幻象如落英，缤纷塞天地，注释者众，攻讦者众，热闹非凡。但我们有权利按照自己的理解，作出自己的解读，满足自己的需要。说不明白的东西才最给人想象，《论语》的魅力似乎正在于书不尽言，言不尽意，它的开放性哺育了甚至截然相反的不同人群。其实也正因为不容易弄明白，才有这个命题存在的可能性。

《论语》的散漫恰好和另一个特点彼此依附，那就是它的融会贯通。这也正是孔子学说本身的显著特点。孔子讲孝，其实同时也是在说仁、说礼，在说自我人生的修养；反之亦然。他讲个人的自我修养，同时又是讲的齐家治国平天下，个人问题同时就是政治问题。他讲终极的理想主义境界，却同时弥漫着最普通的日常气息。《论语》各篇，都是各种思想交织缠绕，融为一体；各个篇章，同样的思想反复出现，而且并不见得有层层推进的力量。关于仁、关于孝、关于礼、关于教育、关于为人处世，它们都你中有我地贯彻始终，反复冲击人的意识。如果以为一篇只是解决一个唯一的问题，下一篇又另辟新战场，那是完全错误的。所以，到最后，我们发现，这个散乱的言论集，其实也是一个混一的整体。它仿佛一袋钻石，你可以把它摊开，也可以把它收拢，可以采撷其一，也可以满满地捧在手上，但它总有神秘的凝聚力让你完全无法忽视整体的光芒。

唯其《乡党》一篇似乎可以例外，仅仅罗列了孔子在生活中的各种表现，并不说教。这也体现出局部的表达重点。再如《公冶长》论古今人物，似也相对有内容上的重心，但已经散失许多。而放眼全书，又都显露深刻的教育目的和人生说教，把那孝、仁、礼、个人和社会，都完整地囊括其中，和其他篇章的表达意图并无二致。

这种显著的融合特征，似乎也正好是法天的结果。天地自然、星月河山，虽林林总总，千差万别，却总是统一的绝不能分的整体。中国传统思想表现出天道的特点，《论语》一书本身，也正体现着天道的神韵。一些人指责中国人逻辑思维能力欠佳，其实也不必在意和寻找反证，我们反倒是大自然规律的最佳践行者。只是今天要认识《论语》，似乎真得先有一个分析的过程，然后达到综合的升华。

第三节　真实的流逝

到目前为止，对《论语》是怎么回事，我们已经有了比较全面的认识；对孔子的思想，也已经借助《论语》有个大致的了解。但正如前面所说，《论语》所及，只是孔子浩瀚渊薮残存的片段，他真正的丰富的生命形式，我们可能永远也钻研不透。

《子罕》中颜渊喟然叹曰："仰之弥高，钻之弥坚；瞻之在前，忽焉在后。夫子循循然善诱人，博我以文，约我以礼。欲罢不能，既竭吾才，如有所立卓尔。虽欲从之，末由也已。"循循，有次序的样子；也认为本作"恂恂"，恭顺的样子。对于尊师，越是仰望，越觉高远；越是钻研，越觉坚实难入。可见其学问精深无法企及。一会儿觉得看到他在前面，一会儿又觉得他在后面，飘忽难以捉摸。可见其气象风神不可看透。但是他老人家又善于一步一步地来诱导我们，用文献来丰富我的知识，用礼节来约束我的行为。这使我想不学都不行，用尽自身才力，前面却还像有卓然耸立的形象。想要追随，却不知如何着手。

朱熹集注说："此颜渊深知夫子之道，无穷尽、无方体，而叹之也。"颜渊乃孔门德行科第一流的英才，孔子以为门下最能领会自己精神的便是颜渊。颜渊站在离圣人最近的地方，发挥着最敏锐的洞察力和领悟能力，自然最能探幽发微，掌握要领。但是连他都只好喟叹："钻不进去啊！看不透彻啊！够不上啊！不知道怎么办啊！"颜渊尚且无法企及孔子的深度，无法揣摩孔子的神韵，诸位又次一层的弟子所隔又不知几何。

时人不能了解孔子,而常常目睹子贡如鱼得水地游走人间,以为他比孔子厉害。子贡于是就说了:"譬之宫墙,赐之墙也及肩,窥见室家之好。夫子之墙数仞,不得其门而入,不见宗庙之美,百官之富。得其门者或寡矣。"(《子张》)子贡自认为贤能尚浅,故易为人察知;而孔子深不可测,常人根本不知道怎么去了解他。平庸的智慧理解不了高尚的道义,正如下里巴人无法欣赏阳春白雪:境界越高,和者越少。常人与孔门弟子,所隔又复不知几何。

当然,子贡口才出众,字字着丹彩,难免夸张。正如他比众贤如丘陵、孔子如日月,夫子不可及犹天之不可阶而升等(见《子张》),未免过分夸张,吓唬听众。如此烘托,形成潮流,就会误导后人,以为孔子果然神圣,与日月同辉。对神的盲目迷信和崇仰,必然压抑理性而冷静的反思。

子贡对孔子的景仰、膜拜和屈服,是真诚的。这种真诚的崇拜心理,也在其他弟子和再传弟子心中流行。雪球越滚越大,最后就是捧孔子上圣殿,视《论语》为唯一。鲜活的思想变成纲领变成教条,越来越刻板和苍白。我们对《论语》中关于孔子思想片段的拼接和思考,可以得到一个大体上正确并有一定体系的认识,虽然只是肤浅的认识。对他的待人处世,也通过《乡党》的记载有了生动的体念。但是由于长期的神化运动,我们几乎已经把孔子想象成严肃刻板的人,以为唯其如此,才可以和他伟大的器量胸襟相配。然而孔子毕竟是生活中人,要做生活中事,要说生活中话,他一定还要表现出许多普通人的普通表现。我们尤其需要提一下被忽略的细节。

子路曾经骂孔子"迂",好洒脱的用字,不是气氛轻松谁敢如此放肆。孔子当即以一个"野"字回敬子路,不威不猛不温不厉。这只是常人的生活情态,虽然讨论的还是正名这样的大学问。(见《子路》)

颜渊之死,给孔子以重创,他完全不能克制悲痛,号呼"天丧予!天丧予!"(《先进》)"老天爷收了我的命啊!老天爷收了我的命啊!"这跟普通人呼天抢地悲痛欲绝的状态是完全一样的,放下道德家的斯文和尊严,任凭情感泛滥决堤。可以想见当时的孔子不顾仪容表现出多少让弟子们诧异的行为来,所以弟子们都说他,"你过分伤心了!"

《宪问》中有一段很有意思的记载:

> 原壤夷俟,子曰:"幼而不孙弟,长而无述焉,老而不死,是为贼。"以杖叩其胫。

孙弟,即逊悌。贼,多译为害(德,或人),钱穆译为偷(生)。原壤,据说是孔子的老朋友,藐视礼法的另类。他像八字似的伸开双腿坐等孔子前来。这是很不敬的,孔子就生气了,说:"小的时候没有长幼之节,长大了毫无表现,老了又不死,祸害啊!"还用拐杖敲他伸得老长的小腿。

两人既是朋友,又互相瞧不顺眼,正常的说教已经不可能发生作用,所以孔子就戏谑。骂他老不死,骂他害人精,更过分的是还动手动脚。这和我们塑造的圣人形象是很有出入的,唯有将其还原为常人,才是正常举动。

孔子也还有抱怨的时候。《宪问》中他就发牢骚:"莫知我也夫!"没人知道我啊!这跟他平时的思想主张"君子病(担心)无能焉,不病人之不己知也"(《卫灵公》),是不一样的。所以他尽管努力想要摆脱凡俗的困扰,但是仍在凡俗的困扰之中。不要以为他老人家什么都想得通,他也有很多想不通处。

《述而》中弟子们记载老人家的样子:"子之燕居,申申如也,夭夭如也。"对申申、夭夭的解释有多种,或曰容舒、色愉,或曰整饬、和舒,或皆解为和舒之貌。无论申申怎么讲,夭夭还是比较一致的,都记录了孔子闲居时放松适意的样子。当然,以孔子对自己的高要求,无论如何放松,他也不会放肆,故训"申申"为"整饬"也合乎事实。

这跟板着面孔正襟危坐的形象是不沾边的。工作归工作,生活归生活;干正事要正经,不干正事又何必假正经。正如我们出门工作时,打扮得一丝不苟,但是回到家就可以穿着拖鞋短裤在客厅走来走去。尽管《述而》的描述并没有事实论据,但是它一定是可信的、真实的。老人家的日常生活,其实也很平常。

弟子不容易走进老师的日常生活,老师在学生在场的时候也总会表现出适度的尊严,这是从古到今的常态。尽管孔子和学生的关系异乎寻常地密切,到底仍旧有距离。所以弟子们很少能够看见老人家平常的生活情态,更多的是教学交流时候,自然板着面孔多,任性随意少。《论语》所记,除了孔鲤过庭闻诗闻礼一例外,几乎看不到更多的家庭生活。所以孔子真正放松享受生活的时候,那些学生是不知道的。他们所得,也就仅仅是个模糊的总体印象,远不如受教来得那么直接和凌厉。

我特意就孔子日常生活情态如此饶舌,仅仅是为了提醒读者:

《论语》中的孔子是片面单薄的,已经被滤掉很多生动的东西。

第四节　理智与情感

临到最后,还需要再认真地擦拭一下圣像,为之拭去纤尘。再睹他的容颜,神韵萦绕,仍有积极的暗示。

孔子的修身,都融合在日常生活之中,神圣的理念化解于随时的举手投足。我们以为他那近乎完美的理想主义要求深不可测、高不可攀,其实却是那么简单通俗、家常便饭。他从不坐在云端讲玄虚的道理,所谓天命所谓道义,在他看来,其实都是实践。我们践行天命,遵循道义,每天的日常生活无不闪烁着天道的光辉。天道有多远呢?天道就在我们指间,就在我们脚下,我们不自觉,而自在其中。仁是天道,似乎很深远,其实只是忠恕,只是有礼,什么可以做,什么不能做,每天提醒自己每天约束自己就行。礼是天道,似乎很深远,其实只是日常言行举止的分寸,每件事都是生活,而生活每天都在重复,修身的过程不就是这日复一日没完没了的简单生活吗?

孔子把一切完美的追求都融化在日常生活中,自然会淡化理性思辨色彩。因为玄虚的思考太多,为什么问得太多,实践的工夫就会减少,修身成为面壁式的遁逃,修得越深离生活越远。理性常常导致人们选择功利,没有收益就搁置修行,不论获益者是天下人还是我一个人。于是功利主义滋长蔓延,我们纯正向善的心面临解体。

弱化理性的同时,他诉诸感性,作用于我们的情感。做一件事，不是理智要求我们做，不是问完了为什么之后完全信服的选择，而是我们本身情感冲动的要求，是天性在指挥。我们孝敬父母，是因为天性中有孝敬的情愫；我们博爱众生，是因为天性中有博爱的情愫；即使烦琐的礼，也并没有烦琐的原因，只有"不学礼无以立"这个根本不需要动脑筋就明白的道理。那些连篇累牍、风雨不透的理性思维，从地基铺向天庭的豪华论证，同我们的感情是相冲突的，是我们的感情不需要的，是我们的修身不需要的。只需要明白，纯正的性灵指挥我们描绘完善的人生。

这个情感，最重一个"诚"字。事父母，生死以礼待之，慎终追远，需要内心真有孝悌；行仁道，外在表现为忠恕、克己复礼，内在则必须有真爱；君子尽礼如孔子之鞠躬如也色勃如也，也须明白人而不仁如礼何。乡愿德之贼，微生高之直华而不实，其修身都是表面文章，粉饰太平。诚意的结果就是文质彬彬，否则搔首弄姿好皮囊，其实腹中草莽。孔子内敛不外露、木讷不伶俐，修身为了自己而不是为了表现，更看重内在的诚敬。皮毛伶俐的伪君子，欺世盗名偷盛名，偷得盛名纵杀心，比真正的恶人还可怕。一般小民，看起来风平浪静，其实波浪翻滚，内在的邪念妄想和外在的安守本分长期和谐共处。所以无论怎么修炼，也还是小民的境界。没有"诚"字诀，一切都是表演，一切都是空谈。

孔子最大的追求乃随心所欲不逾矩，似乎是人生的终极状态，其实又是人生的初始状态。而这样一个贯穿一生的追求，难道不是纯粹情感主导的吗？谁不渴望自由，谁又会随意破坏规矩？我们修身，是要逐渐通向最大的自由和内化最高的规矩，融会贯通，天人合一，而理智也融于情感，只有纯真的性灵在天地优游。

我们相信，孔子本身就是个性情中人。他或许有优秀的逻辑思维成果，却有意尘封不露，他只是以自己纯粹的情感来感染众生、引导众生。所以他严肃，他刻板，他率真，他活泼，其实都是情感的真实流露。他战战兢兢临深履薄，只是因为他真的畏惧；他发愤忘忧终生不辍，只是因为他真的信仰；他喜怒笑骂高歌痛哭，只是因为他真的投入。